Gott ist die Liebe
365 Andachten für Kinder

Hier fängt es an …

dieses Buch, das anders ist als die meisten Bücher. Es ist keine Geschichte, die man in einem Zug liest. Es ist eine Art Kalender mit vielen Geschichten darin. An jedem Tag des Jahres könnt ihr hier eine Seite lesen. Vielleicht liest sie euch euer Vater oder eure Mutter gern vor. Natürlich könnt ihr sie auch allein lesen oder mit euren Geschwistern. Am besten jeden Tag zur gleichen Zeit. Vielleicht abends vor dem Einschlafen. So vergesst ihr's nicht.

Gut ist's, dabei eine Bibel in der Nähe zu haben. Manchmal gibt's nämlich Aufgaben: einen Bibelvers suchen oder eine Geschichte in der Bibel nachlesen. Denn dieses Buch ist kein Ersatz für die Bibel. (Liest du sie etwa schon regelmäßig? Gratuliere!) Ihr werdet sehen, dieses Buch macht euch besser mit der Bibel bekannt und mit Gott, der uns lieb hat.

Es kann sein, dass ein Vers, den ihr in eurer Bibel nachlest, ein wenig anders klingt als in diesem Buch. Wie kommt das? Nun, ihr wisst doch, dass Martin Luther nicht der Einzige ist, der die Bibel ins Deutsche übersetzt hat. Und manchmal ist eine neuere Übersetzung leichter zu verstehen, weil die Sprache so ist, wie wir heute sprechen. Darum kommen in diesem Buch Bibelverse in verschiedenen Übersetzungen vor.

Ihr werdet beim Lesen bald merken, dass dieses Buch sehr abwechslungsreich ist. Wisst ihr warum? Es haben mehr als vierzig Menschen daran gearbeitet. Da konnte es ja nicht eintönig werden! Die einen haben mehr für die Jüngeren, die anderen mehr für die Älteren unter euch geschrieben. Vielleicht findet ihr einmal:

Das ist mir zu schwer – oder zu einfach. Lest ruhig weiter! Gleich wird's wieder anders sein.

Viel Spaß also! Viel Freude! Viel Hilfe für den Tag! Das möchte und das kann dieses Buch euch bringen – wenn ihr's lest! Heute – morgen – das ganze Jahr hindurch. Also los!

1. Januar

WIE FANGEN WIR AN?

Du kennst sicher das Gefühl, wenn ein neues Schuljahr beginnt: Du gehst in einen neuen Klassenraum, wartest gespannt auf euren neuen Klassenlehrer. In deiner Tasche sind neue Hefte, noch ganz ohne rote Tinte, und du nimmst dir vor: In diesem Jahr werde ich ein besonders gutes Zeugnis nach Hause bringen. Ihr bekommt einen neuen Stundenplan und neue Bücher. Am Ende der ersten Stunde ist dir vielleicht etwas beklommen zumute: Ob ich auch mitkomme, ob ich den neuen Stoff bewältige? – Für viele Leute ist der erste Januar so etwas wie ein erster Schultag und das neue Jahr wie ein schönes neues Heft. Sie haben eine Menge guter Vorsätze und Pläne, und vielleicht ist ihnen auch etwas beklommen zumute: Werde ich auch alles erreichen? Manche Christen fragen vielleicht auch: Wird Gott mit mir zufrieden sein? – Aber nun kommt die Überraschung! Gott fängt das neue Jahr ganz anders an, als wir es uns denken: Er sagt nicht: Nun seid in diesem Jahr gehorsame Menschen und tut, was ich euch sage! Gott sagt: Ich bin gekommen, damit ihr euch in diesem Jahr – an jedem Tag! – freut. In der Bibel steht sogar: damit ihr euch so freut, als ob jeder Tag ein Festtag wäre. Denn das neue Jahr fängt für die Christen mit einem großen Fest an, mit Weihnachten. »Siehe, ich verkündige euch große Freude.« – Darum wollen wir in dieser ersten Woche miteinander nachdenken, warum und wie sich Christen freuen können. U-S

2. Januar

FREUDE IST GOTTES HAUPTWORT!

In der Religionsstunde soll ein Fragebogen ausgefüllt werden. Timo ist in einer Viertelstunde fertig. Eine Frage lautet: »Wie fangen die Zehn Gebote an?« Timo kennt sie auswendig und schreibt: »Du sollst keine anderen Götter neben mir haben!« In der nächsten Stunde bekommt er den Fragebogen zurück. Da steht doch neben seiner Antwort: »Falsch«! Der Lehrer kennt die Bibel wohl nicht! Schlagt doch einmal nach: Es fängt so an: »Ich bin der Herr, dein Gott, der dich aus Ägypten herausgeführt hat aus der Sklaverei. Du sollst ...« Ist das denn ein Unterschied? Der Lehrer erklärt es der Klasse: »Zuerst hat Gott dem Volk Israel in ganz großartiger Weise geholfen, und er hat ihm versprochen, dass er ihr Gott sein will, dass es zu ihm gehört. Dann erst gibt er ihm seine Gebote. Gottes Versprechen und Gottes Hilfe sind das Erste.« – »Dann ist Gott gar nicht wie ein Polizist im Himmel?«, fragt ein anderer. »Nein, so ist Gott nicht!« Gottes Gebote sind wie eine gute Familienordnung. Wir gehören zu der Familie Gottes. »Gott ist immer für mich da!« und »Ich gehöre zu ihm« – das steht vor den Geboten. Timo freut sich. Er möchte jetzt die Familienordnung Gottes besser verstehen lernen. U-S

GOTT FREUT SICH AUF UNS!

Katrin war von zu Hause weggelaufen. Sie hatte wieder eine »Fünf« in Mathe geschrieben. »Ich kann mich überhaupt nicht mehr über dich freuen«, hatte der Vater das letzte Mal gesagt. Und nun war es wieder passiert. Nein, sie konnte unmöglich nach Hause gehen. Sie hatte Angst. Und sie war enttäuscht über sich selbst. – Die Polizei fand Katrin und brachte sie nach Hause. Katrin traute ihren Augen nicht: Über der Tür hing eine Tafel: »Willkommen!« Ob die Eltern von der Fünf nichts wussten? Und wie wurde sie begrüßt? »Wir freuen uns so, dass du wieder da bist! Wir sind doch deine Eltern. Du darfst immer nach Hause kommen, auch wenn du Fehler gemacht hast! Wir wollen miteinander überlegen, wie du es besser schaffen kannst.« Die Mutter erklärte ihr später: »Vater und ich – wir hätten es beinah vergessen, was in unserer Bibel steht: Gott ist für uns da, auch wenn wir traurig sind über einen Fehler, und dürfen uns dann freuen, dass Gott auf uns wartet und sich sogar auf uns freut, um uns zu helfen.« – Gott hält wirklich zu mir. Darüber konnte sich Katrin neu freuen. Vergiss es nicht, auch wenn du enttäuscht bist über einen Fehler, den du gemacht hast. Wer sich so freuen kann, der wird nicht mutlos, sondern versucht, es das nächste Mal besser zu machen. Aus Dankbarkeit!

Matthäus 11, Vers 28 U-S

4. Januar

FREUDE KANN MAN ENTDECKEN

Worauf freust du dich? Sicher auf die Ferien, auf deinen Geburtstag, auf den ersten Schnee, auf einen Preis. Merkst du es schon? Freude ist oft Freude »auf« etwas, etwas, was ich noch nicht habe, worauf ich aber mit Spannung warte. Jemand, der sich »auf« etwas freut, denkt an morgen. Er sagt nicht: Es ist alles so eintönig! Ich habe schon alles, ich weiß schon alles! Du meinst: Manchmal sind die Christen aber doch ziemlich langweilig, sie lachen nicht richtig, sie zeigen gar nicht, dass sie sich auf etwas freuen? Aus der Bibel haben solche Christen das jedenfalls nicht. Da tanzen die Leute sogar vor Freude, da musizieren sie, da klatschen sie in die Hände. Wie kommt das? Die Menschen der Bibel wissen, dass man Gottes Freude entdecken kann, manchmal da, wo keiner daran denkt. Jesus erzählt eine Geschichte dazu: Da geht ein Mann über ein Feld, das so aussieht wie alle anderen. Was soll es auf so einem Acker auch Besonderes geben? Aber der Mann gräbt ein bisschen und entdeckt einen wunderbaren Schatz. So ist das mit den Geschenken Gottes. In vielen ganz gewöhnlichen Dingen hat Gott seine Geschenke versteckt. Da merke ich plötzlich, dass ich gesund bin, dass die Sonne gerade für unseren Ausflug so schön scheint. Versuche doch einmal morgen – an einem ganz »gewöhnlichen« Tag – Gottes versteckte Geschenke zu entdecken. So kann man sich auf jeden Tag freuen.

Matthäus 13, Verse 44-46 U-S

5. Januar

SCHADEN-»FREUDE«?

Sie wohnten in einem hübschen Zweifamilienhaus, oben Familie Reuter, unten die Müllers. Täglich trafen sich die Mütter am Briefkasten. Die Kinder gingen in dieselbe Klasse. Und doch: Die beiden Familien hatten wenig Kontakt. Wie kam das? Frau Reuter war neidisch: »Schon wieder können sich die Müllers eine weite Urlaubsreise gönnen!«, oder: »Warum ist bloß unsere Claudia nicht so gut in der Schule wie Müllers Inga?« Eines Tages war Frau Müller so aufgeregt, dass sie sofort zu erzählen begann: »Stellen Sie sich vor, der Hauswirt hat uns gekündigt! Und das jetzt mitten im Winter! Ich bin ganz verzweifelt!« Die Mutter erzählte Claudia die Neuigkeit und lachte: »Endlich haben die Müllers auch einmal Pech. Sonst waren wir es ja immer!« Claudia musste daran denken, was sie am letzten Sonntag im Kindergottesdienst besprochen hatten: Freude heißt immer gemeinsame Freude. Und wie hieß der zweite Teil des Spruchs, den sie gelernt hatten? »Freut euch mit denen, die sich freuen, und versteht die, die traurig sind.« »Ich weiß nicht, Mutti! Ich kann mich eigentlich nicht so richtig gegen jemand freuen.« – Passiert dir das auch schon einmal, dass du dich »gegen« einen anderen freust? Vielleicht, wenn sich ein anderer blamiert hat? Eine solche »Freude« nennt Gott Unrecht. Sie bringt dir selbst nur Schaden und zerstört wirkliche Freude.

Psalm 35, Vers 26; 1. Korinther 12, Vers 26 U-S

6. Januar

FREUDE MACHT STARK

»Diese Fremden in der Stadt! Sie zerstören uns das Geschäft. Denn sie reden gegen unsere Religion und gegen unsere guten Ordnungen. Alle Leute bringen sie in Verwirrung, sogar öffentlich auf den Straßen reden sie gegen uns.« Eine aufgeregte Gruppe reicher Bürger brachte zwei Männer vor den Richter. Wie sollte der Richter entscheiden? »Ich muss dafür sorgen, dass Ruhe und Ordnung in dieser Stadt herrschen und unsere römische Religion geachtet wird. Keiner soll hier neue Gedanken bringen«, entschied er. Und er ordnete an, dass Paulus und Silas – denn das waren die beiden Unruhestifter – öffentlich ausgepeitscht, gefesselt und ins Gefängnis geworfen wurden.

Und nun saßen sie in dem dunklen Verließ, in Ketten. »Worüber mögen sie sich unterhalten?«, dachte der Gefängniswärter. »Sicher werden sie ihre Worte bereuen. Ihre Religion hat ihnen doch nur eine Anzeige, Schmerzen und Gefangenschaft gebracht.« Plötzlich horchte er auf: Was war das? Mitten aus dem dunklen Gewölbe hörte er fröhliches Singen. Paulus und Silas singen Lieder, um Gott zu danken. Auch mitten in schwerer Lage hört die Freude Gottes nicht auf. Die Freude Gottes macht Menschen trotz Gefahr und Leid zu tapferen und mutigen Menschen. Die Freude Gottes macht stark.

Apostelgeschichte 16, ab Vers 23 U-S

ANNE FREUT SICH

Anne versucht es immer wieder, aber es klappt nicht. Der Berg ist zu hoch, die Schlittenbahn zu glatt – sie kommt mit ihrem Schlitten einfach nicht hinauf. Die Mutter sieht es vom Küchenfenster aus. »Jan, Jan! Anne kommt mit ihrem Schlitten nicht den Berg hinauf. Willst du ihr nicht helfen?« Jan zieht schnell seine warme Jacke an, zieht die Fellmütze über die Ohren und ist bald zur Tür hinaus. An die eine Hand nimmt er die kleine Schwester, mit der anderen zieht er den Schlitten, so sind sie bald oben. »Du musst am Rand gehen, wo der Schnee noch nicht so glatt und fest ist, da schaffst du es bestimmt!«, rät Jan der kleinen Schwester. Anne freut sich: Nun klappt es nicht nur mit der sausenden Fahrt ins Tal. Auch nach oben kommt sie jetzt ganz alleine!

Gott handelt so wie die Mutter. Gott weiß, dass wir alleine nicht zurechtkommen. Er hat uns lieb, er will uns helfen. Darum schickte er seinen Sohn in die Welt. Jesus ist bei uns, er hilft uns. Auf ihn können wir uns verlassen. In der Bibel steht: »Der Herr ist mein Helfer, ich will mich nicht fürchten« (Hebräer 13, 6). E-J

8. Januar

JESUS KENNT UNS

Du kennst bestimmt viele Menschen. Die Eltern, die Geschwister, die Nachbarn, die Kinder in der Klasse, im Kindergarten und in der Sonntagsschule kennst du schon alle mit Namen. Was weißt du sonst noch von diesen Menschen? Zähle auf, was du weißt: wo sie wohnen, wie sie aussehen, wie alt sie sind, was sie tun usw.

Es gibt aber auch sehr viele Menschen, die du nicht kennst. Du siehst sie auf der Straße, in den Geschäften, im Fernsehen, überall. Stell dir vor: Jesus kennt alle Menschen! Alle, die du siehst. Alle, von denen du hörst. Alle Menschen auf der weiten Welt! Jesus kennt alle Menschen mit Namen, so wie den Zachäus im Maulbeerbaum in Jericho und den Nathanael. Jesus weiß, wo wir wohnen, er weiß, was wir tun und denken. Jesus weiß alles, weil er zu Gott gehört; ja, weil er selbst Gott ist. Und wir gehören ihm. Ist das nicht großartig?

Herr Jesus, du kennst mich,
du kennst meinen Namen.
Du weißt, wo ich wohne.
Du weißt, ob ich froh bin oder traurig,
ob ich spiele oder schlafe.
Du bist so groß.
Ich darf zu dir gehören.
Danke, Herr Jesus!

E-J

9. Januar

EIN GUTER TAG

»Bitte, gib, dass es heute ein guter Tag wird«, hat Christine heute Morgen gebetet. Jetzt will sie raus in den Schnee. Da brüllt der kleine Friedrich. Das Telefon klingelt. »Sieh schnell nach dem Friedrich«, ruft die Mutter. Ausgerechnet jetzt! Friedrich hat eine dicke Beule am Kopf. Christine holt einen nassen Waschlappen und legt ihn auf die Beule. »Danke«, sagt die Mutter, »das hast du gut gemacht.« – Mutter muss jetzt schnell in die Stadt. Christine zieht den Anorak wieder aus. Sie muss bei Friedrich bleiben. Mutter sucht den Haustürschlüssel. Sie öffnet die Schubladen. Mutter und Christine beten. »Bitte, zeig uns, wo der Schlüssel ist«, sagt die Mutter. Da fällt ihr ein: Er liegt in der Tasche, die sie gestern Abend benutzt hat. Sie danken Jesus für die gute Idee. Als Mutter wiederkommt, schenkt sie Christine das kleine Backbrett, das sie sich schon so lange gewünscht hat.

Jesus will, dass wir mit ihm reden. Er will uns einen guten Tag schenken. Vielleicht wird der Tag anders, als wir es gedacht haben. Vielleicht ist er voller kleiner Wunder!

Psalm 31, Verse 1-4 E-W

10. Januar

EIN KIND WIRD GEBOREN

»Was meinst du, Jasmin, wird es ein Bruder oder ein Schwesterchen werden?« Schirien und Jasmin, zwei kleine Pakistanerinnen, kauerten draußen auf dem Hof. Es war kühl. Sie wickelten sich fester in die Umschlagtücher und horchten zum Haus hinüber. Die Hebamme hatte sie eben aus den Betten gescheucht. Das Geschwisterchen sollte geboren werden. So war kein Platz für sie in der einzigen Stube. »Ich bin so gespannt«, sagte Jasmin. »Ich wünsche mir einen Bruder.« »So einen schönen dicken«, stimmte Schirien zu. »Unser Baby hat neulich ganz doll gezappelt. Ich durfte die Hand auf Mamas Bauch legen.« »Manchmal sterben sie bei der Geburt«, sagte Jasmin. Die Tür wurde aufgestoßen. »Mädchen«, rief die Großmutter, »schlaft nicht! Macht Feuer und kocht Tee für die Hebamme!« Noch bevor das Wasser für den Tee kochte, wurde das Kind geboren. Es war ein Junge! Nun war alles in Ordnung. Die Oma ließ das Kind gar nicht mehr los. Die beiden Schwestern besahen sich die kleinen Händchen. »Guck mal, er hat schon Fingernägel! Alles ist dran«, staunten sie. »Ein fertiger Mensch!« Jasmin streichelte den Kleinen. »Aber er kann noch gar nichts tun«, sagte sie. »Was würde eigentlich passieren, wenn es keine Familien gäbe? Stell dir vor, Mama würde das Kind bekommen und dann einfach abhauen.«

Die Familie ist ein ebenso großes Wunder wie ein neugeborenes Kind.

R-B

11. Januar

GOTTES FAMILIE

Bumm – bumm! Der würdige Herr draußen erschrak. Hatte er so laut geklopft? Nun saß er dem bekannten Lehrer gegenüber. »Meister, wir wissen, dass du von Gott gekommen bist«, gestand er, »sonst könntest du niemals solche Wunder tun.« Jesus antwortete: »Du kannst von Gott nur etwas wissen, wenn du ganz neu geboren bist.« – »Das muss doch wohl ein Missverständnis sein«, protestierte der gelehrte Nikodemus. »Wie kann man zum zweiten Mal von seiner Mutter geboren werden?« – »Du verstehst mich nicht«, sagte Jesus. »Durch die Geburt kommt ein Kind in die menschliche Familie hinein. Wer aber zur Familie Gottes gehören will, muss noch einmal ganz neu anfangen. Dazu braucht er Gottes Geist; durch ihn bekommt er neues Leben. Wundert es dich, dass Gottes Geist so etwas tun kann? Denk doch an den Wind! Du hörst sein Sausen. Du siehst, wie sich Blätter und Zweige bewegen. Doch den Wind selbst siehst du nicht. So ist es auch mit dem Geist Gottes. Du siehst ihn nicht. Aber an den Menschen, in denen der Geist Gottes wirkt, siehst du, dass er da ist.« Nikodemus verstand immer noch nicht. Deshalb erzählte ihm Jesus die Geschichte von den feurigen Schlangen in der Wüste.

Du kannst das Gespräch im 3. Kapitel des Johannes-Evangeliums nachlesen. Da sagt Jesus: »Wer an den Sohn Gottes glaubt, hat das neue – ewige – Leben; an dem wirkt Gottes Geist; so ist er in Gottes Familie hineingeboren worden.« R-B

12. Januar

»NUR« EIN MÄDCHEN

Razia musste Kuhfladen sammeln. Sie war fünf Jahre alt und spindeldürr; die bunte Kamiz, das pakistanische Kleid, war am Ärmel zerrissen, und die weißen Pumphosen hatten alle möglichen Schattierungen angenommen. Sie nahm den Korb vom Kopf, und während sie einen fetten Kuhhaufen in den Korb warf, weinte sie. Nie durfte sie spielen! Nie! Und was noch schlimmer war: Für ihre Eltern schien Razia Luft zu sein. »Ich helfe dir noch ein bisschen, und dann können wir noch bei uns spielen, ja?« Scharifa, ihre Freundin, stand vor ihr. Razia lachte. Jetzt machte die Arbeit Spaß. Die beiden hatten den Korb schnell voll und rannten nach Hause. So, nun noch den Korb in den Hof gebracht ... aber da rief die Mutter: »Wo bleibst du nur – hier, nimm deinen Bruder und pass auf ihn auf!« – »Aber ...«, protestierte Razia. Es war umsonst. Sie musste den Kleinen hüten und nebenbei noch das Gemüse für das Abendbrot putzen. Tränen liefen über ihre mageren Wangen. Aber sie konnte ihrem verwöhnten Bruder nicht böse sein. Er war zu süß. So setzte sie ihn sich auf die Hüfte und schleppte ihn mit sich herum. Weinte er, so trocknete sie die Tränen ab. Hatte er Durst, so gab sie ihm Wasser. Aber die Wunde tief drin im Herzen wollte nicht heilen. »Mich liebt keiner.«

Hättest du einen echten Trost für Razia gewusst?

R-B

EIN GESPRÄCH UNTERWEGS

»Was? So was glaube ich nicht.« Die Fremde – ein sechzehnjähriges Mädchen – spuckte verächtlich ins Gras. »Nicht mal Gott kümmert sich um mich, falls es ihn überhaupt gibt.« Ihr Gesicht war hart, als sie fortfuhr: »Man verheiratet mich jetzt mit einem alten Mann. Er könnte mein Vater sein. Niemand achtet auf meine Gefühle. Niemand nimmt mich ernst.« Die beiden Mädchen waren unter einen Baum geflüchtet, um sich vor der heißen pakistanischen Sonne zu schützen. Von hier aus sahen sie zu, wie der Busfahrer das Rad wechselte. »Gerade weil du es so schwer hast, brauchst du Gottes Hilfe«, begann die etwas ältere Buschra von neuem. »Du musst Gott vertrauen und bei ihm Schutz suchen!« Buschra kramte die Bibel aus der Tasche und las ein paar Verse vor. Da sagte David, ein verfolgter Mann, zu Gott: »Im Schatten deiner Flügel bergen sich die Menschenkinder.« – »Aber Gott ist so groß und so weit weg, wie soll er sich denn gerade um mich kümmern!« – »Gott hat dich lieb, sonst hätte er doch nicht Jesus Christus, seinen Sohn, gesandt! Jesus will dich zu Gott führen. Er will immer bei dir sein, und du sollst bei ihm sein!« Zum ersten Mal in ihrem Leben hatte sie das Gefühl, dass einer sie ernst nahm. Dort an der Landstraße suchte die Unglückliche Schutz bei Jesus. Wurde ihr Leben leichter durch diese Entscheidung?

Psalm 36, Vers 8 ist der Vers, der ihr half. R-B

14. Januar

»›SOHN‹ HAT ER GESAGT!«

Eine Tonga ratterte durch das Gewühl des Verkehrs beim Hauptbahnhof in Lahore. Ein stattlicher Herr in weißer Pumphose und frisch gestärktem Turban blickte schmunzelnd auf Farhad. »So, mein Sohn«, sagte er, »nun bist du deinen Onkel los.«

Der Achtjährige nickte verlegen. Doch in seinem Herzen jubelte es. »Sohn« hatte er gesagt! Mustafa Sahib, zu dem er bis vorhin »Onkel« sagte, hatte ihn nämlich gerade adoptiert. Farhads Herz schwoll vor Stolz. Er musste schnell an sich herunterblicken. Ja, er passte in seinen neuen Kleidern zu seinem neuen Vater. Er brauchte sich nicht zu schämen.

Eine Bettlerin humpelte heran und jammerte ihre traurige Geschichte. So hatte Farhad auch manchmal gebettelt. »Das ist nun vorbei«, dachte er. Wie freute er sich auf das neue Leben! Und doch wusste er, dass es noch viel zu wünschen gab, bis er wirklich zum Vater passte. Bis jetzt hatte er ja wie ein Vagabund gelebt. Es überraschte ihn nicht, als der Vater ihm mitteilte, dass er jetzt tüchtig lernen müsse. »Später wirst du alles von mir erben«, erklärte er. »Das sollst du dann gut verwalten können.«

Wenn wir uns Jesus anvertrauen, nimmt er uns als sein »Adoptivkind« an. Dann wird alles anders. Gottes Wort sagt: »Wer zu Christus gehört, ist ein neuer Mensch geworden.«

Lies bitte im 2. Korintherbrief, 5. Kapitel, die Verse 17 bis 20! R-B

15. Januar

WAS IST LICHT?

Wenn ihr ein Wäscheseil an einem Ende in die Hand nehmt und schnell hin- und herbewegt, dann »schlängelt« es sich. Die Wissenschaftler glauben, dass Licht aus unendlich kleinen Elementarteilchen (Quanten) besteht, die so ähnlich wellenförmig schwingen. Dabei bewegt sich Licht aber mit der unheimlichen Geschwindigkeit von 300 000 Kilometern in der Sekunde fort! Woher kommt Licht? Natürlich von der Sonne! Aber auch von anderen Lichtquellen, die wegen ihrer hohen Temperatur, genauso wie die Sonne, Atomelektronen anregen und Lichtteilchen ausschleudern. Beispiel: der Glühfaden einer elektrischen Birne. Eine Frage kann allerdings kein Forscher beantworten: Woher kommen ursprünglich die Sonnen- und Atomenergie? Die Bibel sagt: »Und Gott sprach, es werde Licht, und es wurde Licht.« *Gottes Wort* hat also die Energie gesetzt, aus der letzten Endes das Licht kommt. Nun kann man auch die ersten Verse in Johannes 1 viel besser verstehen: Am Anfang war das Wort = Leben = Licht! Dahinter steckt noch mehr. Jesus ist dies Licht! Ohne Licht würden alle Pflanzen und damit das Leben auf unserer Erde elend zugrunde gehen. Mit Jesus haben wir Leben, das jenseits dieser Welt fortbesteht.

H-G

16. Januar

DAS AUGE

Das Auge ist ein Wunder Gottes, das die Mediziner bis heute noch nicht restlos verstanden haben. Die *Lider* sind wie Rollläden vor den Fenstern. Die *Hornhäute,* rund, durchsichtig, glasklar, sind die Fenster, die das Licht durchlassen. Die *Iris* ist der bunte Kreis dahinter. Sie bestimmt die Farbe des Auges (braun, blau, grau) und kann sich automatisch zusammenziehen. (Leuchtet mal im Halbdunkel plötzlich mit der Taschenlampe ins Auge eines andern und beobachtet, wie der schwarze Kreis im Auge enger wird.) Im Innern, hinter der schwarzen Pupille, sitzt die unsichtbare *Linse*, die sich bei Nah- oder Fernsicht ganz »automatisch« verdicken und verschmälern kann. Dahinter kommen der *Glaskörper* und die *Netzhaut*. Die Netzhaut fängt das Licht auf und besteht aus 10 Lagen komplizierter Nervenzellen. Diese wandeln das Licht in Nervenströme, welche durch viele Nervenfasern in dem »Kabel« des *optischen Nervs* zum Gehirn geleitet werden. Dort erst entsteht das von uns wahrgenommene Bild. Kein Mensch konnte je so einen perfekten und kleinen »Fernsehapparat« schaffen!

In Psalm 139, Vers 14 sagt David zu Gott: »Ich danke dir, dass du mich so wunderbar geschaffen hast; deine Werke sind wunderbar.«

Hast du Gott schon einmal für dein wunderbares Augenlicht gedankt?

H-G

17. Januar

DIE REISE EINES BLINDEN

Hoch oben in den Himalayabergen hört ein blinder Mann von einem Missionskrankenhaus, in dem Blinde sehend werden. Zwei Jahre lang legt er seine Bettelpfennige in ein schmutziges Säckchen, das er immer bei sich trägt. Endlich hat er das Geld für die lange Reise zusammen! Ein Mann ist bereit, ihn zu führen. Sie wandern los. An der nepalesisch-indischen Grenze übernachten sie. Am nächsten Morgen überfällt den Blinden ein lähmender Schreck. Der Begleiter hat sich heimlich mit dem Geld davongemacht!

Allein tastet der Blinde sich weiter – 600 Kilometer auf nordindischen Straßen! Endlich erreicht er das Krankenhaus. Der Arzt von der Christoffel Blindenmission stellt Hornhautnarben auf den Augen fest. »Ich kann dich operieren, aber nur Jesus kann dich sehend machen«, sagt er. Die Operation gelingt! Nach zwei Monaten verabschiedet sich der ehemals Blinde. »Ich nehme nicht nur mein Augenlicht mit mir, sondern auch das Licht Jesu in meinem Herzen.« Er hatte erlebt, was die Liebe Jesu tun kann! Fröhlich und sehend wandert er in seine Heimat. Er ist kein Bettler mehr.

H-G

18. Januar

ZWEIMAL SEHEND GEWORDEN

In Johannes 9 lesen wir eine interessante Geschichte. Jesus streicht einem Blinden einen Brei auf die Augen und schickt ihn fort, damit er sich die Augen wäscht. Der Blinde tut das, wird sehend, kennt Jesus aber noch nicht. Er denkt, Jesus sei ein großer Prophet; ja er verteidigt Christus sogar gegen böse, neidische Menschen. Aber dann trifft er Jesus zum zweiten Mal. Jesus sagt ihm, wer er wirklich ist. Der Mann glaubt Jesus, und dann wird er zum zweiten Mal »sehend«. Er geht auf seine Knie und betet Jesus an. Daraufhin sagt Jesus etwas Sonderbares: »Die, die nicht sehen, sollen sehend werden, und die, die sehen, sollen blind werden.«

Viele Menschen können mit ihren Augen zwar gut sehen, aber sie wollen Jesus nicht als Gott und Heiland anerkennen, deshalb nennt Jesus sie blind. Wir wollen aber *offene* Augen haben für die Herrschaft Jesu und ihn so anbeten wie der ehemals Blinde.

Offene Augen für Jesus: Zum Blicken auf Jesus,
der alles Gute in uns anfängt und hilft, es auch zu tun;
zum Um-uns-Schauen, wer Hilfe und Liebe braucht;
zum In-uns-Schauen, ob dunkle Ecken da sind,
in die wir Jesu Licht hineinlassen müssen.

»Jesus, gib mir offene Augen. Amen.« H-G

19. Januar

IM SCHATTEN LEBEN

»Auf der Schattenseite des Lebens sein«, damit meinen wir, dass Menschen in Not und Hunger leben. Manche sind sogar ganz in der Finsternis – sie sind blind. Eyaschu war ein solches Mädchen in Äthiopien. Sie wurde mit zwei Jahren blind, weil die Eltern so arm waren, dass sie Eyaschu nicht ordentlich ernähren konnten. Die Augen erblindeten aus Vitamin-A-Mangel. Die Eltern verkauften das blinde Mädchen an habgierige Männer, die es zur Bettlerin erziehen wollten, um Geld mit ihr zu machen. Ein Missionar der Christoffel Blindenmission konnte das Mädchen retten. Sie bekam Kleidung und gutes Essen, konnte bald ihr eigenes Bett machen, und obwohl sie blind war, lernte sie in der Missionsblindenschule Lesen und Schreiben. Heute arbeitet sie in einer Schirmfabrik und verdient ihr Brot wie jeder Sehende!

Vor einiger Zeit war eine schreckliche Dürre in Äthiopien. Viele Menschen starben vor Hunger. Christen schickten Brot, Lastwagen, eine riesige Brunnenbohrmaschine und Helfer. Der Bohrer soll den Hungrigen Wasser bringen, damit wieder etwas auf den Feldern wächst. Jesus will, dass niemand im »Schatten sitzen bleibt«.

Das Licht ist die Jesus-Liebe. Wir gehen als Missionare zu denen, die auf der Schattenseite des Lebens sitzen, damit sie auch das Licht Jesu haben, selbst wenn sie blind sind!

Jesaja 9, Vers 1 H-G

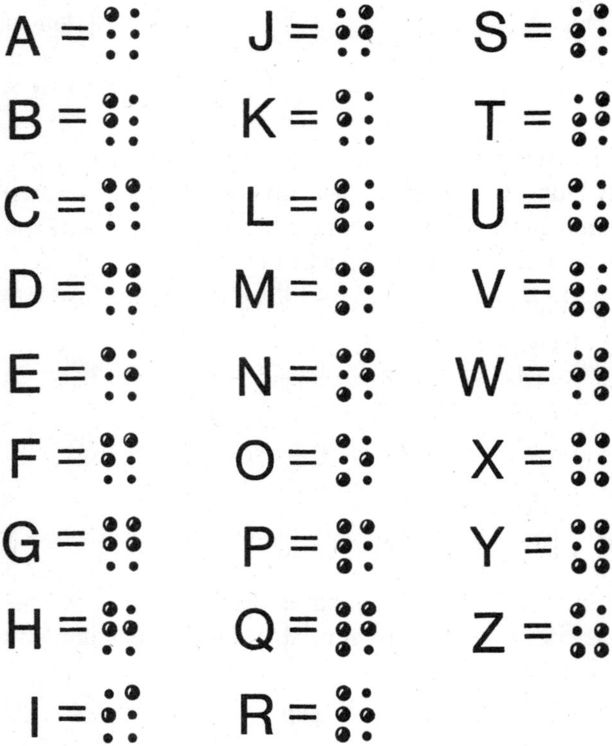

Die Blindenschrift wird heute von den Blinden in aller Welt benutzt. Sie hat eine Grundform von 6 Punkten. Jeder Buchstabe besteht aus einer bestimmten Anzahl von erhabenen Punkten, das heißt Punkten, die man fühlen kann, in einer festgelegten Reihenfolge. Der Blinde tastet die Punkte mit den Händen ab. B-R

20. Januar

IM LICHT LEBEN

Die Bibel sagt uns, dass wir im »Licht leben« sollen (l. Joh. 1, 7; 1. Joh. 2, 10; Eph. 5, 9). Nehmt einmal einen Zettel und schreibt alles auf, was das Sonnenlicht macht. Da kommt eine ganze Menge heraus:

1. Wir können unsern Weg sehen.
2. Es wärmt uns und die Erde.
3. Es gibt den Pflanzen Leben, denn ohne Licht könnten sie nicht wachsen.
4. Es zeigt uns, ob wir und andere sauber sind.
5. Es kann uns verbrennen (Sonnenbrand).
6. Die Sonne zeigt die Himmelsrichtung an.
7. Die Sonne zeigt die Zeit an.

Könnt ihr nun auch einmal in der Bibel eine entsprechende Anleitung finden, was das denn heißt, »im Licht leben«? Zum Beispiel:

1. Wir können »unseren Weg sehen« = Dein Wort ist ein Licht für meinen Weg (Ps. 119, 105)
(also: die Bibel lesen!)
2. Wir sollen »warm« bleiben! (Offb. 3, 15)
3. (selbst eintragen) .... (Joh. 1, 4-9)
.... (Joh. 8, 12)
4. .... (Joh. 3, 20-21; 1. Kor. 4, 5)
5. + 6. .... (2. Petr. 1, 19)

Sicher findet ihr noch mehr Bibelstellen über das Licht. Es gibt davon mehr als 150, und jede hat jedem von uns etwas ganz Bestimmtes zu sagen! H-G

21. Januar

EINE TRAURIGE GESCHICHTE, DIE GUT ENDET

In einer Bauernfamilie wuchsen zwei Jungen heran. Der ältere war fleißig und zufrieden. Der jüngere hingegen fand das Leben auf dem Hof zu eintönig. Ihn zog's in die weite Welt. Zu dumm, dass er kein Geld besaß! Doch da hatte er eine Idee. Er sagte zu seinem Vater: »Den Anteil am Erbe, der mir zusteht, wenn du einmal stirbst, möchte ich jetzt schon haben. Ich will fort.« Der Vater gab ihm eine Menge Geld, und der Sohn ging fort.

Wer Geld hat, findet leicht Leute, die ihm helfen, es auszugeben. Das erfuhr auch unser junger Mann. Weite Reisen, feines Essen, ausgelassene Gesellschaft – alles leistete er sich. War das ein Leben!

Aber eines Tages war es so weit: Weil er nichts dazuverdient, sondern immer nur ausgegeben hatte, war sein Geld zu Ende. Zur gleichen Zeit brach eine Hungersnot im Land aus. Er konnte keine Arbeit finden. Schließlich fand er eine Anstellung als Schweinehirt. Er, der reiche Bauernsohn!

Ach, wie hungrig war er! Wie schmutzig und elend! Alle seine Lebensfreude war verflogen. Alle seine Freunde längst auf und davon.

Da erinnerte er sich an zu Hause. An seinen Vater. An den Hof und das gute, arbeitsreiche Leben dort. Und weißt du, was er tat? Du kannst es selbst lesen, im Lukas-Evangelium, Kapitel 15, Vers 11 bis 24. Die Geschichte hat einen prima Schluss.

E-Ae

22. Januar

VERSTEHT MICH DENN KEINER?

Manchmal denken wir: Mich versteht ja doch keiner! Und wir fühlen uns einsam und traurig. Hast du schon einmal daran gedacht, dass nie ein Mensch so wenig verstanden wurde wie Jesus? Er redete zu seinen Landsleuten von Gott, seinem Vater. Gott hatte Jesus in die Welt geschickt, um sie aus der Gewalt des Bösen zu retten. Aber die Menschen verstanden Jesus nicht. Ja, weil er ihnen die Wahrheit über ihr böses Herz sagte, wurden sie so wütend, dass sie immer wieder versuchten, Jesus umzubringen.

Jesus liebte die Menschen. Sie hassten ihn.
Er kam zu ihnen. Sie stießen ihn von sich.
Was meinst du, wie traurig ihn das machte!

Es stimmt genau, was im Philipperbrief Kapitel 2, Vers 7, steht: »Er wurde wie ein anderer Mensch.« Und in Hebräer Kapitel 2, Vers 17: »Er musste in allen Dingen seinen Brüdern (den Menschen) gleich werden, damit er barmherzig würde.«

Wie war das? »Mich versteht keiner«? Du, sag das nicht! Es ist nämlich nicht wahr!

»Herr Jesus Christus, du siehst mich, wenn ich traurig bin. Ich weiß oft gar nicht, warum mir so elend ist, warum ich mich so einsam fühle. Du weißt es. Ich danke dir, dass du bei mir bist und mich verstehst. Bitte hilf mir, öfter daran zu denken! Amen.« E-Ae

23. Januar

SO HAT ES JESUS GEMACHT

Stell dir vor, man hat dir sehr Unrecht getan. Du bist traurig darüber und gehst mit hängendem Kopf nach Hause. Achtest du auf die Menschen auf dem Gehsteig? Merkst du es, wenn einer ebenso traurig ist wie du? Wohl kaum. Du bist ganz mit dir selber beschäftigt und mit dem, was man dir angetan hat.

Ganz anders der Herr Jesus. Als ihn seine Landsleute verstießen, ging er zwar auch traurig weg. Aber unterwegs traf er einen Bettler, der von klein auf blind war. Da kümmerte sich Jesus nicht mehr um seine eigene Traurigkeit. Er kümmerte sich um den Blinden. Hier sah er eine neue Gelegenheit zu zeigen, wie mächtig und liebevoll sein Gott und Vater ist: Er heilte den Blinden. Nun waren sie beide froh – und wie! Der Blinde, dass er nach so vielen Jahren endlich sehen konnte, und Jesus, dass sein Vater etwas so Schönes durch ihn getan hatte.

Möchtest du einen Teil dieser spannenden Geschichte selber lesen? Sie steht im Johannes-Evangelium Kapitel 9, von Vers 1 an. Jesus gibt dir da ein Rezept gegen Traurigkeit. Es heißt: Nicht an dich, sondern an die andern denken, überlegen, was du ihnen Liebes tun kannst. Willst du es versuchen? Gleich heute? E-Ae

DOPPELTE FREUDE

Jesus hat den Blinden geheilt. Die Aufregung, die es deswegen in der Stadt gab, hättest du sehen sollen! Jeder kannte doch den blinden Bettler! Er saß immer auf demselben Platz. Aber jetzt nicht mehr. Er läuft herum und erzählt jedem, der es hören will, wie Jesus ihn gesund gemacht hat. Als ihn die Pharisäer darüber »ausquetschen«, bekennt er, dass er Jesus für einen von Gott gesandten Helfer hält. Dabei kennt er ihn doch kaum! Aber er hat ihn erlebt.

Da geht es dem Mann wie Jesus: Man verstößt ihn, er darf nicht mehr ins jüdische Gotteshaus, den Tempel, gehen. Das war eine furchtbare Strafe für einen frommen Juden. Aber Jesus lässt ihn nicht allein in dieser neuen Traurigkeit. Er sucht ihn und gibt sich ihm zu erkennen. Da fällt der Mann vor ihm nieder und ruft aus: »Herr, ich glaube!« Und schon wieder freuen sich zwei: der Geheilte, weil er Jesus nun als Retter kennt, und Jesus, weil ein Mensch ihm vertraut. Diese Freude könntest du ihm eigentlich auch machen, meinst du nicht?

Die Geschichte steht im Johannes-Evangelium Kapitel 9, von Vers 24 an. Du kannst sie selbst lesen!

E-Ae

25. Januar

EIN GUTES REZEPT

Kennst du das auch? Du wachst morgens mit einem komischen Gefühl auf. Langsam dämmert es dir: Ach, heute ist der langweilige Tag, an dem Vater ausschläft, Mutter früh Besuch erwartet, die Schwester eingeladen ist und alle Freunde etwas vorhaben – ohne dich! Du schälst dich aus den Bettdecken, schleppst dich ins Bad und wirst zusehends missmutiger. Schließlich stehst du wie eine leibhaftige Trauerweide vor deiner Mutter. Aber sie scheint überhaupt nichts zu merken und hat gleich eine Menge Arbeit für dich. Deine Laune wird schlechter und schlechter! – Du, das kenne ich auch. Und das Rezept, das ich dagegen herausfand, als ich noch klein war, hilft mir noch heute: Wenn ich traurig oder schlechter Laune bin – oder beides –, gehe ich rasch in mein Zimmer und sage Jesus genau, wie ich mich fühle. Dabei wird mir schon wohler. Dann bitte ich ihn, mir zu helfen, froh zu werden. Das hilft. Denn Jesus erhört uns, wenn wir nach seinem Willen bitten. Und meinst du nicht auch, es sei sein Wille, dass wir gut gelaunt und hilfsbereit sind? – Wenn du mit Jesus redest, beschäftigst du dich mit ihm, und so kehrst du deiner schlechten Laune den Rücken. Versuch's! Es ist ein gutes Rezept. Ich befolge es heute noch. So wurden die Anfälle von Traurigkeit und schlechter Laune immer seltener. Ich erfuhr nämlich, was in Psalm 34, Vers 6 steht: »Die auf IHN sehen, werden strahlen vor Freude.«

E-Ae

26. Januar

ORDNUNGEN HELFEN

Schwärmst du auch für schnelle und schicke Autos? So ein Auto besitzen, einsteigen und einfach losfahren, ohne Geschwindigkeitsbegrenzung und ohne Straßenverkehrsordnung – das wäre eine tolle Sache! Das wäre Freiheit! Wirklich? O weh! Wenn wir alle einfach drauflosführen, würde es an jeder Ecke krachen. Es gäbe Tote und Verletzte, Tränen und Schmerzen. Wir brauchen die Verkehrsordnungen, die Ampeln und Schilder. Wir müssen sie beachten und uns danach richten, wenn wir heil und gesund wieder nach Hause kommen wollen. Sie sind wichtig zur Erhaltung unseres Lebens. Doch nicht nur auf der Straße brauchen wir die Ordnungen. Sie sind in unserem täglichen Leben nötig: beim Spiel, in der Schule, auf dem Sportplatz, im Schwimmbad. Denke mal einen Augenblick darüber nach, wie es wäre, wenn alle sich so benähmen, wie es ihnen gerade passt. Das gäbe ein heilloses Durcheinander!

Wenn wir unserem Herrn Jesus Christus nachfolgen wollen, kommen wir ohne seine Ordnungen nicht aus. Der Apostel Paulus sagt: »Gott hat uns durch seinen Geist ein neues Leben geschenkt. Nun soll dieser Geist auch unser Leben bestimmen!« (Galater 5, Vers 25). Sein Geist und sein Wort wollen dir heute helfen, auf seine Ordnungen zu achten.

E-Bo

27. Januar

ÜBUNG HILFT WEITER

»Jeder wird ernten, was er gesät hat.« Das ist ein sehr einleuchtender Satz. Wo ich Bohnen gesetzt habe, kann ich keine Erbsen ernten. Wo der Bauer Weizen gesät hat, wird er keinen Roggen ernten. Aber nun sind wir ja keine Gärtner oder Bauern. An welche Saat ist wohl bei uns gedacht? Gottes Wort sagt uns, dass sein Geist in uns eine Fülle von Gutem wachsen lässt: Liebe, Freude, Frieden, Geduld, Freundlichkeit, Güte, Treue, Demut, Selbstbeherrschung (Galater 5, Vers 22). So viel! Alle diese Gaben bekommen wir von Gott geschenkt. Und wir dürfen sie wieder aussäen im Umgang mit unseren Klassenkameraden, Geschwistern und Freunden. Überall! Das ist oft eine harte Arbeit. Da ist einer, der immer Streit will, und du sollst Frieden halten. Eine andere fällt dir mit ihrem Reden auf die Nerven, und du sollst geduldig sein. Hast du auch schon wütend und zornig reagiert, wenn dir etwas nicht in den Kram passt? Und doch erwartet Jesus Selbstbeherrschung von uns. Du sagst: »Das schaffe ich nie, ich versuche es gar nicht erst!« Überleg doch mal: Was tust du, wenn du das kleine Einmaleins können musst? Du übst es! Und wenn du für die nächste Englischarbeit zwanzig neue Vokabeln brauchst, musst du sie ebenfalls üben. Auch im Aussäen der guten Gaben Gottes bedarf es immer wieder der Übung. Wir dürfen Jesus dann bitten, dass er uns dabei hilft. Und wir dürfen ihn bitten, uns zu vergeben, wo wir seine guten Gaben unbenützt in der Ecke stehen ließen.

E-Bo

28. Januar

DER FREIHEITSTAG

Eines Tages kamen unsere Kinder mit dem Vorschlag: »Wir müssten mal einen Tag einrichten, an dem jeder tun und lassen kann, was er will.« Alle waren begeistert. Das muss ein herrlicher Tag werden! Es wurde ein Tag mit aufregenden Erlebnissen.

Stefan wollte mit Papa eine Lego-Stadt bauen. Aber der lag auf der Wiese und wollte beim Lesen nicht gestört werden. Andrea wollte in der Küche einen echten Kuchen backen, wozu Mama absolut keine Lust hatte. Dann kamen die Essenszeiten. O weh! Es stand nichts auf dem Tisch. Und was man gerne essen wollte, war in der Küche nicht zu finden.

Du kannst dir sicher vorstellen, dass dieser erste »Freiheitstag« uns ganz schön zum Nachdenken anregte. Stefan meinte: »Mit der Freiheit stimmt was nicht. Das ist zwar ganz schön, aber die anderen Menschen wollen auch Freiheit. Ich kann dann ja nicht machen, was ich will.« Tatsächlich, die anderen wollen auch Freiheit! Wenn jeder nur für seine Wünsche und für sein Recht kämpft, dann ist echte Freiheit nicht möglich. Aber es gibt einen besseren Weg: Im Neuen Testament wird uns gesagt: »Gott hat euch zur Freiheit berufen! Aber missbraucht sie nicht als Freibrief für Selbstsucht und Lieblosigkeit. Vielmehr soll sich einer dem anderen unterordnen. Das ganze Gesetz ist erfüllt, wenn dieses eine Gebot befolgt wird: Liebe deinen Mitmenschen wie dich selbst.« (Galater 5, Verse 13 und 14)

R-Bo

29. Januar

DIE NEUEN BRÜDER

Im Neuen Testament steht ein Brief des Apostels Paulus an seinen Glaubensbruder Philemon. Der Brief ist kurz, du könntest ihn gleich ganz lesen. Es geht um Folgendes:

Dem Philemon war sein Sklave Onesimus weggelaufen und zu Paulus geflüchtet. Sicher hat Onesimus den Apostel im Hause seines Herrn kennen gelernt und hat dort auch die Botschaft von der Liebe Gottes und von der Freiheit der Gotteskinder gehört. Wahrscheinlich war sein Verlangen nach dieser Freiheit so groß, dass er die Flucht wagte. – Aber warum schickt Paulus den Onesimus wieder zurück zu Philemon? Ist denn die christliche Freiheit keine wirkliche Freiheit? Löst sie die Sklaverei nicht auf? Die Antwort bekommst du, wenn du genau beachtest, was mit Onesimus geschehen ist. Paulus sagt: »Er wurde mein Sohn.« Natürlich ist das bildlich gemeint und heißt: Onesimus ist mir gefolgt; er ist Christ geworden. Er hat jetzt die herrliche Freiheit der Kinder Gottes, die viel mehr ist als menschliche Freiheit. Das bedeutet, dass Philemon und Onesimus durch Jesus Christus Brüder geworden sind. Paulus kann nun den »Sklaven« getrost wieder zu seinem »Herrn« zurückschicken. Jeder von beiden wird das Beste für den anderen tun, weil die Liebe Jesu sie verbindet.

Die Freiheit, die wir durch den Glauben an Jesus Christus bekommen, ist ein Geschenk; sie kann nicht mit Gewalt erkämpft werden. Sie ist echte Freiheit, weil sie Menschen versöhnt.

R-Bo

30. Januar

DANKE!

In der Jungscharstunde haben wir darüber nachgedacht, wie gut es uns geht. Einer hatte ein großes Blatt Papier vor sich und schrieb nur immer auf, was die anderen ihm zuriefen: Essen, Kleidung, Freude, Wohnung, Freundschaft, Heizung, Jungscharstunde, Ferien, Eltern ... Bald war das Blatt eng beschrieben. Als wir dann miteinander beteten, sagten viele von uns Gott ein Dankeschön für die guten Gaben. Unser nächster Gedanke war dann: Was machen wir mit all diesen Geschenken Gottes? Geben wir davon etwas weiter an andere? Aus der »Kinderzeitung« erfuhren wir, dass man in Gambura (Afrika) dringend eine Schule braucht. Dafür sparen wir nun auch, damit sie schneller gebaut werden kann. Die ersten 100 Mark sind schon abgeschickt. Und wenn wir keine Menschen finden, die äußere Hilfe brauchen, also Kleidung, Wohnung und Nahrung, dann gibt es genug, die Freude brauchen. Ob wir uns mal in unserer Klasse bei unseren Freunden oder in der Kindergruppe umsehen, was wir an Freude, Freundschaft und Liebe weitergeben können?

Der Apostel Paulus schreibt: »Wir wollen nicht müde werden, das Gute zu tun. Wenn die Zeit da ist, werden wir auch die Ernte einbringen; wir dürfen nur nicht aufgeben. Solange wir also noch Zeit haben, wollen wir allen Menschen Liebe erweisen, besonders denen, die mit uns durch den Glauben verbunden sind« (Galater 6, Vers 9 und 10).

E-Bo

31. Januar

CHEL, CHEL!

Krrr. Die Bremsen kreischen. Der Bus steht. Die Reisenden recken ihre Köpfe. »Schafe«, sagt ein Mann. Nasreen, die auf dem Schoß ihrer Mutter sitzt, sieht nun auch die vielen Schafe. Große, kleine, braune, weiße Schäfchen kommen dicht aneinander gedrängt vorbei. Das ist eine große Herde! Jetzt kommen nur noch ein paar Nachzügler. Nanu, warum fährt der Bus nicht weiter? »Mami, sieh mal, da stehen drei Schäfchen genau vor dem Bus und rühren sich nicht vom Fleck. Die sind aber dumm!« Langsam, mit bedächtigen Schritten nähert sich ein Mann dem Bus. Auf dem Kopf hat er ein zusammengedrehtes, ausgefranstes Handtuch. Er trägt ein kleines Lämmchen. Es ist zu schwach, um bis zur nächsten Futterstelle zu laufen. Dieser Mann muss der Hirt sein. Er gibt den drei Schafen einen leichten Klaps und ruft: »Chel, chel voran!« Mit großen Sprüngen hopsen die drei hinter der Herde her.

Mit solch einer Herde vergleicht Gott das Volk Israel. Eine Zeit lang lebten die israelitischen Männer, Frauen und Kinder in Ägypten. Sie waren Pharaos Sklaven geworden. Sie mussten schwer arbeiten und bekamen kaum Essen. Man wollte ihnen alles nehmen, zuletzt sogar die Kinder. Niemand kümmerte sich darum. Aber Gott sah sie – eine Herde ohne Hirten. Er sandte ihnen den Hirten Mose. Er befreite die Israeliten aus der Gefangenschaft in Ägypten. – Es gibt auch einen Hirtenpsalm. Kennst du ihn? Er beginnt: »Der Herr ist mein Hirte . . .« Gott selbst will der Hirte seines Volkes sein.

I-H

1. Februar

WER GOTT LIEBT, WURDE VON GOTT ZUERST GELIEBT

Diesmal fiel das Warten fast noch schwerer als in den Tagen vor dem Weihnachtsfest. Niemand konnte es so genau sagen, wann das kleine Geschwisterchen ankommen würde! Anja und Thomas freuten sich schon lange darauf. Und sie bekamen Muttis Vorbereitungen bis in jede Einzelheit mit. Im großen Schlafzimmer der Eltern war eine Extra-Ecke eingerichtet worden für das Baby, das bald zu ihrer Familie gehören sollte. Wann endlich würde das Bettchen nicht mehr leer sein? Wieder einmal standen die Zwillinge nachdenklich davor. »Mutti«, erkundigte sich Anja, »als wir, Thomas und ich, auf die Welt kamen, hast du da auch alles so vorbereitet?« – »Natürlich, ich habe mich auf euch beide doch genauso gefreut! Und ich habe auch für euch eine kleine Wohnung – eine solche Kinderecke – eingerichtet.« – »Dann hast du also schon an uns gedacht und uns lieb gehabt, lange bevor wir dich lieb haben konnte«, überlegte Thomas laut. Und als Mutti auch jetzt nickte, da waren sich die Zwillinge wirklich einmal ganz einig: Mutti hat uns aber lieb!

In der Abendandacht las Vati den 2. Vers aus dem 14. Kapitel des Johannes-Evangeliums: »In meines Vaters Hause sind viele Wohnungen. Wenn's nicht so wäre, würde ich dann zu euch gesagt haben: Ich gehe hin, euch die Stätte zu bereiten?« Gottes Liebe war zuerst da.

E-Wä

2. Februar

WER GOTT LIEBT, DEM HILFT GOTT LIEBEN

Jesus war fort. Er ging wieder zum Vater, der ihn gesandt hatte. Zurück ließ er seine Jünger. Sie sollten die Arbeit Jesu tun. Die Jünger brauchten den versprochenen Helfer. Wie sollten sie die Menschen lieben, die ihren Meister getötet hatten und die nun auch seine Jünger verfolgen würden? Der Helfer, den Jesus den Jüngern sandte, ist der Heilige Geist. Er half den Jüngern, große Taten zu tun. Er half den Jüngern, die Menschen zu lieben. Er führte die Jünger zur Gemeinde Gottes zusammen.

Keiner, der Jesus liebt, muss allein bleiben. Das war damals so und das ist heute so. Der große Helfer will auch uns nahe sein und uns helfen. Er will uns helfen, Gottes Liebe, seinen Frieden, seine helle Freude zu anderen zu tragen.

Zu zweit – das ist noch nicht genug. Gott schenkt seinen Kindern mehr. Er schenkt ihnen ein Leben in der Gottesfamilie.

Bitte Gott, dass er dir hilft, ihn zu lieben – er tut es bestimmt! Bitte Gott, dass er dir hilft, seine Kinder zu lieben. Bitte Gott, dass er dir hilft, die zu lieben, die ihn noch nicht lieben. Er hilft dir lieben. Darauf kannst du dich verlassen. Denn er ist da, der Helfer: der Geist Gottes. Er will das, was Jesus in den Menschen angefangen hat, fortführen. Er schenkt dir Liebe, die von Gott selbst kommt.

E-Wä

WER GOTT LIEBT, GLAUBT AN GOTT

An jemanden glauben, den man sich nicht vorstellen kann? Jemandem vertrauen, den man nicht kennt? Jemanden lieben, den man nicht sieht? Unmöglich ...

Sehen müsste man ihn können, Gott sehen – mehr bräuchte ich nicht. So dachte Philippus, einer der Jünger Jesu. Das war ein Problem. Darum kam er mit seiner Bitte zu Jesus:

Herr, zeige uns den Vater, so ist's uns genug (Johannes 14, Vers 8).

Mit unserem Zeigefinger weisen wir die Richtung, wenn ein anderer sehen soll, was wir sehen. In welche Richtung wird der Zeigefinger Jesu weisen, wenn er Philippus den Vater zeigen wird? Was stellt sich der Jünger wohl vor? Was erwartet er?

Wer mich sieht, der sieht den Vater (Johannes 14, Vers 9).

Merkt es Philippus, wie Jesus mit seiner Antwort auf sich selber zeigt? In Jesus kommt ihm der Gott, der ihm eben noch so unendlich fern schien, ganz nah. Greifbar nah! Philippus beobachtet durch das, was Jesus tut, Gottes Handeln.

Schau auf die Liebe Jesu zu allen, die zu ihm kommen, und du siehst den Gott der Liebe, Philippus! In Jesus steht ja Gott selber vor dir. Darum sieh ihn an, immer wieder und immer wieder. Und freue dich über alles, was du dabei über Gott herausfinden kannst.

Philippus glaubte von Herzen an ihn. Er vertraute ihm ganz.

E-Wä

4. Februar

WER GOTT LIEBT, HÄLT GOTTES GEBOTE

Lix – der eigentlich Felix hieß, aber nur vom Lehrer so gerufen wurde – machte einen Luftsprung. Sein sehnlichster Wunsch war in Erfüllung gegangen. Wie oft hatte er es sich in Gedanken ausgemalt, wie es wäre, wenn – ja, wenn er einen kleinen Dackel hätte! Und nun stand er wahrhaftig vor ihm, am Morgen seines 10. Geburtstages! Schon am Nachmittag begann er mit der Dressur des Vierbeiners. Ganz so einfach, wie es sich Lix vorgestellt hatte, war die Erziehung eines Hundes – und schon gar eines Dackels! – allerdings nicht. Doch nach und nach schien Stöpsel nicht nur auf Lix zu hören, er schien ihn auch zu verstehen. Und eines Tages, als Lix am Mittagstisch wieder mal auf sein Lieblingsthema zu sprechen kam – den Dackel natürlich –, behauptete er: »Nun weiß ich's ganz sicher, Stöpsel liebt mich!« »Wieso? Kannst du das beweisen?«

»Beweisen – ja, das kann ich«, erklärte Lix voll Stolz. »Stöpsel hört nicht nur und versteht nicht nur, was ich ihm sage, er tut es auch! Er gehorcht mir aufs Wort. Wenn das kein Beweis ist . . .«

Doch, doch Lix, das ist ein Beweis! Sogar ein hieb- und stichfester Beweis. Weißt du, was in der Bibel steht, was Jesus einmal gesagt hat?

»Wenn ihr mich liebt, dann haltet ihr meine Gebote« (Johannes 14, Vers 15). E-Wä

5. Februar

KOMMT – KOMMT!

Wenn es Sonntagmorgen ist, läuten in jedem Dorf und in jeder Stadt *die Glocken.* Das klingt wie eine Einladung: Kommt, kommt – kommt, kommt – kommt, kommt! Vielleicht geht ihr dann auch mit euren Eltern zur Kirche.

Schaut euch einmal um, was ihr alles in der Kirche seht. Zunächst *die Bänke.* »Auf ihnen sitzt man«, werdet ihr sagen. Ja, sie sind so angeordnet, dass man nach vorne zu dem großen Tisch blickt. Das ist *der Altar.* Früher opferte man auf einem Altar Schafe, Tauben, Ziegen. »Nimm das«, sagten die Menschen zu Gott, »und gib uns dafür Vergebung der Schuld!«

Dann ist Jesus gekommen. »Ich opfere mich für euch!«, sagt Jesus. »Nehmt mich an zur Vergebung der Schuld.« Wie früher das Opferlamm auf dem Altar starb, so starb Jesus, der Herr, für alle Menschen am Kreuz. Deshalb steht auf dem Altar *ein Kreuz.*

Die Kanzel ist der Platz, von dem aus der Pfarrer das Wort Gottes sagt.

Die brennenden Kerzen sollen uns an den Herrn Jesus erinnern, der von sich sagte: »Ich bin das Licht der Welt.«

Die Orgel hilft uns, Gott zu loben und ihm zu danken. R-H

6. Februar

DER ZEHNTE VON DER MARK

Wir sind vom Gottesdienst nach Hause gekommen. »Was tun wir eigentlich in der Kirche?«, frage ich die Kinder. »Still sitzen«, sagt Miriam, das fällt ihr nämlich am schwersten. Das ist richtig, wir sitzen zuerst einmal ganz still. Jetzt haben wir Zeit und Ruhe zum Beten. In unserem Herzen können wir mit Gott reden und auf ihn hören. »Und wir singen Lieder«, ruft Stefan. »Ich gehe am liebsten in den Kindergottesdienst. Da kann ich schon alles verstehen und darf auch fragen, wenn ich etwas nicht weiß. Der Pfarrer oder einer der Helfer erzählt uns Geschichten aus der Bibel.« – »Ich mag am liebsten die Geschichten von dem guten Hirten.« Miriam ist so froh, dass der gute Hirte sie gefunden hat und dass er sie so liebt. »Und dann geben wir Geld in den Beutel«, sagt Stefan. Miriam fällt etwas ein. Sie rennt raus und kommt mit der Kinderzeitung zurück. »Da«, ruft sie, »das sind die Kinder, denen haben wir das Geld geschickt!« Ein Erdbeben hat die Häuser, in denen die Kinder wohnten, zerstört. Miriam und Stefan beginnen, die Kinder lieb zu haben; sie wollen von jeder Mark, die sie bekommen, zehn Pfennig für sie abgeben. R-H

DAS WASSER IST EIN SCHÖPFUNGSWUNDER

Weißt du, was geschieht, wenn du eine mit Wasser gefüllte Glasflasche bei Frost ins Freie stellst? Sie zerspringt! Warum? Sicher weißt du von der Schule her, dass Dinge sich bei Wärme ausdehnen und bei Kälte zusammenziehen. Von dieser allgemeinen Regel hat der weise Schöpfer beim Wasser eine Ausnahme gemacht, ohne die es weder auf der Erde noch in den Meeren Leben gäbe. Das Wasser zieht sich nämlich beim Abkühlen nur bis plus 4 °C zusammen. Wird es kälter, dehnt es sich, bis es erstarrt, wieder so stark aus, dass aus 10 Litern Wasser 11 Liter Eis werden. Diese Ausdehnung bei Frost hat die Flasche platzen lassen. So werden in der Natur die Felsen zersprengt. So ist im Lauf der erdgeschichtlichen Jahrmillionen die Ackererde entstanden. Ohne sie könnte es keine Pflanzen und ohne Pflanzen keine Tiere geben. Würde sich das Wasser wie andere Stoffe verhalten, so wäre es im festen Zustand schwerer als im flüssigen. Das Eis würde untersinken und aus den Meerestiefen, die bis zu 11 000 und im Mittel rund 4 000 Meter reichen, niemals mehr auftauen. Die Sonnenwärme bleibt nämlich unter etwa 200 Meter ohne Wirkung. Dadurch, dass aber das Eis schwimmt, kann es in der warmen Jahreszeit sogar bis weit in die Polgebiete hinein immer wieder von der Sonne aufgetaut werden. So ist also selbst das ganz gewöhnliche Wasser ein Wunder der göttlichen Schöpferweisheit.

E-H

8. Februar

DAS MEER IST EIN SCHÖPFUNGSWUNDER

Nun muss wegen der Lebewesen das Wasser der Meere frisch gehalten werden. Stehende Gewässer werden mit der Zeit stinkend, weil darin abgestorbene Lebewesen allmählich in Fäulnis übergehen. Zur Lösung dieses Problems hat der Schöpfer – wir haben es ihm zum Haltbarmachen der Speisen abgeguckt – dem Meerwasser einen Salzgehalt von 3 bis 4 % beigemischt. Dazu waren natürlich unvorstellbare Mengen notwendig; denn es gibt auf der Erde so viel Wasser, dass es, wenn sie eine glatte Kugel wäre, die Erde rundherum mit einem 3 1/2 km hohen Wassermantel bedecken würde. Wir merken das nur nicht, weil es die sehr tiefen Meeresbecken gibt. Zur gleichmäßigen Verteilung des Salzes müssen nun die Wassermassen dauernd bewegt und durchmischt werden. Das besorgen die bis zu 30 Metern Tiefe reichenden Winde und Stürme. In den größeren Tiefen tun es die Meeresströmungen. Es sind Flüsse und Ströme im Wasser. So transportiert der Golfstrom im Nordatlantik zwanzigmal so viel Wasser wie alle Ströme des Festlandes zusammengerechnet. Am tiefsten werden die Meere jedoch durch unseren guten alten Mond durchgewirbelt. Mit seinem Umkreisen der Erde zieht er alle 12 Stunden die Wassermassen der Ozeane 5 bis 6 Meter in die Höhe. Wenn er weiterzieht, sinken sie wieder zurück. Dieses wunderbare Naturschauspiel nennen wir Ebbe und Flut.

E-H

9. Februar

EIN SCHLAUER TINTENFISCH

Der Schöpfer hat den Tieren die verschiedensten Möglichkeiten verliehen, sich vor ihren Feinden zu schützen. So stößt beispielsweise der Tintenfisch bei Verfolgung eine schwarzbraune Flüssigkeit aus, die ihn wie in eine undurchsichtige Wolke hüllt. Eine kleine Tintenfischart, die außerdem noch ihre Hautfarbe verändern kann, wendet ihre Schutzmöglichkeiten auf eine ganz raffinierte Weise an. Wenn ein solches Tierchen von einem Feind verfolgt wird, macht es seine Hautfarbe zunächst tiefdunkel. Das scheint auf den ersten Blick unpraktisch. Aber der Verfolger ahnt den Trick des Fliehenden nicht. Der stößt jetzt nämlich unerwartet eine kleine Portion seines schwarzen Farbstoffs aus. Im Gegensatz zu der Flüssigkeit der größeren Verwandten dieses Tintenfisches fließt dieser jedoch nicht sogleich auseinander. Es entsteht ein kleines schwarzes Wölkchen, das längere Zeit zusammengeballt bleibt und etwa die Größe und Farbe des Fisches hat. Letzterer aber schaltet damit gleichzeitig seine Hautfarbe auf schneeweiß um. Was jetzt geschieht, kannst du dir leicht ausmalen. Der ahnungslose Verfolger hält das Tintenwölkchen für das nun müde gewordene Opfer. Er schnappt danach und – beißt ins Leere. Der Verwandlungskünstler aber hat währenddessen das Weite gesucht. Der Tintenfisch ist ein primitives Tier.

Merkst du, mit wie viel Liebe und Freude Gott die Welt geschaffen hat? E-H

10. Februar

DIE KLEINEN HERREN IM FRACK

Die Heimat der Pinguine ist am Südpol, dem kältesten Teil der Erdoberfläche. Hier wurden schon Kältewerte unter minus 80 °C gemessen. Auf dem Land watscheln die Pinguine wie zu klein geratene plattfüßige Menschlein. Ihr weißer Bauch und die schwarzen Flügel lassen sie wie vornehme kleine Herren im Frack erscheinen. Ihre Nahrung besteht aus Fischen, nach denen sie schnell und gewandt tauchen. Die Fortpflanzungszeit der Kaiserpinguine fällt in die finsterste und kälteste Jahreszeit. Dann watscheln sie in Gruppen landeinwärts. Zu Zehntausenden werben dort die Männchen um die Weibchen. Nimmt eine Auserwählte den Fisch, den *er* ihr zu Füßen legt, geht sie also auf seine Werbung ein, dann singt er sie an und sie antwortet ihm. 25 Tage nach der Hochzeit legt das Weibchen ein Ei. Dies wird von dem Männchen auf die Füße genommen und mit dem Unterbauch im Stehen ausgebrütet – 52 Tage lang, während deren das Weibchen zum Fischen aufs Meer zurückkehrt. In dieser ganzen Zeit stehen die Männchen ohne Nahrung eng zusammengedrängt in Kälte und Sturm der Polarnacht. Das Küken bleibt noch 3 Wochen unter Vaters warmem Bauch; dann geht es in einen der vielen »Kindergärten«, wo es mit den anderen Pinguinkindern von den erwachsenen Tieren liebevoll betreut wird. Der Schöpfer hat auch diese Tierart so ausgestattet, dass sie sich in dieser schauerlich unwirtlichen Gegend recht wohl fühlt.

E-H

11. Februar

EIN TIER, DAS HÄUSER FRISST

Das Kamel ist vom Schöpfer eigens für den Aufenthalt in der Wüste geschaffen worden. Es kommt trotz fortwährender Sonnenglut mehrere Tage hindurch ohne Wasser aus. Sein Körper kann größere Mengen Wasser zwischen den Zellen speichern. Es hat einmal jemand beobachtet, wie ein Kamel in 9 Minuten 103 Liter Wasser zu sich nahm. Das Tier ist sprichwörtlich genügsam. Es kann von dürren Wüstenpflanzen, scharfen und harten Riedgräsern, halb vertrockneten Ästen und Dorngestrüpp leben. Ein Naturforscher schreibt: »Im Ost-Sudan muss man die einfachen Hütten, die aus einem Gerippe von schwachen Stangen bestehen und dann mit Steppengras bekleidet werden, vor den Kamelen durch eine dichte Umzäunung von Dornen schützen: Die Tiere würden sonst das ganze Haus auffressen. Wahrhaft wunderbar ist es, dass selbst die ärgsten Dornen und Stacheln das harte Maul des Kamels nicht verwunden.« Das Kamel ist sehr viel ausdauernder als ein Pferd. Wenn man ihm eine mittägliche Ruhepause gönnt, kann es 3 bis 4 Tage ununterbrochen laufen. Ein Reitkamel legt in dieser Zeit 140 km zurück. Ein Lastkamel leistet dagegen nur 40 km. Ihm kann man dabei aber auch über 200 kg aufbürden! Schon auf große Entfernungen wittert es die Wasserstelle. Erschöpfte Wüstenreisende, die die Orientierung verloren haben, überlassen sich ganz dem Instinkt des Tieres. Sobald es die Nähe des Wassers fühlt, verdoppelt es sein Tempo und läuft zum rettenden Nass.

E-H

12. Februar

STRASSENBAUER IM URWALD

Das größte Landtier der Erde ist der Elefant. Wenn sich der drei und mehr Tonnen schwere Koloss durch das Urwaldgestrüpp bewegt, walzt er alles nieder, was ihm in den Weg kommt. So bahnt er Straßen durch die Wildnis. Dabei schützen ihn seine dicke Haut und seine hornartigen Fußsohlen vor Verletzungen. Seine Füße sind so gebaut, dass er kaum hörbar durch den Wald schleichen kann. Er kann so schnell sein, dass ein Reiter Mühe hat, ihm zu folgen. Der Elefant hat einen außergewöhnlich guten Geruchssinn. Dagegen hört er trotz seiner riesigen Ohren nicht sonderlich gut. Gott gab ihm diese großen Lappen, damit sie dem Tier bei der Regulierung seiner Körpertemperatur helfen. Für besondere Notfälle hat er außerdem einen Wasser-Vorratsbehälter in seinem Rachen, den er bei jeder Gelegenheit auffüllt. Braucht er dringend eine Erfrischung, saugt er den Vorrat mit dem Rüssel aus und spritzt ihn sich wie eine Brause über den Körper. Mit diesem Rüssel kann er Wasser aufsaugen, armdicke Stämme ausreißen, aber auch eine kleine Münze vom Boden aufheben. Der Dickhäuter frisst täglich 3 bis 4 Zentner Blätter und Zweige und trinkt an heißen Sommertagen bis zu 200 Liter Wasser. Er wird wie der Mensch 70 bis 80 Jahre alt und bekommt alle 5 bis 6 Jahre ein einziges Junges, das er treu pflegt und erzieht.

E-H

13. Februar

EIN INSEKTENGASTHAUS

Wenn die Pflanzen Früchte tragen sollen, muss der Blütenstaub der einen Blüte auf den Stempel einer anderen übertragen werden. Für diesen Transport hat der Schöpfer vor allem die Insekten eingesetzt. Der Aaronstab ist das reinste Gasthaus für Insekten. Den oberen Teil seiner Blüte könnte man die Vorhalle nennen. In ihr steht die rotbraune Keule wie ein Pförtner. Sie ist warm und strömt einen Duft aus. Durch beides lockt sie Fliegen und Mücken an. Die Innenwände der Vorhalle sind durch Drüsen »eingewachst« und deshalb schlüpfrig glatt, damit die Besucher sich hier nicht aufhalten können. Sie rutschen durch die engste Stelle des Blütenkelches in die eigentliche »Gaststube«. Der Eingang ist durch einen nach unten gerichteten Borstenkranz verschlossen. Dadurch gibt es kein Zurück. Auch können keine zu großen Insekten hinein. In dem Gastzimmer ist es 14 bis 15 °C wärmer als draußen. Dünne Stellen in der Blütenwand dienen als »Fenster«. In der Wirtsstube sitzen nun meist viele Gäste herum. Sie haben von anderen Blüten Blütenstaub in ihrem Körper und streifen diesen beim Herumkriechen auf den Narben ab und werden mit neuem Blütenstaub bestreut. Als Gegenleistung bekommen die Gäste Honigtröpfchen, die der Fruchtknoten ausscheidet. Nach eintägiger Rast, nach der Bestäubung, welken die Borsten am Eingang, so dass die Gäste das Lokal wieder verlassen können. Ein Wunder, nicht wahr? E-H

14. Februar

NYANI ÜBERQUERT DEN ÄQUATOR

»Großer, eine Stimme in mir sagt, dass ich nicht gerettet bin. Ich weiß es einfach nicht. Ich fühle nichts.« – Daudi lächelte und erzählte eine Geschichte: Der Affe Nyani besuchte seine Verwandten im Dschungel. Dort werden die Blätter richtig grün, und Schmetterlinge gaukeln über den Sümpfen. Nyani ging mit einer Schar gastfreundlicher Affen zu einem großen Buyubaum. Viele Pfoten wiesen auf ein Schild neben der Straße, auf dem das Wort »Äquator« stand. »Wenn du hier auf dem Buyubaum sitzt«, erklärte Nyanis Vetter zweiten Grades, »wirst du als gebildeter Affe wissen, dass du dich auf der südlichen Halbkugel der Erde befindest. Aber wenn du auf den Kuyubaum dort springst, hast du den Äquator überquert und bist in der nördlichen Hemisphäre.« Nyani lief auf dem Ast entlang, sprang vom Buyubaum auf den Kuyubaum und saß still. »Yoh«, meinte er endlich, »eure Worte mögen wahr sein, Verwandte! Aber ich fühle mich gar nicht anders, jetzt, da ich auf der nördlichen Halbkugel bin.« – »Wie du dich fühlst, ist ganz gleich! Geographie bleibt Geographie!« »Hongo«, meinte Daudi, »wenn du die Linie zwischen Tod und ewigem Leben überschreitest, fühlst du dich im Anfang vielleicht nicht anders. Aber geh nur mit beiden Füßen vertrauensvoll weiter! Die Bibel sagt: ›Wer den Sohn hat, hat das Leben.‹ So wird der, der zu Jesus gekommen ist, eines Tages das neue Leben auch spüren.«

P-W

15. Februar

MAN KANN NICHT ALLES SELBER TUN

Nyani, der Affe, und sein Freund Tuku hatten eine reife Kokosnuss gefunden und rollten sie den Abhang hinab. Laut aufklatschend landete sie in der Mulde Matope. »Ich hol sie«, rief Tuku, nahm einen riesigen Anlauf und landete ganz nahe bei der Nuss. Er packte sie und wollte zum Ufer zurück. Aber sein linker Fuß steckte fest. Er wollte sich mit dem rechten Fuß abstoßen, aber bevor man noch hätte das Wort Kokosnuss aussprechen können, steckten seine beiden Pfoten bis an die Knöchel im Sumpf. Tuku warf die Nuss fort. »Hilf mir doch!«, rief er seinem Freund am Ufer zu. Aber Nyani war nicht schlauer als andere Affen auch. Das Moor reichte schon fast bis an Tukus Knie. Je mehr er kämpfte, desto tiefer sank er ein. »Ich hab's, Tuku«, schrie Nyani. »Pack deinen Schnurrbart und zieh dich daran hoch!« Tuku packte seine Haare und zog sich mit ganzer Kraft in die Höhe. Fast schien es, als hätte er Erfolg. Aber nur seine Rückenwirbel knackten. Immer höher stieg das Moor. Das Letzte, was Nyani am Ufer von seinem Freund sah, waren zwei hochgereckte Affenpfoten, die sich um ein paar ausgerissene Schnurrbarthaare krampften. »Wie heißt dieser Sumpf, Matope?«, fragt Daudi einen seiner Zuhörer. »Man gerät leicht hinein, kommt aber allein nicht wieder heraus.« Nachdenklich antwortete er: »Der richtige Name dieses Sumpfes muss Sünde sein.«

P-W

16. Februar

GIB MIR DEINE HAND!

Daudi hatte die Geschichte vom Sumpf Matope erzählt.

Nun fuhr er fort: »Ich habe auch einmal in diesem Sumpf gesteckt und versucht, mich an meinem eigenen Bart herauszuziehen. Aber je mehr ich mich anstrengte, besser zu werden, umso tiefer sank ich. Und dann sah ich einen am Ufer stehen. Sein Gesicht konnte ich nicht erkennen; aber seine Hand, die er mir entgegenstreckte, trug eine tiefe Narbe. ›Gib mir deine Hand‹, sagte er, ›ich bin der einzige Weg hier heraus.‹ Ich dachte: Soll ich nicht lieber weiterkämpfen und versuchen, selbst herauszukommen? – Doch dann spürte ich wieder den Sog nach unten, und da erkannte ich, dass die, die im Sumpf bleiben, im Sumpf sterben müssen. Ich merkte, dass es keinen anderen Ausweg gab. Da legte ich meine Hand in seine Hand, und er zog mich heraus. Am Ufer sagte er zu mir: ›Folge mir, denn ich bin gekommen, um dir Leben, neues Leben zu geben.‹ So bin ich hinter ihm hergegangen. Es sind Zeiten gekommen, da bin ich wieder in den Sumpf gerutscht. Aber jedes Mal war seine Hand da und hat mich wieder herausgezogen.

Seine ausgestreckte Hand ist immer da, und er ist sehr stark. Ihr braucht nicht mehr zu tun, als eure Hand in seine Hand zu legen. Er hält sie dann fest, denn er ist Christus, Gottes Sohn.« P-W

17. Februar

CHIBUA UND DIE ERDNÜSSE

Die Afrikaner sammelten sich am Lagerfeuer. Daudi, der Krankenpfleger, erzählte:

»Hongo, ihr kennt Chibua, meinen kleinen Hund. Vor einigen Wochen nahm ich Chibua zum Erdnusspflanzen mit. Ich hatte Furchen gezogen und machte mich an die Arbeit. Bald entdeckte ich, dass Chibua alles, was ich pflanzte, wieder ausscharrte. Ich schimpfte, und Chibua wedelte mit dem Schwanz. Am nächsten Tag scharrte er genauso wie vorher Nuss für Nuss aus der Erde. Ich gab ihm eine ordentliche Tracht Prügel. Überrascht heulte er auf und zog betrübt seinen Schwanz ein. Ich dachte, jetzt wird er es verstanden haben. Ja, ich steckte ihm einen Knochen zu. Gehorsam muss belohnt werden. So gab ich ihm den Knochen. Seine Augen blitzten vor Freude. Sein Schwanz konnte sich nicht beruhigen. Aber dann fing er doch wieder an zu scharren. Ich überlegte: Wie soll ich Chibua Verständnis beibringen? Ich hatte freundlich mit ihm geredet, ihn scharf zurechtgewiesen, beschenkt hatte ich ihn auch. Es gab nur noch eine Möglichkeit: Ich hätte ein Hund werden müssen, dann hätte er mich verstehen können. Dann fiel mir ein: Deshalb hat Gott seinen Sohn Jesus geschickt. Er wurde ein Mensch wie ich, geboren wie ich und wuchs heran wie ich. Er lebte, damit ich Gott verstehen und kennen lernen kann. Ich kann Gott nur kennen lernen, wenn ich an Jesus denke. Darum ist er Mensch geworden.« P-W

18. Februar

BARTIMÄUS

Jeden Tag sitzt Bartimäus auf der Straße vor der Stadt Jericho. Menschen gehen vorüber. Bartimäus bettelt: »Gebt mir zu essen! Ich bin blind und arm.«

Eines Tages kommen viele Männer, Frauen und Kinder vorbei. »Was ist los?«, fragt der Blinde. – »Jesus aus Nazareth ist hier.« Jesus? Jesus kann Kranke gesund machen! Aber ob dieser mächtige Herr auch ihm hilft, dem Bartimäus? Hat es das schon gegeben, dass ein Blinder sehend wird? Plötzlich schreit er von seinem Platz aus. »Herr Jesus, ich brauche deine Hilfe!« Neben ihm drohen die Männer: »Sei still, Alter!« Bartimäus denkt: »Soll ich still und blind bleiben? Nein!« Er wagt es noch mal. Und Jesus hört. Jesus bleibt stehen. Jesus ruft den Bartimäus zu sich. Der kommt so schnell, wie er kann. Nun fragt Jesus: »Was willst du von mir?« Bartimäus hat nur einen Wunsch. Voller Erwartung steht er vor dem Herrn und bittet: »Herr, dass ich wieder sehen kann.« – »Geh hin«, sagt Jesus, »dein Glaube hat dich geheilt.« Bartimäus hört die Worte. Er macht die Augen auf. Er kann sehen! Von da an bleibt er bei seinem Heiland (Markus 10).

Ch-W

19. Februar

MENSCHEN, DIE ANDERN HELFEN

Vor ein paar Jahren wurde ich von Tag zu Tag schwächer. Ich ging zum Arzt. Er untersuchte mich. Er sagte: »Sie müssen ins Krankenhaus. Nur dort kann man herausfinden, wovon Sie so elend und schwach sind.« Die Ärzte im Krankenhaus machten bedenkliche Gesichter. In den Wochen, als ich im Krankenhaus lag, betete ich oftmals: »Herr, wenn du willst, kannst du mich gesund werden lassen.« Wie schön wäre es gewesen, wenn mich der Herr Jesus mit einem Wort geheilt hätte, wie er die Lahmen, Blinden und Aussätzigen damals, als er auf der Erde war, heilte. Aber ich sollte wohl Geduld lernen. Die Ärzte und die Schwestern waren gut zu mir. Langsam ging es mir besser. Ich wurde wieder stark. Eines Tages hieß es: »Morgen dürfen Sie nach Hause.« Beim Abschied sagte mir der Arzt: »Wir dachten, Sie würden nie wieder gesund.« Ärzte und Schwestern freuten sich mit mir, und mein Herz war voller Dank und Freude. »Danke«, sagte ich zu den Ärzten. »Sie haben mir geholfen.« »Danke für die gute Pflege«, sagte ich zu den Schwestern. »Danke, Herr«, betete ich. »Du bist so gut zu mir!«

B-Sch-E

20. Februar

JOELS GROSSES ERLEBNIS

Vielleicht war es so:

»Jesus kommt!« – »Jesus kommt!«

»Wo? Wo ist er denn?«, fragt Joel. – »Mutti, darf ich auch hingehen und Jesus sehen?«

»Ja, du darfst, doch nimm noch was zu essen mit, der Tag ist lang«, antwortet die Mutter. Schnell packt sie Brot und Fisch ein.

Joel rennt den schmalen Pfad hinauf auf den Berg. Die Leute drängen sich um Jesus. Alle möchten Jesus gerne sehen. Joel schiebt sich an den Erwachsenen vorbei nach vorn. Da hört er, wie Jesus zu seinen Jüngern sagt: »Die Leute sind hungrig. Gebt ihnen zu essen!« Die Jünger schauen sich ratlos an. Joel packt schnell sein Päckchen aus. Er streckt es ihnen hin. Fünf kleine flache Brote und zwei Fische für so viele Menschen? Jesus lacht ihn nicht aus. Jesus nimmt Brote und Fische und sagt zu den Jüngern: »Seht zu, dass die Leute sich auf die Wiese setzen.« Jesus dankt seinem Vater für Brot und Fisch. Beides wird verteilt. Alle Leute werden satt. Es waren viele Leute, über 5 000! Auch Joel ist satt geworden. Am Abend, als Joel die Geschichte seiner Mutter erzählt, kann sie es kaum glauben.

Du kannst dir den biblischen Bericht vorlesen lassen. Er steht im Johannes-Evangelium 6, Verse 1-15.

S-N

21. Februar

GOTT SIEHT DAS HERZ AN

Als Nina aus dem Kindergarten kommt, findet sie Mutter inmitten alter Kleider, die am Boden liegen. Mutter ist dabei, einen Sack für die Kleidersammlung zu füllen. »Bitte, Mutti, lass mich ein bisschen damit spielen«, bettelt Nina. Sie zieht Mutters altes Sonntagskleid an und beginnt vor dem Spiegel »Mutter« zu spielen. So hat Nina lange Beschäftigung. Sie schlüpft in die Kleider von Oma und Tante Lene, in Vaters alte Hose und in den Rock der großen Schwester, und immer ist sie »jemand anderes«. Als Mutter hereinschaut, meint Nina: »So schnell müsste ich mich verwandeln können, dann würdest du mich nicht erkennen, wenn ich etwas angestellt habe!« Die Mutter nimmt Nina in den Arm und sagt: »Weißt du, das hast du doch nur nötig, wenn etwas nicht in Ordnung ist. Aber dann ist doch einer da, der durch die Verkleidung sieht!« – »Ja«, sagt Nina, »der Herr Jesus.« – »Wie schön, dass du das schon behalten hast«, lobt Mutter. »Es ist doch gut, dass du dich zum Spaß verkleiden kannst und dass du dich nicht aus Angst verstecken musst!«

1. Samuel Kapitel 16, Vers 7 — I-J

22. Februar

MARTINA DENKT NACH

Mutters Nähkasten ist umgefallen.

»Nina«, ruft Mutter, »hilfst du mir bitte?«

Martina kommt. Sie sieht sich die Bescherung an und denkt nach.

Mutter sagt: »Komm, hilf schnell!«

Da rennt Martina schon wieder aus der Tür. Nanu, denkt Mutter. Martina kommt mit ihrem Magneteisen zurück. Ganz schnell sammelt sie damit die Nähnadeln auf; sie lagen über den ganzen Boden verstreut. Nun kleben sie alle am Magneteisen.

Martina hat nachgedacht und dann gewusst, wie sie der Mutter am schnellsten helfen kann.

So haben viele Männer und Frauen nachgedacht, wie man eine schwere Arbeit leichter machen kann, wie man Krankheiten heilen und vorbeugen kann. Gott hat den Verstand gegeben, und große und kleine Menschen sollen ihn benutzen.

In der Bibel steht: »Der Herr wird dir in allen Dingen Verstand geben« (2. Timotheus 2, 7) E-W

23. Februar

MIT ALLEM VERSTAND

Paul Brand hatte viele Jahre lernen müssen, um ein tüchtiger Arzt zu werden. Dann ging er zu den Ärmsten der Armen: zu den Aussätzigen in Indien. Als er sah, dass heil gewordene Hände und heil gewordene Füße immer wieder krank wurden, setzte sich Paul Brand hin und dachte nach. Gott half ihm, die Lösung des Rätsels zu finden: Aussatz konnte ausgeheilt werden. Aber das Gefühl in den ausgeheilten Händen und Füßen blieb tot. Nun mussten Hände und Füße vor Hitze und spitzen Gegenständen geschützt werden. Doktor Brand fand noch etwas heraus: Nach einer Operation konnten steif gewordene Hände sich wieder bewegen. Das war eine große Erfindung. Die Regierung schickte Dr. Paul Brand zu den Ärzteversammlungen im ganzen Land. Überall musste er erzählen, was er herausgefunden hatte. Er reiste in viele Länder der Erde. Überall wollte man Dr. Brands Forschungen kennen lernen. Paul Brand war ein Mann, der Gottes Willen tun wollte, von ganzem Herzen und mit allem Verstand (Matthäus 22, 37).

E-W

24. Februar

DER SABBAT (2. Mose 20, 8)

Alle jüdischen Feste beginnen am Abend. So fängt auch der Sabbat mit dem Gottesdienst um 6 Uhr abends in der Synagoge an. Wenn der Vater mit den Kindern nach Hause kommt, hat die Mutter den Tisch festlich gedeckt und über den brennenden Kerzen den Segen gesprochen. Nun singen alle ein Lied und bitten darum, dass jetzt die Engel des Friedens Einzug halten. Der Stuhl der Mutter ist von den Kindern geschmückt worden. Danach stimmt man ein Lied zum Lob der Mutter an. Während des ganzen Abendessens werden immer wieder Lieder gesungen und Verse aus den fünf Büchern Mose gelesen. Das Mittagessen am folgenden Tag ist ein fröhliches Fest, bei dem der Vater über Brot und Wein den Segen spricht. Noch ein drittes Mal kommt die fromme jüdische Familie zusammen. Bevor der Sabbat zu Ende geht – das geschieht am Samstagabend, wenn die ersten drei Sterne am Himmel stehen –, kommen alle noch einmal zusammen, um den Festtag auszusegnen. Zuletzt darf der Kleinste die Sabbatkerze auslöschen. Noch einmal erklingt ein Lied der Hoffnung, dann beginnt wieder der Alltag.

Das schönste Fest im Leben eines Jungen ist der Sabbat nach seinem 13. Geburtstag. Dann darf er zum ersten Mal in der Synagoge eine Lesung aus dem Alten Testament auf Hebräisch vorlesen und ist damit in die jüdische Gemeinde aufgenommen. L-I

25. Februar

EIN NEUJAHRSFEST (Psalm 31, 1 u. 2)

Vor einiger Zeit las ich eine Anzeige in der Zeitung: »Festliche Tage. Am 27. und 28. September bleibt unser Geschäft geschlossen.« Darunter stand der Name eines bekannten jüdischen Geschäftes unserer Stadt. Damals wurde ich zum ersten Mal darauf aufmerksam, dass Israel das Jahr anders zählt als wir. Heute, im Jahr 1999, beginnt nach jüdischer Zählung das Jahr 5760. Mit dem Neujahrsfest fangen zehn ernste Tage an. Sie heißen »die zehn Tage der Rückkehr«. In diesen Tagen soll jeder an das vergangene Jahr denken und alles Unrecht, das er getan hat, Gott sagen. In der Synagoge werden Gebete der Buße und der Trauer gesprochen. Durch alle Gebete klingt das Wissen: Israel kann nur bleiben, wenn es zu Gott umkehrt. Ein jüdischer Rabbi hat einmal über diese Tage gesagt: »Heil euch, Israel! Vor wem reinigt ihr euch? Wer reinigt euch? Es ist euer Vater im Himmel.« Das sind die einzigen Tage, an denen die Menschen in der Synagoge niederknien. Der zehnte Tag heißt Jom Kippur, der große Versöhnungstag. Am Abend vorher sitzt die Familie schweigend bei Tisch; es ist die letzte Mahlzeit vor dem großen Fasten, das 25 Stunden dauert. Eine brennende Kerze soll an die Toten erinnern. An diesem Tag bitten sie alle diejenigen um Verzeihung, denen sie Unrecht getan haben. Erst am Abend zieht bei dem festlichen Abendessen wieder die Freude ins Haus ein. L-I

DAS LAUBHÜTTENFEST (3. Mose 23, 34 u. 40)

Direkt nach dem großen Versöhnungstag beginnt die Familie mit der Vorbereitung auf das fröhliche Laubhüttenfest (Sukkot), das eine ganze Woche lang dauert. In dieser Zeit wohnt die Familie draußen in einer selbst gezimmerten Hütte, deren Dach nur aus Laub besteht, in der mehr Schatten als Sonne sein soll und die von den Kindern mit Früchten und buntem Herbstlaub ausgeschmückt wird. Während dieser Festwoche verbringen alle eine ganze Nacht mit Lernen. Beim fröhlichen Wechsel von Lernen und Schmauserei zeigt sich so recht, wie wenig das so genannte Gesetz des Judentums für den Juden eine Last bedeutet. Der letzte Tag des Laubhüttenfestes wird in der Synagoge besonders festlich gestaltet. Er heißt »Thorafreudenfest«. Die fünf Bücher Mose werden Thora genannt. Sie sind in hebräischen Buchstaben auf Pergament geschrieben. Die Thorarolle ist meist in einen kostbaren gestickten Seidenmantel gehüllt. Heute möchte jeder die Thorarolle einmal in der Hand halten oder wenigstens berühren. Der Höhepunkt des Gottesdienstes kommt, wenn zuerst das letzte Kapitel aus 5. Mose und dann das 1. Kapitel der Thora, die Schöpfungsgeschichte, verlesen wird. Nach diesem Gottesdienst versammeln sich die befreundeten Familien zu einem frohen Fest in ihren Wohnungen. L-I

DAS LICHTERFEST – CHANUKKA (Psalm 27, 1)

Vielleicht hast du schon einmal von dem Tagebuch des jüdischen Mädchens Anne Frank gehört. Anne hielt sich mit ihren Eltern in dem Hinterhaus eines holländischen Geschäftshauses vor den Nazis versteckt. Aber auch hier feierten sie das Chanukkafest, das ein wenig an unseren Advent erinnert. Acht Tage lang werden jeden Abend im Dezember die Chanukkalichter eins nach dem andern angezündet. Dabei erinnert man sich an die Kämpfe und Leiden des jüdischen Volkes, besonders aus der Zeit des jüdischen Helden Judas Makkabäus. Man erzählt sich eine wunderbare Geschichte: Damals sei der Tempel einmal sieben Tage lang von den Griechen umzingelt gewesen. Würde die »Lampe Gottes« (1. Samuel 3, 3) jetzt verlöschen? Man wusste, dass kaum noch Öl da war. Aber nach acht Tagen brannte das Licht im Tempel noch und war den verzweifelten Menschen ein Zeichen dafür, dass Gott, der Herr, sie in allen Verfolgungen nicht verlassen hatte.

Kannst du dir vorstellen, was dieses Fest den Menschen in dem Hinterhaus in Amsterdam bedeutete? Der Gedanke an Gottes Gegenwart half ihnen, mit der Angst und Verzweiflung besser fertig zu werden.

L-I

28. Februar

DAS LUSTIGE PURIMFEST (Esther 4, 9-16)

Durch den Zoo von Tel Aviv, der großen Stadt in Israel, geht ein Junge verkleidet als Moses. Er trägt ein wollenes weißes Gewand und hält die Tafel mit den Zehn Geboten in der Hand. Ein langer weißer Bart verbirgt seinen Mund. Moses ist sechs Jahre alt. Er geht an der Hand seiner Mutter. Sie hat ihm das Kostüm genäht und sein Vater hat die Tafeln mit dem Gesetz in hebräischen Buchstaben gemalt. Mit Moses wandern heute, an einem schönen Frühlingstag im März, Tausende von verkleideten Kindern durch den Zoo. Nachher werden sie in der großen Konzerthalle Musik hören und das schönste Kostüm aussuchen. Die Mädchen gehen am liebsten als Braut mit einem weißen Schleier und bunter Papierkrone, sie stellen die Königin Esther dar. Morgen wird es in Jerusalem und Tel Aviv einen riesigen Umzug geben. Auf drei Autos könnt ihr dann den riesigen Walfisch bewundern, der gerade den Propheten Jona zwischen den Zähnen hat. Das Purimfest erinnert an eine alte Geschichte. Ihr könnt sie in der Bibel im Buch Esther nachlesen. Am persischen Königshof lebte die junge schöne Königin Esther. Als sie hörte, dass die Juden in ganz Persien ausgerottet werden sollten, wagte sie ihr Leben und bat den König, ihr Volk zu verschonen. Ihre Bitte wurde erhört und das Volk errettet. Nun verstehen wir, warum das Purimfest solch ein fröhliches Fest ist. L-I

29. Februar

PESSACH – DAS FEST DER BEFREIUNG AUS ÄGYPTEN (2. Mose 12, 51)

Bevor das Fest beginnt, hat es im jüdischen Haus einen großen Hausputz gegeben. Kein Brotkrümchen darf in einer Ritze versteckt bleiben; der »alte Sauerteig« muss verschwinden. Während der Passahfeiertage kommt nur ungesäuertes Brot ins Haus, das Matzenbrot, das so ähnlich aussieht und schmeckt wie unser Knäckebrot. Das Passahfest ist auch uns Christen bekannt, weil Jesus es am letzten Abend mit seinen Jüngern feierte. Es ist das schönste aller jüdischen Feste, es erinnert an die Befreiung von der Fremdherrschaft und den Auszug des Volkes aus Ägypten. Nach dem Abendgottesdienst in der Synagoge trifft sich die Familie mit den Verwandten am festlich gedeckten »Seder«-Tisch. Das beste Porzellan, die schönsten silbernen Becher stehen auf dem Tisch. Aber der Ehrenplatz bleibt leer; er ist für den Propheten Elia bestimmt. Nun steht der Jüngste auf, vielleicht ein zwei- oder dreijähriger Junge. Er fragt seinen Vater: »Was unterscheidet diese Nacht von andern Nächten?« Der Vater antwortet und erzählt die Geschichte, als wäre sie erst gestern geschehen. Er hebt die Sederschüssel mit dem ungesäuerten Brot hoch und sagt: »Siehe da, das ärmliche Brot, das unsere Väter in Ägypten gegessen haben. Jeder, der hungrig ist, komme und esse …« Der Festabend endet mit den Lobpsalmen, in denen Gott, dem Herrn, gedankt wird für seine Güte, die ewig währt. L-I

1. März

ABRAHAM, DER VATER DES GLAUBENS

»Trenne dich von allem, was du hast. Geh aus deiner Verwandtschaft weg. Mach dich auf den Weg. Ich werde dir das Ziel dann zeigen.« So brannte das Wort des unsichtbaren Gottes in Abrahams Herz. Nur er hatte es gehört und verstanden.

Täuschte er sich nicht? Wie konnte er wissen, was dann kommen würde? Er wusste es nicht. Er verkaufte seinen Besitz – Haus und Stallungen – und zog los. Er sah keinen Stern und keinen Engel, der vor ihm herging. Er verließ sich auf das Wort. Die anderen, die mit ihm gingen, fragten wohl viel. Abraham hatte auch seine Fragen. Aber er ging vorwärts, mit seinen Fragen ging er immer weiter. Freunde blieben zurück. Alles Bekannte lag hinter ihm. Abraham ging nach vorn, ins Unbekannte. Und Gott ging mit ihm. Gott beantwortete ihm die Fragen nicht. Aber er führte ihn. Und das war für Abraham genug. Und während er gehorchte, immer neu gehorchte, lernte er Gott kennen: seine Zuverlässigkeit, seine Treue, seine Liebe. Ein paar Mal versuchte Abraham selbst das Richtige zu finden. Er fragte Gott nicht. Dann griff Gott ein, rief ihn zurück. Und Abraham erkannte wieder: Gott weiß das Beste. So lernte er Warten, Hoffen und Vertrauen. Und dann erlebte er, wie Gott sein Wort hielt, und glaubte weiter. Darum sagt die Bibel von ihm: »Er wurde stark im Glauben und gab Gott die Ehre und wusste aufs allergewisseste: Was Gott verheißt, das kann er auch tun.«

R-F

2. März

IST ZWEIFELN SÜNDE?

»Wie kann ich wissen, dass alles wirklich so geschehen ist? Haben die Schreiber der Bibel nicht ihre Phantasie walten lassen?« – »Wer sagt mir, ob das auch später so geschehen wird, wie die Bibel sagt?« – »Wenn ich Jesus sehen könnte, würde ich nicht zweifeln!« Stimmt es nun wirklich, dass Zweifel durch Sehen überwunden wird? Die Jünger sahen den Herrn Jesus und zweifelten doch: im Sturm, bei der Brotvermehrung, bei dem besessenen Jungen. Sogar nach der Auferstehung, als sie Jesus vor sich sahen und seine Worte hörten. – Im Neuen Testament werden verschiedene Worte gebraucht, die Martin Luther mit »zweifeln« übersetzt. Das häufigste Wort bedeutet unterscheiden, beurteilen. Wenn wir Menschen also Gottes Wort, seine Prophezeiungen oder Versprechen von unserem Erleben oder Denken oder von unseren Erwartungen aus beurteilen, beginnen wir zu zweifeln. Dann werden wir unsicher. Deshalb vergleicht Jakobus einen solchen Menschen mit den Wellen im Meer, die hin und her geworfen werden. Gott ist unendlich groß und weise. Er hat keine Grenzen. Er ist ganz anders als wir Menschen und darum können wir ihn nicht verstehen. Wir können ihn und seine Worte nicht mit unsern Maßstäben messen. Wenn wir es aber wagen, das Wort so zu nehmen, wie es da steht, und unser Leben heute danach ausrichten, werden wir die Wahrheit des Wortes Gottes erleben.

R-F

3. März

WAS WIRKT DER GLAUBE? (1)

Die Mädchen der Jungschar sitzen einen Augenblick still. Sie haben die ersten 10 Verse von Lukas 7 gelesen und überlegen: Was wirkt der Glaube? Hat er überhaupt Kraft?

Nach kurzer Zeit ist das Gespräch in Gang. »Ich meine, Glaube ist wie ein beruhigendes Gefühl. Ich fühle mich geborgen, wenn ich daran denke: Gott sieht mich.« Lina sagt es fast träumerisch.

»Aber was nützt mir so ein Gefühl! Ich muss doch handeln!« Das ist echt Susanne. Sie fährt fort: »Dieser Heide hat praktisch seinen Glauben gezeigt, indem er den Juden eine Kirche baute!«

Die andern starren Susanne an. »Was hat das denn mit Jesus zu tun?«

»Gar nichts«, wehrt sich Susanne, »aber es geht doch um Glauben! Und als er dann von Jesus hörte, handelte er wieder.«

»Ja, das stimmt«, bekräftigt Doro. »Ich würde sagen: Der Glaube wirkt Zutrauen und Erwartung.«

»Als der Hauptmann von Jesus hörte, sandte er Älteste der Juden zu ihm und ließ ihn bitten, dass er kommen und seinen Knecht retten möchte. Sie aber kamen zu Jesus und baten ihn eindringlich und sagten: Er verdient es, dass du ihm das gewährst; denn er hat unser Volk geliebt, und er ist es, der uns die Synagoge gebaut hat . . .« (Verse 3-5). R-F

WAS WIRKT DER GLAUBE? (2)

Nach einer kleinen Pause – die Mädchen der Jungschar dachten über den Glauben des Hauptmanns weiter nach – meldet sich Julia zu Wort: »Dieser Mann erkannte sich selbst.« »Wieso?« »Was hat das wieder mit Glauben zu tun?« Die Fragen schwirren im Raum. Aber Julia lässt sich nicht beirren: »Der Hauptmann sagte: Ich bin nicht wert. Er merkte also: Jesus ist groß und rein. Viel mehr als er selbst. Glaube hat doch mit dem zu tun, an den ich glaube. Oder?« Die Leiterin nickt: »Das ist entscheidend.« Ermutigt fährt Julia fort: »Deshalb sagte der Hauptmann: Sprich ein Wort. – Wodurch hatte er eigentlich erkannt, dass Jesus so gewaltig ist?« »Damals und heute kann man das nur durch den Heiligen Geist erkennen«, antwortete die Leiterin. »Wir haben also zusammengetragen: Glaube bewirkt Handlung.« »Auch Gehorsam«, ruft Susanne dazwischen. Die Leiterin nickt und fährt fort: »Zutrauen zu Jesu Möglichkeiten und Erwartung seiner Hilfe sind Folgen des Glaubens. Und Julia hat die Selbsterkenntnis genannt, die durch den Glauben deutlich wird. Aber dieses Selbsterkennen macht nicht traurig, sondern führt zu Jesus und seiner unendlichen Macht. Darum bewirkt der Glaube auch eine neue Denkmöglichkeit: Jesus Christus kann den todkranken Knecht sofort gesund machen. Das ist kein Traumschloss oder Märchendenken. Der Glaube gründet sich auf Jesus Christus selbst. Da liegt die Sicherheit.« R-F

5. März

DAS WETTRUDERN

Die Oxforder Studenten tragen jedes Jahr Ruder-Wettkämpfe aus. Eine spannende Sache!

Jede Mannschaft zählt acht Mann, die hintereinander im schmalen Boot sitzen. Sie rudern genau im Takt, so gleitet das Boot mit Windeseile über die Wasserfläche. Vor den Ruderern, etwas erhöht, sitzt der Steuermann. Er gibt den Takt an, er hat das Ziel im Auge, er spornt die Mannschaft an. Die acht sehen das Ziel nicht. Sie rudern rückwärts und sehen auf den Steuermann.

Der Steuermann in meinem Lebensschiff will auch, dass ich auf ihn achte und ihm gehorche. Er weiß das Ziel, den rechten Kurs, die Gefahren. Er erteilt keine falschen Befehle. Ihm kann ich unbedingt vertrauen.

Nils muss im Supermarkt einkaufen. Ach, die vielen guten Sachen! Er hat große Lust, eines der kleinen Schokolädchen in die Tasche zu stecken. Das wäre gestohlen, nicht wahr? Plötzlich fällt ihm das Lied ein: »... in meinem Schifflein ist Jesus Steuermann, und mit ihm fahre ich sicher ...!« »Herr Jesus«, betet Nils, »ich will mich nach dir ausrichten! Du willst nicht, dass ich stehle. Hilf mir!« Nils rennt zur Kasse, bezahlt und verlässt glücklich den Laden. Sein Lebensboot hat den rechten Kurs beibehalten, weil er auf den Steuermann geachtet hatte. Hast du Jesus schon eingeladen, dein Steuermann zu sein?

Y-F

WENN ES »KNACKT«

An beiden Ufern der Themse stehen die Zuschauer in Scharen. Viele pressen ein Fernglas an die Augen. Andere schreien aufgeregt, wenn ein Boot das andere überholt. Plötzlich sind alle Augen auf ein Boot gerichtet. Was ist geschehen? Eines seiner Ruder ist »geknackt«, das heißt, in der falschen Richtung ins Wasser geraten und von der Strömung umgedreht worden. Für Sekunden wird das Boot gebremst.

Zu dumm, wenn etwas »knackt«! Angenommen, dein Vater verbietet dir, die Wasserspritze im Garten zu benutzen. Daraufhin machst du ein Gesicht wie sieben Tage Regenwetter und gehst murrend weg. Die Jungen, die gerade mit dir im Garten spielen, sehen es. Mutter beobachtet es auch, und wer weiß, vielleicht sind noch andere Leute da, die sich ihr Teil denken. Du hast Zuschauer! Sie merken, wem du gehörst und gehorchst. Du machst dem Steuermann deines Lebensschiffchens Ehre oder Schande. Wenn solch ein »Knack« passiert, kannst du nur eines tun: Bitte so schnell wie möglich Jesus um Vergebung! Je schneller du zugibst, dass du etwas verkehrt gemacht hast, umso schneller wird alles wieder in Ordnung sein.

Bete jeden Morgen: Herr Jesus, hilf, dass ich heute deinen Kurs einhalte. Übernimm du das Steuer meines Lebensbootes.

Y-F

7. März

FÜR WEN HAST DU ZEIT?

»Mama, ich werde Missionar!« Aufgeregt erzählt Steffen von dem, was er in der Jungschar gehört hat. »Stell dir vor, zehntausend Menschen ohne einen Arzt, und noch nie haben sie von Jesus gehört. Mama, da gehe ich hin!« Lächelnd sagt die Mutter: »Ja, vielleicht später, falls dich Jesus dorthin ruft. Aber jetzt mach erst mal deine Schulaufgaben!«

Am nächsten Morgen denkt Steffen ständig an das ferne Land. Warum dauert es nur so lange, bis man groß ist! Sein kleiner Bruder hält ihm die Schuhe hin: »Steffen helfen, Schuhe zumachen!« Unwillig wehrt Steffen ab. »Ich habe keine Zeit. Geh zu Mama!« – »Mama auch keine Zeit!«, ruft der Kleine verzweifelt. Doch Steffen ist schon weg.

Zwei Stunden später unterhält sich Steffen mit seinen Kameraden. Da fragt Olli, sein Banknachbar: »Steffen, kannst du mir den Dreisatz erklären? Ich war doch krank – hast du jetzt Zeit für mich?« Steffen wendet sich ab, er sagt zu den anderen: »Wisst ihr, da müssen wir helfen! Stellt euch vor, in dieses Land ist noch kein Missionar gekommen. Ich habe Bilder gesehen ...« Olli steht da und weiß nicht, wen er fragen soll. Keiner hat Zeit für ihn.

Wie leicht gleichen wir Steffen. Wir sehen die riesengroßen fernen Aufgaben und vergessen den Nächsten neben uns: Mutter, Vater, Geschwister und Klassenkameraden. Hast du für sie Zeit? Weißt du, was in Lukas Kapitel 10, Verse 25-27 steht? J-O

JUNGE MENSCHEN FINDEN GOTT: HUDSON TAYLOR

Er ist erst fünf Jahre alt, der kleine Hudson, und er weiß schon, was er werden will: Missionar in China. Die Eltern schütteln heimlich den Kopf: Hudson ist viel zu zart für solch einen Beruf. Doch der Junge lässt sich nicht beirren. Er liebt Jesus. Und der Gedanke, dass die vielen Menschen in China Jesus noch nicht kennen, macht ihn sehr traurig.

Aus dem kleinen Hudson wird ein großer Junge, der seinem Vater fleißig im Geschäft hilft. Er träumt nun davon, ein bedeutender Mann zu werden, viel Geld, ein Landhaus und ein Pferd zu besitzen. Nur wenn er ganz still ist, merkt der Junge, dass es in ihm trostlos aussieht: Da ist keine Liebe mehr zu Jesus und zu den Menschen, die noch nie von ihm hörten.

Inzwischen ist er 17 Jahre alt geworden. Eines Tages liest er den Satz: »Jesus hat alles für uns getan, als er am Kreuz ausrief: Es ist vollbracht!« Hudson denkt über den Sinn dieser Worte nach. Er möchte so gern wieder zu Jesus gehören. Er kniet nieder und dankt ihm für alles, was er für ihn tat. Und er verspricht: »Herr Jesus, ich gebe mich dir ganz hin. Überall will ich hingehen, alles will ich tun, wenn du mich vor dem Bösen bewahrst.« Da ist es ihm, als sage Gott: »Geh nach China!«

Er geht, als er erwachsen ist, und er gründet die China-Inland-Mission. Viele Menschen hören durch ihn von Jesus.

M-V

9. März

JUNGE MENSCHEN FINDEN GOTT: KARL STUDD

Karl und seine Brüder sind fröhliche Jungen. Der Vater, ein reicher englischer Rennstallbesitzer und begeisterter Sportsmann, ist Karls großes Vorbild.

Da geschieht etwas Seltsames: Von einem Tag zum andern ist der Vater nicht wieder zu erkennen. Pferderennen und Jagden sagen ihm nichts mehr. Stattdessen redet er begeistert von dem, was er mit Jesus erlebt hat. Karl und seinen Brüdern stehen die Haare zu Berge. Sie interessieren sich in keiner Weise für das, was den Vater so erfüllt. Er wird schon wieder normal werden, hofft Karl. Doch mit der Zeit merkt er: Im Grunde zieht ihn das, was er an seinem Vater sieht, mächtig an. Aber gleichzeitig fürchtet er sich davor.

Da fragt eines Tages einer von Vaters Besuchern: »Karl, weißt du eigentlich, wie du das ewige Leben bekommen kannst?« – »Nein«, sagt der Junge zögernd. »Schau, es ist ein Geschenk. Du kannst es annehmen und dafür danken wie bei einem Weihnachtsgeschenk.« Karl überlegt. So einfach soll das sein? Die Gabe des ewigen Lebens annehmen und dafür danken? Karl denkt nach, er tut es, und er erlebt die Wahrheit des Wortes: »Ist jemand in Christus, so ist er eine neue Schöpfung.«

Sein ganzes Leben wird neu, und später geht er als Missionar in ferne Länder, um von dieser Liebe weiterzusagen.

M-V

JUNGE MENSCHEN FINDEN GOTT: EVA VON TIELE-WINCKLER

Eva ist die Tochter vornehmer Eltern. Sie wohnt mit ihren sieben Geschwistern in einem großen Schloss, mitten in einem wunderschönen Park. Viele Kinder beneiden Eva, weil sie alles bekommen kann, was sie sich wünscht. Sicher wird sie einmal eine reiche, verwöhnte Frau werden. Doch Eva hat andere Wünsche. Sie weiß von so vielen elenden Menschen. Alles würde sie dafür opfern, wenn sie ihnen helfen könnte. Aber wie kann man andere froh machen, wenn man selbst nicht froh ist? Wie trösten, wenn man von keinem Trost weiß? Eva wird größer. Sie ist oft traurig. Sie weiß auf viele Fragen keine Antwort und kann mit keinem Menschen darüber sprechen. Den, der um ihre Probleme weiß und ihr geben könnte, was sie sucht, kennt sie nicht. Eva weiß nichts von Jesus.

Mit 17 Jahren hält Eva zum ersten Mal eine Bibel in der Hand. Sie liest von Jesus, dem guten Hirten, der die verirrten Schafe sucht. Noch nie hat Eva etwas so Wunderschönes gehört. Es gibt also einen, der sie kennt und liebt! Sie betet: »Herr, wenn das wahr ist, dass du der gute Hirte bist, dann will ich auch zu deiner Herde gehören.« So hat Evas neues Leben angefangen. Und sie weiß endlich, wie sie anderen Menschen helfen kann. Sie gibt alles hin, und durch ihr Vorbild haben viele junge Menschen gelernt, dem Herrn Jesus zu dienen, indem sie den Kranken, den heimatlosen Kindern, den Armen helfen.

M-V

11. März

JUNGE MENSCHEN FINDEN GOTT: BILLY GRAHAM

Ganz aufgeregt sitzt der 16-jährige Billy im Stadion. Gleich wird sich die Mannschaft aufstellen, angeführt von Babe Ruth, dem »König der Schläger«. Als er nach dem Sieg seinem Idol sogar die Hand schütteln darf, ist Billys Glück vollkommen. Von nun an kennt er nur noch ein Lebensziel: Berufssportler zu werden.

Es geschieht nach einem spannenden Baseballspiel, dass ihn einer anhält: »Hättest du nicht Lust, mit in die Kirche zu kommen? Dort predigt jemand so, wie du es noch nie erlebt hast.« Eigentlich hat Billy gar keine Lust. Fromme Versammlungen! Aber dann geht er doch mit.

Er hört sehr aufmerksam zu. Der Mann dort vorn imponiert ihm, bis er plötzlich auf ihn deutet und ruft: »Junger Mann, Sie sind ein Sünder!« Billy sieht sich verstohlen um. Hat er wirklich mich gemeint? Ich soll ein Sünder sein? Wenn das stimmt, bin ich verloren. Die ganze Nacht überlegt er verzweifelt, was er tun soll. Am nächsten Tag geht er wieder hin.

Diesmal spricht der Prediger von der großen Liebe Gottes, die er gerade den Verlorenen schenkt. Das gilt mir, denkt Billy. Als der Pfarrer dazu auffordert, geht er mit anderen nach vorne. Er übergibt Jesus sein ganzes Leben. Nun hat er den Richtigen gefunden, für den er sich begeistern kann.

Billy wird kein berühmter Sportler, wohl aber ein weltbekannter Evangelist. M-V

KEIN UNTERSCHIED

Wir lernen manchmal in der Kinderstunde Römer 3,23: »Denn es ist hier kein Unterschied, sie sind allzumal Sünder.« Dabei rufe ich einige Kinder nach vorn: einige große, einige kleine. Wir sind uns bald einig, dass es nach außen hin sehr viele Unterschiede gibt. Viele Leute denken, dass auch Gott die Menschen verschieden findet, weil der eine schlechter sei und der andere besser.

Stell dir einmal vor, an der Kirchturmspitze baumelt ein Sack voll Birnen. Kann der große Junge ihn besser erreichen als das kleine Mädchen?

Natürlich lächelst du jetzt. Aber hast du dich nicht auch schon für besser gehalten als deine Freundin oder jenen Jungen, der in der Schule immer so frech ist?

Vor Gott gibt es nicht gute Sünder und schlechte Sünder. Sein Wort sagt: Alle sind Sünder, alle erreichen nicht das Ziel Gottes. Darum ist von Natur nicht der eine Mensch näher bei Gott als der andere. Und wenn er sich noch so anstrengt. Es macht auch gar nichts aus, ob du aus einer guten Familie kommst oder kaum ein rechtes Zuhause hast. Durch die Sünde sind wir alle weit weg von Gott.

Es gibt für jeden von uns nur einen Weg, um zu Gott zu kommen: durch Jesus Christus, der für deine und meine Sünde gestorben ist. Du kannst heute mit ihm reden. Er führt dich zu Gott, dem Vater, zurück. R-F

13. März

EIN BISSCHEN

»Ein bisschen« ist recht wenig. Fast merkt man es nicht. Es fällt gar nicht auf. Und doch gilt es, gerade auf dieses unscheinbare Wenige aufzupassen: Nur ein klein bisschen nascht die Fliege am Fliegenleim, und schon bleibt sie hängen und kann nicht mehr los. Ein bisschen Unachtsamkeit im Straßenverkehr kann einen schweren Unfall verursachen. Eine winzige Verspätung am Bahnhof, und wir erreichen den Zug nicht mehr. Ein bisschen Nachlässigkeit bei einer Wunde, und es entsteht eine gefährliche Entzündung. Ein paar winzige Sandkörnchen ins Auge, und schon können wir nichts mehr sehen. Nur ein bisschen übertreiben, und die Wahrheit ist verletzt. Nur ein bisschen lügen, nur eine winzige Notlüge, und wir haben uns in ein Netz verstrickt.

Gott nimmt es mit dem bisschen sehr genau. Er sagt (1. Korinther 5, 6), dass ein bisschen Sauerteig den ganzen Teig durchsäuert – das heißt, ein paar Jungen und Mädchen können eine ganze Klasse zum Guten oder zum Bösen beeinflussen. Ja, ein Einzelner, der sich Gott ganz ausgeliefert hat, kann eine ganze Gruppe verändern. Freilich: Er darf sein Herz nicht nur ein bisschen für Gott öffnen. Da genügt »ein bisschen« nicht.

Gott hat durch seinen Sohn Jesus Christus ein großes Werk getan. Nun will er uns ganz. Dafür schenkt er uns auch nicht nur ein bisschen Kraft, ein bisschen Freude und ein bisschen Geduld, sondern er schenkt uns sich selber. Nicht ein bisschen, sondern ganz. R-F

DIE AUGEN – DAS GROSSE GESCHENK

Deine Augen sind ein Wunderwerk – hast du das schon gewusst?

Der beste und teuerste Fotoapparat ist eine Stümperei gegenüber deinem Auge:

Jedes Auge arbeitet vollautomatisch.

Das Auge nimmt das Bild auf, entwickelt es und gibt die Aufnahme an dein Gehirn weiter, und das alles in einem »Augenblick«!

Das Auge reguliert automatisch die Einstellung auf Licht und Entfernung – die Pupille wird bei hellem Licht kleiner, im Dunkeln größer; die Linse hinter der Pupille besorgt die Scharfeinstellung.

Die Hornhaut, die das Auge umgibt, reagiert auf das kleinste Stäubchen, sie setzt sofort die Scheibenwischanlage in Bewegung: Das sind die Tränendrüsen und die Lider.

Das Auge gehört zu den größten Wundern deines Körpers.

Hast du Gott schon einmal dafür gedankt? Du kannst beten: *»Danke, dass ich gesunde Augen habe und sehen kann!«* E-W

15. März

EIN BLINDER KANN LESEN

Gott hat uns mit den Augen ein wunderbares Geschenk gemacht: Du siehst damit die prächtigen Farben der Blumen, den strahlenden Himmel, den blitzenden Tau in der Morgensonne. Du siehst auch, wo du hingehen musst. Du kannst Gefahren ausweichen. Die Augen sind ein Wunderwerk!

Viele Menschen auf dieser Erde sind blind. Andere leiden an Augenkrankheiten. Ein Missionar erzählt: »Der kleine, blinde Ali saß eines Morgens halb verhungert vor unserer Tür. Ali hatte keine Eltern mehr, deshalb blieb er bei uns. Rasch fühlte er sich hier wohl. Ali war ganz stolz, dass er in der Blindenschule lesen lernen durfte. Vorsichtig tastete er die Seiten des Blindenschriftbuches mit den vielen Punkten ab; Ali sagte laut, was seine Hände ›sahen‹. Groß war Alis Freude, als er eine eigene Blindenbibel bekam. Oft saß er nun im Schatten eines Baumes auf dem Marktplatz. Umringt von Leuten, las Ali aus der Bibel vor. Die Leute staunten: Ein Blinder, der lesen kann!«

Dieser Satz in Blindenschrift heißt: »Jesus liebt dich« (Matthäus 13, 16; Lukas 10, 23). V-Th

JUDITH MACHT DIE AUGEN ZU

»Was ist denn mit euch wieder los?« Frau Hauser geht ins Kinderzimmer, wo die siebenjährige Esther schallend lacht. »Mutti, Judith und ich spielen Versteck. Da stellt sich Judith mitten ins Zimmer und hält sich einfach die Augen zu, statt sich zu verstecken.« Frau Hauser schmunzelt. »Weiß du, Esther, Judith ist erst drei Jahre alt. Sie meint, wenn sie dich nicht sieht, dann siehst du sie auch nicht. Das lernt sie schon noch. Übrigens hast du es kürzlich ganz ähnlich gemacht.« – »Ich – wieso?« – »Als du für mich in den Keller solltest, hattest du Angst. Du sagtest: ›Im Keller ist es dunkel, da sieht mich ja Gott nicht.‹« Vielen Erwachsenen geht es wie Esther. Wenn Nöte und Schwierigkeiten auftauchen, sehen sie nur Dunkel. Sie meinen, Gott hat sie vergessen oder er sieht sie nicht. Aber Jesus ist immer und überall da. Er sieht uns, auch wenn Sorgen und Nöte uns die Augen zuhalten wollen. Male doch ein oder mehrere Bilder davon, wo du heute überallhin gehst! Und denke daran: GOTT SIEHT MICH.

»Der Herr blickt vom Himmel herab, er sieht alle Menschenkinder« (Psalm 33, 13). V-T

17. März

KOMM, SIEH SELBST!

Auf dem Uferweg wandern drei Männer: Jesus, Petrus und dessen Bruder Andreas. Unterwegs begegnet ihnen ein Mann aus der Stadt Bethsaida. Aus dieser Stadt kommen auch die zwei Jünger Jesu, Petrus und Andreas. Jesus sagt zu dem Mann, der ihnen da entgegenkommt: »Philippus, komm mit, folge mir nach!« Philippus freut sich. Er darf Jesus folgen! Warum aber läuft er nun wieder weg? Er muss erst seinen Freund Nathanael suchen. Er muss ihm sagen: »Ich gehe jetzt mit dem Messias – Jesus aus Nazareth!« – Nathanael fährt hoch. Der Messias! Aber dann brummelt er vor sich hin: »Nazareth? Was kann aus Nazareth schon Gutes kommen!« – »Komm und sieh selbst!«, ruft Philippus. Nathanael geht mit. Den langen Weg geht Nathanael mit Philippus. Als sie näher kommen, schaut Jesus Nathanael an und spricht: »Du bist ein rechter Israelit – ein ehrlicher Mann!« – »Aber du kennst mich doch gar nicht«, erwidert Nathanael. »Ehe Philippus dich rief, sah ich dich unter dem Feigenbaum.« Da muss Nathanael staunen. »Du bist Gottes Sohn, du bist der König von Israel!« (Johannes 1, 43-51). V-T

18. März

STURM AUF DEM SEE

Mitten in der Nacht treibt auf dem See ein kleines Fischerboot hilflos auf den Wellen. Immer stärker tobt der Sturm. Die Männer im Boot versuchen mit aller Kraft, das Schiff über Wasser zu halten. Sie sind schon richtig müde. Thomas seufzt: »Ach, wäre Jesus bei uns! Er würde uns helfen. Aber so weiß er ja gar nicht, was wir durchmachen!«

Petrus meint: »Warum musste er ausgerechnet heute auf diesen Berg zum Beten? Wir hätten ihn doch so nötig.« So klagen sie und kämpfen weiter um ihr Leben. – Plötzlich schreit einer auf: »Schaut her, ein Gespenst!« Zu aller Not des Sturmes nun auch das noch! Voller Angst schauen sie auf diese Gestalt. Sie kommt ihnen auf dem Wasser entgegen. Da hören sie eine Stimme sagen: »Habt keine Angst! Ich bin es!« Auf einmal ist die Angst der Männer wie weggeblasen. Sie wissen: Jesus hat unsere Not gesehen. Schnell ist Jesus im Boot. Voller Freude machen ihm die Männer Platz. Da wird es still, der Wind hört auf zu heulen, der See liegt klar und ruhig vor ihnen. Keiner der Männer spricht ein Wort. Alle staunen, dass Jesus ein Herr ist, der alles sieht und alles kann (Markus 6, 45-52). V-T

19. März

DER NEUE REGENSCHIRM

»Hei, wie schön, endlich regnet es!«, ruft Karin den andern zu. »Da kann ich meinen neuen Schirm ausprobieren.« Vorsichtig öffnet Karin den Schirm. Sie macht sich auf den Heimweg. Wenn nur der Wind zu blasen aufhörte, denkt sie. Mit beiden Händen hält sie ihren Schirm fest. Kaum hat sie die letzten, schützenden Häuser der Straße hinter sich, fährt ein Windstoß gegen Karin. Er wirft sie fast um. Vor Schreck lässt Karin den Schirm los. Der schöne neue Schirm wird in die Luft gewirbelt. Der Wind weht ihn auf die Wiese. Karin rennt ihm nach. Beinahe hätte sie ihren Schirm erwischt. Aber schon trägt ihn der Wind weiter. Karin rennt und weint. Hilfe suchend schaut sie die Straße hinunter. Wirklich, dort unten erkennt sie eine Gestalt. »Mama, Mama!«, ruft Karin und rennt der Mutter entgegen. Die Mutter drückt Karin fest an sich. Gemeinsam gehen sie auf die Schirmsuche. Froh zieht Karin mit der Mutter heim. Zu Hause spannen sie den Schirm zum Trocknen auf. Beim Trocknen der Haare fragt die Mutter: »Karin, weißt du den Vers noch, den wir heute Morgen miteinander aus der Bibel lernten?«

»Ich gehe oder liege, so bist du, Gott, um mich und siehst alle meine Wege« (Psalm 139, 3). V-T

20. März

ICH BIN DER HERR

Lies zuerst Johannes Kapitel 18, Vers 37.

Als Jesus diese Worte sprach, stand er furchtlos vor dem römischen Machthaber, der ihn zum Tode verurteilen konnte. Ungeduldig warteten draußen die Menschen, die ihn hassten, die seinen Tod wollten.

Pilatus hatte Jesus beiseite genommen. War dieser Gefangene der König der Juden? Er wurde nicht klug aus ihm. Voller Würde sprach Jesus jetzt: »Ich bin ein König. Ich bin dazu geboren und in die Welt gekommen, dass ich für die Wahrheit zeugen soll. Wer aus der Wahrheit ist, der hört meine Stimme.«

Pilatus verstand nicht, was Jesus meinte, und fragte: »Was ist Wahrheit?« In seinem Herzen bohrte es weiter: Jeder behauptet, seine Religion sei die richtige. Doch dieser Jesus – ob er vielleicht doch wusste, was Wahrheit ist? Pilatus wartete die Antwort Jesu nicht ab. So machte er den größten Fehler seines Lebens und wurde am Tode des Königs schuldig.

Hat dich auch schon der Zweifel gequält: Was soll ich glauben? Einer sagt so, der andere anders. Warum gibt es so viele Meinungen? Du bist hin und her gerissen. Schau, es gibt nur einen, der selbst die Antwort ist: Jesus Christus. Sag ihm: »Bitte, sei du auch mein König!« Lass ihn zu dir reden und warte seine Antworten ab! So lernst du die Wahrheit von allem Falschen unterscheiden. Du merkst dann selber, wie Recht Jesus mit seinem Wort in Johannes Kapitel 14, Vers 6 hat. Was steht dort?

U-K

21. März

ICH BIN DER WEINSTOCK

Lies Johannes Kapitel 15, Vers 5.

Vor einiger Zeit betrachtete ich einen blühenden Kirschbaum. Während ich mich über die weiße Pracht freute, lockte es mich, ein paar Zweige abzuschneiden und bei mir in die Vase zu stellen. Aber – wie lange würde er noch blühen, und würde er je Kirschen bringen?

Du weißt die Antwort und lachst mich aus. Natürlich kann nichts aus diesen Zweigen werden! Sie sind ja getrennt von der Kraft, die sie wachsen lässt. Getrennt vom Kirschbaum und damit von den Wurzeln, die den Blüten alles zuführen, was sie zum Fruchtbringen brauchen. Aus denen wird also nichts.

Keine Blüte muss sich anstrengen, muss ringen und kämpfen, damit sie zur Frucht wird. Sie muss nur am Baum bleiben.

Wenn du Jesus in dein Leben aufgenommen hast, ist das Wichtigste: mit ihm verbunden bleiben. Das heißt ganz einfach: ihn lieb haben und ihm täglich vertrauen, dass er dir hilft, das zu tun, was er will. Ohne ihn leben – was kann daraus schon werden? Dein Glaube verkümmert und deine Freude vertrocknet wie die Blumen der abgeschnittenen Kirschbaumzweige. Aber wir dürfen Jesus bitten: Bleibe bei mir! Tu du in mir, was ich selbst nicht kann. Du bist ja stark genug.

Je mehr du Jesus kennen lernst durch Bibellesen und Gebet, desto enger wächst du an ihm fest und desto mehr »Frucht« bringst du. U-K

22. März

ICH BIN DER WEG

Lies heute Johannes Kapitel 14, Vers 4. Jesus sagt: »Wohin ich gehe, das wisst ihr, und den Weg wisst ihr auch.« Thomas, einer der zwölf Jünger, unterbrach den Meister. Er kam da einfach nicht mit. »Herr«, sagt er, »wir wissen nicht, wo du hingehst, und wie können wir den Weg wissen?«

Hast du schon einmal Ähnliches gedacht? Die Antwort, die Jesus gibt, lautet ganz anders, als manche von uns erwarten würden. Er sagt nicht: »Du musst dich anstrengen! Du musst lieb sein! Du musst täglich eine gute Tat tun oder jeden Monat zehn Mark für die Mission geben. Wenn du das tust, dann wirst du den Weg zu Gott finden.« Nein! Jesus sagt von sich: *»Ich bin der Weg.«* Wer also zu Jesus gekommen ist, der ist unterwegs zum Vater im Himmel. Wie sieht das praktisch aus? Mit Jesus gehst du jetzt in eine Richtung, denn du tust nicht mehr, was du willst, sondern fragst nach seinem Willen. Er sagt dir in seinem Wort, der Bibel, wie dein Leben aussehen soll und was du zu tun hast. Das wird dich froh und gewiss machen.

Wenn du auf diesem neuen Weg hinfällst, bleib nicht mutlos liegen. Steh auf, das heißt: bitte um Vergebung und geh tapfer weiter. Du willst doch ans Ziel kommen! Gott hat auf diesem Weg Aufgaben für dich. Was mag das wohl heute sein? U-K

23. März

ICH BIN DER GUTE HIRTE

Lies Johannes Kapitel 10, Vers 11.

Vor einiger Zeit beobachtete ich einen Schafhirten. Mindestens 200 Schafe zogen hinter ihm her. Beim leisesten Ruf liefen die Schafe zusammen. Ging er voran, so folgten sie. Erst wenn er stehen blieb, verteilten sie sich, um zu fressen.

Als Jesus auf der Erde lebte, war es nicht so leicht, ein guter Hirte zu sein: Wilde Tiere folgten der Herde, und wenn sich ein Schaf von der Herde trennte, wurde es schnell ein Opfer hungriger Wölfe. Jesus vergleicht sich in der Bibel mit dem guten Hirten. Siegreich verteidigt er die, die ihm folgen, gegen die Angriffe des Feindes. Liebevoll nimmt er das Verirrte wieder auf. Er verbindet die, die sich verletzt haben, und sorgt für die Schwachen. Und als der gute Hirte führte er seine Schafe auf gute Weide.

Wie seltsam, dass wir oft von unserem guten Hirten gar nichts wissen wollen. Wir achten nicht auf seine Stimme und deshalb verlaufen wir uns. Es schmeckt uns nicht mehr auf der Weide, zu der er uns geführt hat: Sein Wort wird uns langweilig. Wir entfernen uns vom Hirten und verlieren seinen Schutz. Bald können wir ihn nicht mehr hören. Wir sind nur noch selten und ungern mit den anderen Schafen des guten Hirten zusammen: Wir meiden die Jungschar und die Gottesdienste. Sollten wir nicht umkehren? Aber wie? Denkst du noch an das Wort: »Rufe mich an … so will ich dich retten …«? Sag ihm alles ehrlich, er nimmt dich wieder auf und führt dich zur Herde zurück. U-K

24. März

ICH BIN DIE TÜR

Lies Johannes Kapitel 10, Vers 9.

Hast du schon einmal gezählt, durch wie viele Türen du am Tag gehst? An einem einzigen Tag? Du möchtest in ein anderes Zimmer gehen oder hinaus ins Freie oder ins Haus. Wenn es keine Türen gäbe, würden wir in lauter Käfigen sitzen, jeder vom anderen getrennt.

Wenn Jesus sagt: »Ich bin die Tür«, dann meint er etwas Besonderes damit. Als die ersten Menschen Gott nicht gehorchten, entstand zwischen Gott und Mensch eine Mauer. Sie trägt den Namen »Sünde«. Diese Mauer trennt uns von Gott. Jeder Mensch wird auf der dunklen, hässlichen Seite der Mauer geboren. Er kann nichts dafür. Aber er braucht nicht dort zu bleiben!

Als Jesus am Kreuz von Golgatha starb, hat er die Trennwand durchbrochen. Er wurde zur Tür, die in Gottes Reich führt. Nun ist der Zugang zu Gott für jeden frei, der kommt. Jesus sagt: »Ich bin die Tür. Wenn jemand durch mich hineingeht, wird er gerettet werden.«

Du brauchst nicht mehr auf der dunklen Seite der Mauer zu leben. Aber alles Wünschen, es möchte anders werden, nützt nichts. Du musst durch die Tür gehen! Das kann dir niemand abnehmen.

Willst du es tun, so brauchst du keinen Augenblick länger zu warten. Sag jetzt zu Jesus: »Danke vielmals, dass du für mich die Tür zum Himmelreich bist.« Dann besteht keine Trennwand mehr: Du gehörst Gott.

U-K

25. März

FALSCHE VORSTELLUNGEN

»Einmal werd' ich Jesus sehn, und dann werde ich verstehen, was ich bisher nicht verstand«, so singen 30 junge Leute auf dem Wochenmarkt. Die Leute bleiben stehen. Einige lachen, spotten, schimpfen, andere werden nachdenklich. Ein Mann murmelt: »Da muss doch was dran sein an diesem Jesus. Ich will mich mal informieren.« Genau das wollten auch die Griechen, die zum Passahfest nach Jerusalem gekommen waren. Sie hatten von Jesus gehört und wollten ihn kennen lernen. Sie sagten es seinem Jünger Philippus, und dieser ging mit Andreas zu Jesus, um ihm den Wunsch der Griechen mitzuteilen. Die Jünger dachten: Sicher wird er die Ausländer freudig empfangen – aber warum ist er so bestürzt? Griechen! Jesus denkt daran, dass er nicht nur für sein Volk Israel, sondern für alle Völker dasein soll. Und er weiß, das bedeutet für ihn den Tod. Sterben. Leiden.

Die Jünger hatten sich das Leben mit Jesus ganz anders vorgestellt. Den leidenden Gottesknecht (Jesaja 53) hatten sie ganz vergessen. Jesus sagt: »Wenn jemand mir dient, so folge er mir nach, und wo ich bin, da wird mein Diener auch sein.« Wo ist Jesus? Er ist bei den Traurigen, bei den Schwachen, den Kranken. Und die ihn lieb haben, sendet er zu denen, die ihn brauchen. In seinem Auftrag gehen sie – gehen wir?

Die Geschichten von den Griechen kannst du im 12. Kapitel des Johannes-Evangeliums lesen. J-O

DAS WEIZENKORN

»Im Märzen der Bauer die Rösslein einspannt,
er setzt seine Felder und Wiesen instand,
er pflüget den Boden, er egget und sät . . .«

Heute sind es keine Rösslein, die wir auf den Feldern sehen. Heute fahren Trecker über das Land. Aber immer wieder geht es um das Gleiche: Millionen Samenkörner müssen in die Erde.

In einem Museum sah ich einmal einige Weizenkörner aus der Zeit der Pharaonen. Sie waren mehr als 3000 Jahre alt! Einige von ihnen wurden ausgesät. Der Samen ging auf. Weizenhalme wuchsen und brachten viele neue Weizenkörner. Aus ihnen konnte Mehl und Brot gemacht werden. Die übrigen Körner aus dem Pharaonengrab werden im Museum weiter angestaunt.

Jesus Christus hat sich einmal mit einem Weizenkorn verglichen. Er sagte: »Das Weizenkorn muss in die Erde fallen und sterben, sonst bleibt es ein einzelnes Korn. Aber wenn es in der Erde stirbt, bringt es viel Frucht« (Johannes 12, Vers 24). Ein Korn, das in die Erde fällt, wird nicht mehr bewundert. Es vergeht. Nichts mehr bleibt von dem alten Korn übrig. Jesus Christus wusste, dass er nicht bewundert werden würde. Er wusste, dass er verachtet, verstoßen, ja sogar getötet werden würde. Er hatte Angst vor dem Sterben. Aber als ihm Gott noch einmal ganz klarmachte, dass nur sein Sterben den Menschen das Leben schenken würde, war er dazu bereit. Durch den Tod Jesu haben viele, viele Menschen Leben von Gott bekommen. J-O

27. März

DAS KREUZ – NUR SCHMUCKSTÜCK?

»Entschuldigen Sie, darf ich Sie mal etwas fragen?« – »Ja, bitte?« Erwartungsvoll schaut das junge Mädchen den Mann im Eisenbahnabteil an. »Sie tragen solch ein kleines goldenes Kreuz. Hat dieses Kreuz für Sie eine Bedeutung?« Das Mädchen lacht. »Wie kommen Sie darauf? Ich trage das Kreuz als Schmuck. Das tun doch viele!« Goldene, silberne Kreuze, Kreuze aus Kupfer, Holz oder Blech werden als Schmuck angeboten, gekauft und getragen. Kaum einer denkt an das lähmende Entsetzen, das die erfasste, die am Kreuz sterben mussten. Kaum einer denkt an die unbeschreiblichen Qualen der Angenagelten. Und kaum einer denkt an den Mann, der dort für seine Mörder betete: »Vater, vergib ihnen, denn sie wissen nicht, was sie tun.« Jesus, der Sohn Gottes, starb ohne Schuld an einem Kreuz, damit Menschen trotz ihrer Schuld leben können. Wenn man das denen, die solch ein Kreuz als Schmuck tragen, sagt, dann meinen sie oft peinlich berührt: »Daran habe ich wirklich noch nicht gedacht.«

Wer ein Kreuz trägt, sollte an den denken, der am Kreuz für uns – für alle Menschen – starb.

Wer ein Kreuz trägt, kann an Jesu Wort denken: »Wer nicht sein Kreuz aufnimmt und mir nachfolgt, der kann nicht mein Jünger sein.« Was könnte das wohl heißen?

J-O

28. März

»WIE EIN VATER SICH ÜBER DIE KINDER ERBARMT …«

Sprachforscher, die das Wort »Vater« oder »Papa« untersucht haben, stellten fest, dass es früher einmal die Bedeutung von »hüten« oder »schützen« hatte. Ich glaube, dass diese Eigenschaften einen richtigen (guten) Vater auszeichnen.

Vor einigen Jahren stand folgende Geschichte in der Zeitung:

Ein englischer Offizier war mit seinen Kindern im Garten. Plötzlich hörte er ein Sausen, guckt sich um und sieht, dass sich ein Wespenschwarm von einem Baum löst und auf eines seiner Kinder zufliegt.

Der Vater brüllt: »Wirf dich auf die Erde!« Das Kind gehorcht sofort, der Vater reißt sich die Jacke vom Leibe und wirbelt sie wild in der Luft herum, um die Aufmerksamkeit der Wespen auf sich zu lenken. Der Vater erreicht sein Ziel. Die Wespen ändern ihren Kurs, stürzen sich auf ihn und stechen ihn zu Tode.

Er starb, damit sein Kind am Leben bleibt. Das ist Vaterliebe.

Jetzt sieh mal nach Golgatha. Dort geschah etwas, was noch furchtbarer war. Da lenkt der Herr Jesus den Zorn Gottes über deine und meine Sünden auf sich. Die ewigen Höllenstrafen, die wir verdient haben, treffen den, der keine Sünde getan hatte. Das ist Vaterliebe! Hast du ihm schon dafür gedankt? W-B

29. März

DER SOHN

Gestern haben wir gehört, welches Opfer die Vaterliebe bringen kann, und wir haben an das Kreuz auf Golgatha gedacht, an dem Jesus für uns starb, damit wir leben können.

Das können wir ja noch verstehen: dass ein Vater für sein geliebtes Kind stirbt. Doch was am Kreuz geschieht, kann man mit keiner Vaterliebe vergleichen. Da stirbt Jesus nicht für seine Kinder, sondern für seine Feinde. Für diejenigen, die ihn grausam ans Kreuz schlugen, und für die vielen, die ihn auch heute noch hassen und verachten.

Ich bin jedes Mal erschüttert, wenn ich in Jesaja 53 lese, dass es »dem Herrn gefiel, ihn zu zerschlagen; er hat ihn leiden lassen«. Kannst du das verstehen, dass es Gott gefällt, seinen Sohn zu zerschlagen? Dass er den Kriegsknechten erlaubt, ihn anzuspucken und zu quälen? Kannst du verstehen, dass Gott in den Stunden, als es dunkel ums Kreuz wurde, jede einzelne Lüge, jeden Diebstahl, jede Gemeinheit aus deinem und meinem Leben mit seinem Sohn abrechnet? Gott hat seinem Sohn viel zugetraut. Und Jesus, der Sohn, hat den Vater nicht enttäuscht!

Ich kann diese unbegreifliche Liebe Gottes, des Vaters und des Sohnes, nicht verstehen, aber ich möchte mein Leben als Dank für sein Opfer ihm zur Verfügung stellen.

W-B

MENSCHEN UNTER DEM KREUZ: DIE SOLDATEN

Auf dem Hügel Golgatha nahe bei Jerusalem waren drei Kreuze aufgerichtet worden. Nun standen die Menschen ringsum und schauten zu, was dort geschah. Es waren Menschen wie du und ich: Arme, Reiche, Junge und Alte. Sie kannten den Einen, der in der Mitte hing: Jesus. Sie hatten seine Werke miterlebt, seine Worte gehört. Was sagen sie jetzt von Jesus? Wie verhalten sie sich unter dem Kreuz ihm gegenüber? Römische Soldaten beginnen nach alter Gewohnheit, die Kleider der Gehenkten unter sich zu verteilen. Weil der Mantel von Jesus so wertvoll ist, würfeln sie, um zu erfahren, wer ihn erhalten soll. Die Soldaten haben Jesus wohl im Verhör bei Pilatus kennen gelernt. Sie haben gehört, wie er auf den Straßen Jerusalems zu den Frauen gesprochen hat. Sie erleben es jetzt, wie er seinen Vater für seine Feinde um Vergebung bittet. Aber all das hat sie weiter nicht beeindruckt. Die Kleider sind ihnen wichtiger als Jesus selbst.

Du kannst von Jesus gehört haben, du kannst von seinen Taten erzählen und doch wie diese Soldaten in deinem Herzen gleichgültig bleiben. Ist dir bis heute dein Spielzeug, dein Hobby, dein Freund oder sonst etwas wichtiger als Jesus? Wen liebst du am meisten? Den Soldaten unter dem Kreuz waren die Kleider Jesu am wichtigsten. Was ist dir am wichtigsten? U-N

31. März

MENSCHEN UNTER DEM KREUZ: JOSEF VON ARIMATHIA

Manche Jungen und Mädchen, die Gottes Kinder geworden sind, meinen, sie könnten heimlich Jesus nachfolgen. Schlag einmal Matthäus Kapitel 10, Verse 32-33 auf:

Die Bibel berichtet uns auch von einem »heimlichen Jünger« des Herrn Jesus. Der Ratsherr Josef aus der Stadt Arimathia war in seinem Herzen davon überzeugt, dass Jesus der von Gott versprochene Messias und Retter sei. Aber er hatte Angst, seine Meinung seinen Kollegen gegenüber zu vertreten. Dabei waren sie alle fromme Männer – Pharisäer und Schriftgelehrte –, die genau im Alten Testament Bescheid wussten. Sie wollten Gott gefallen, aber nichts von Jesus wissen. Sie hatten es sogar so weit gebracht, dass Jesus an einem Freitagmorgen um 9 Uhr ans Kreuz genagelt wurde. Gegen 3 Uhr nachmittags war Jesus gestorben, und bis auf die Soldaten waren alle Zuschauer und Trauernden nach Hause gegangen.

Da kommt noch jemand den Hügel Golgatha hinauf. Josef, der zu Lebzeiten Jesu zu feige war, stellt sich jetzt offen auf die Seite des Gekreuzigten. Jetzt ist ihm sein eigenes Leben und die Meinung der anderen nicht mehr die Hauptsache. Er will wenigstens dem toten Jesus die letzte Ehre erweisen. Von Pilatus hat er sich die Erlaubnis geben lassen, Jesus vom Kreuz zu nehmen und ihn, wie es damals Sitte war, in leinene Tücher einzuwickeln. Dann legt er ihn in das Grab in seinem Garten.

Jetzt weiß jeder: Der Ratsherr Josef gehört zu den Jesus-Leuten. U-N

1. April

MENSCHEN UNTER DEM KREUZ: DIE TÖRICHTEN KLUGEN

Unter dem Kreuz Jesu standen auch Pharisäer und Schriftgelehrte. Das waren kluge Männer, die im Wort Gottes gut Bescheid wussten. Sie waren ganz sicher, dass sie durch ihre Frömmigkeit und ihre guten Werke auf dem Weg zu Gott seien. Aber gerade sie, die sich bemühten, Gottes Gesetz genau zu halten, hatten dafür gesorgt, dass Jesus zum Tode verurteilt wurde. Wie war das nur möglich?

Frömmigkeit allein macht keinen Menschen gut. Du bist nicht deshalb ein Christ, weil du regelmäßig zum Kindergottesdienst und zur Jungschar gehst. Auch nicht, weil du netter bist als manche deiner Freunde. Selbst dein Bibellesen und Beten und deine Gaben sind keine Eintrittskarte in den Himmel. Weil der Herr Jesus den Schriftgelehrten gesagt hatte, was Gott von ihnen hielt, und weil er sagte, er sei der Weg zu Gott, darum hassten sie ihn. Jetzt standen sie unter dem Kreuz und spotteten. Doch wer spottet, versteckt sich vor der Wahrheit. Wie töricht sind diese klugen Leute! Das ist bis heute so geblieben. Viele fromme und kluge Menschen finden, die Botschaft vom Kreuz sei eine Torheit, und spotten darüber. Uns, die wir zum Glauben an Jesus gekommen sind, ist diese Botschaft das Wunderbarste, was es gibt. Verstehen können wir nie ganz, was damals am Kreuz geschah. Aber glauben und danken können wir, dass Jesus uns die Tür zu Gott aufgetan hat.

U-N

2. April

MENSCHEN UNTER DEM KREUZ: DIE VERBRECHER

Zwei Männer, die schwere Verbrechen begangen hatten, wurden links und rechts von Jesus gekreuzigt. Sie hatten nur noch wenige Stunden zu leben. Doch diese wenigen Stunden brachten sie in Jesu Nähe zu. Sie hörten, was Jesus vom Kreuz herab zu den Menschen sagte; sie erlebten aber auch, wie er schwieg. Zunächst spotteten sie mit den andern. Der laute Spott half ihnen, ihre Qualen ein wenig zu vergessen. Nach einiger Zeit wurde einer dieser Gekreuzigten nachdenklich und hörte auf zu spotten. Aus den Reden der Leute hatte er vernommen, was Jesus früher von sich gesagt hatte. Er hörte von den Taten Jesu. War Jesus am Ende doch der, für den er sich ausgab: der Sohn Gottes? Das Verhalten der frommen Führer des Volkes machte den Mann stutzig: Hatten die ihn etwa aus Neid den Römern ausgeliefert? Ob er es wagen darf, Jesus anzusprechen und um Hilfe zu bitten? Menschen können ihm ja nicht mehr helfen. Aber dieser, als Sohn Gottes, könnte ihm noch helfen, vor Gott zu bestehen. Der Verbrecher wendet sich an Jesus mit der Bitte: »Herr, denke an mich, wenn du in dein Reich kommst!« Ein Mörder erhält die frohe Botschaft: »Heute wirst du mit mir im Paradiese sein.«

Das ist bis heute so: Jeder, der zu Jesus kommt, wird angenommen. Jesus verstößt niemanden. Wie du bist und wer du bist, du darfst Jesus anrufen und ihn bitten: Herr, nimm mich auch in dein Gottesreich hinein! Und du kannst sicher sein, er tut's! U-N

3. April

MENSCHEN UNTER DEM KREUZ: DIE NEUGIERIGEN

Wenn etwas Besonderes auf der Straße zu sehen ist, etwa ein Verkehrsunfall oder ein Umzug mit einer Musikkapelle, dann drängen sich viele Menschen herbei, um möglichst alles aus nächster Nähe mitzuerleben.

Auch nach Golgatha kamen viele Menschen. Sie wollten sich das grausige Schauspiel nicht entgehen lassen. Als sie Jesus in seinen Schmerzen sahen, schüttelten sie die Köpfe. Jeder erzählte, was er von den Taten Jesu wusste. Ihrer Meinung nach müsste er doch ohne weiteres vom Kreuz herabsteigen können. Täte er das, würde er Feind und Freund davon überzeugen können, dass er wirklich der Sohn Gottes ist. Als aber nichts von all dem geschah, was die Neugierigen mit Spannung erwartet hatten, wandten sie sich gelangweilt von ihm ab und gingen in die Stadt Jerusalem zurück. Zu Hause aßen sie und gingen wieder an die Arbeit.

Gewiss, Jesus hätte vom Kreuz herabsteigen können. Aber seine Liebe zu uns und zu allen Menschen ließ ihn den Weg zu Ende gehen, den sein Vater ihm gewiesen hatte. Jesus nahm unsere Strafe auf sich und starb um unserer Sünde willen. Damit hat er das Heilswerk vollbracht. Ist es möglich, dass du nur als Zuschauer vor dem Kreuz stehen willst? Jesus zeigt dir durch sein Sterben, wie lieb Gott dich hat. Nimm diese Liebe an. Danke ihm, dass du als Kind Gottes leben darfst.

U-N

4. April

MENSCHEN UNTER DEM KREUZ: DIE FRAUEN

Maria, die Mutter Jesu, gehörte zu den Frauen, die auf Golgatha ausharrten. Ob sie zurückdachte an den Tag, da sie ihr kleines Kind in den Tempel gebracht hatte? Ein alter Mann, Simeon, hatte sie angesprochen und so merkwürdige Worte gesagt: »... es wird ein Schwert durch deine Seele dringen ...« Maria spürte es jetzt in ihrem Herzen, wie sich dieses Wort erfüllte. Sie schaute zu Jesus auf und schwieg. Jesus aber hatte trotz seiner großen Schmerzen noch Hilfe für seine tieftraurige Mutter. Mit einem Blick auf Johannes sagte er zu ihr: »Siehe, das ist jetzt dein Sohn.« Sie sollte von nun an für ihn sorgen, wie sie es bis jetzt für Jesus getan hatte.

Aber Maria stand nicht als einzige Frau unter dem Kreuz. Es waren mehrere da. Sie alle waren Jesus nachgefolgt und hatten für ihn und seine Jünger gesorgt. Sie schämten sich nicht, sich auch jetzt zu Jesus zu bekennen, obwohl er die Strafe eines Verbrechers erlitt. So entstand unter dem Kreuz die Gemeinde der Menschen, die an ihn glaubten, obwohl sie nichts als Sterben sahen.

Das Kreuz stellt auch an dich die Frage: Gehörst du zu den Menschen, die sich nicht daran stoßen, dass Jesus so elend und verachtet war und uns auf diese Weise das ewige Heil verschafft hat? Schäme dich nicht, zu Jesus zu stehen. Eines Tages wirst du erfahren, dass es der Herr des Himmels und der Erde gewesen ist, dem du die Treue gehalten hast. Lukas Kapitel 12, Vers 8, sagt dir, dass er Treue vergilt. U-N

5. April

MENSCHEN UNTER DEM KREUZ: EIN BEWUNDERER!

In den letzten Tagen haben wir verschiedene Gruppen von Menschen gesehen, die unter dem Kreuz Jesu standen. Einige kamen nur aus Neugierde. Andere freuten sich, Jesus endlich los zu sein. Wieder andere standen weinend unter dem Kreuz. Ein Mann, vielleicht etwas abseits, beobachtete all diese Menschen, aber vor allem Jesus. Er war der Hauptmann, der die Aufsicht über die Hinrichtung hatte. Ob er wohl ein Römer war oder einem andern Volk im weiten Römischen Reich angehörte? Jedenfalls hatte er zuvor kaum etwas von Jesus gehört. Vielleicht zum ersten Mal bei dem Verhör durch Pilatus. Während der sechs Stunden, die Jesus am Kreuz hing, lernte er ihn kennen. Er vernahm, wie dieser Gekreuzigte für seine Feinde bei Gott um Vergebung bat, wie er für seine Mutter sorgte, wie er Gott seinen Vater nannte. Solch einen Menschen hatte er bisher noch nie hinzurichten gehabt. Nach allem, was er in dieser kurzen Zeit mit Jesus erlebt hatte, sagte er sich, dieser Mensch könne unmöglich ein Verbrecher sein. Als dann Jesus seinen Kopf neigte und starb, rief der Offizier aus: »Wahrlich, dieser Mensch ist Gottes Sohn gewesen!« Urteilte er aus Erstaunen, aus Bewunderung so? Dann wäre sein Urteil nicht viel wert gewesen. Ist sein Wort aber ein Bekenntnis, so zählt auch der Hauptmann zur Kreuzesgemeinde. Dann ist sein Bekenntnis eine Frage an dich, ob dieser Gekreuzigte dein Heiland und dein Herr ist! U-N

6. April

TRÄNEN – WARUM?

»Und Petrus ging hinaus und weinte bitterlich« (Lukas 22, 62). Du weinst, wenn du Schmerzen hast, oder aus Trotz oder weil du beleidigt bist. Hast du schon einmal geweint, weil du traurig über dich selbst warst? Dann kannst du Petrus gut verstehen. Er war furchtbar traurig über sich selbst. Was war geschehen?

Als man Jesus gefangen nahm, folgte ihm Petrus bis in den Hof des Hauses, in dem er – der Herr – verhört wurde. Petrus hatte seinen Herrn lieb und wollte nahe bei ihm sein. Er hatte zwar Angst, aber das brauchte ja niemand zu erfahren. »Gehörst du nicht auch zu diesem Jesus von Nazareth?« Dreimal wurde Petrus diese Frage gestellt – und dreimal behauptete er: »Ich kenne den Menschen nicht!« Da schaute ihn Jesus an und Petrus wusste sofort: Ich habe ihn verleugnet! Tieftraurig ging er weg und weinte über sich selbst.

Ist dir schon Ähnliches passiert? Du wusstest genau: Jetzt muss ich mich zu Jesus bekennen! Aber du warst feige, hast dich seiner geschämt! Hat es dir auch so bitter Leid getan wie Petrus? Ihm hat Jesus vergeben. Bitte ihn doch, dass er auch dir vergeben möchte. Bitte ihn aber auch um Mut und Kraft, ihn heute zu bekennen. Jesus sagt: »Wer mich bekennt vor den Menschen, den will ich bekennen vor meinem himmlischen Vater« (Matthäus 10, 32).

E-J

AM OSTERMORGEN

Drei Frauen gehen zum Grab. In einem Korb tragen sie Gefäße mit köstlich duftenden Ölen. Sie wollen den toten Körper ihres Herrn einsalben, so wie man es mit den Toten in ihrem heißen Land machte.

Am Felsengrab bleiben die Frauen erschrocken stehen: Das Grab ist ja offen! Der große Stein ist vom Eingang weggerollt! Schnell betreten sie den Grabraum. Die Bank, auf der Jesus lag, ist leer. Nur noch die Leinentücher liegen da, in die der Tote eingewickelt worden war.

Plötzlich sehen sie einen Mann in strahlend hellem Gewand. Die Frauen fürchten sich.

Der Mann sagt: »Erschreckt nicht! Ihr sucht Jesus, der gekreuzigt wurde. Er ist auferweckt worden. Seht die Stelle an, wo er gelegen hat! Ihr werdet ihn wieder sehen, wie er es euch schon gesagt hat.«

Traurig waren die Frauen zum Grab gegangen. Voll Freude laufen sie jetzt zurück. Sie wollen den anderen, die auch traurig sind, von den Worten des Engels erzählen.

Lukas-Evangelium Kapitel 24, Verse 1–11 R-W

8. April

DIE GROSSE FREUDE

So ist es noch vor wenigen Tagen gewesen: Petrus, der starke Mann unter den Jüngern, dieser Petrus ist völlig am Ende. Sein Herr ist gefangen. Drüben im Hof steht er, der Hungernde speiste und Lazarus von den Toten auferweckte. Drüben steht er und sagt kein Wort. Das ist unheimlich. Aller Mut hat Petrus verlassen. »Den kenne ich überhaupt nicht«, sagt er, als ihn eine Frau anspricht. Er schwört sogar, gibt sein Ehrenwort! Wie tut ihm das hinterher Leid! Aber gesagt ist gesagt! Ist es dir nicht auch schon ähnlich ergangen? Jesus wird später zum Tode verurteilt und gekreuzigt. Man begräbt ihn in einer Felsenhöhle. Wie schlimm ist das für Petrus! Nun kann er Jesus nicht mehr sagen, wie Leid es ihm tut. – Verzagt, ja verzweifelt sitzt Petrus am Ostermorgen in seinem Zimmer. Da geht die Tür auf. Einige Frauen treten ein. »Petrus, das Grab ist leer! Jesus ist auferstanden! Er lebt! Engel haben es uns gesagt.« Das kann doch nicht wahr sein! Beinahe hätte Petrus diese Frauen umgerannt. So schnell ihn seine Beine tragen, läuft er zum Grab. Es ist leer! Ja, Jesus lebt! Nun kann ich ihm sagen, dass es mir Leid tut. Er wird mir vergeben. Das ist eine große Freude für Petrus. Osterfreude! Diese Freude soll allen Menschen verkündigt werden. Die Freude, dass Jesus lebt. Petrus hat sofort damit begonnen.

D-T

9. April

PETRUS, HAST DU MICH LIEB?

Weißt du, was Selbstüberschätzung ist? Wenn man sich mehr zutraut, als man kann! Petrus litt an dieser »Krankheit«. Er hatte zu Jesus gesagt: »Ob die andern Jünger zu dir halten, wenn es ernst wird, bezweifle ich ja. Aber auf mich kannst du dich verlassen. Wenn es sein muss, gehe ich mit dir ins Gefängnis. Ich habe auch keine Angst vor dem Tod.« Was antwortete Jesus? »Mein lieber Petrus, nimm den Mund nicht so voll. Noch ehe der Hahn morgen kräht, wirst du dreimal behauptet haben: Diesen Jesus kenne ich gar nicht!« Gestern lasen wir, dass es wirklich so kam, wie Jesus vorausgesagt hatte. Ob Jesus den Petrus nun nicht mehr lieb hatte? Kurz nach Ostern, als Petrus und seine Kameraden beim Fischen waren, kam Jesus zu ihnen. Er nahm Petrus etwas auf die Seite und fragte ihn: »Sag mal, hast du mich eigentlich lieb?« Da antwortete Petrus: »Aber, Herr, das weißt du doch. Selbstverständlich habe ich dich lieb!« Kurze Pause. Dann fragte Jesus noch einmal: »Petrus, hast du mich lieb?« Komisch, dachte Petrus. Warum fragt er denn zweimal? »Ja, Herr, ich habe dich lieb!« Und nun stellt euch vor: Jesus fragt ihn sogar zum dritten Mal: »Simon Petrus, liebst du mich?« Dann gab ihm Jesus den Auftrag: »Kümmere dich um die Leute, die an mich glauben.« Petrus war geheilt. Er kannte sich jetzt besser. Nun konnte ihn Jesus gebrauchen.

D-T

10. April

DIE EMMAUS-JÜNGER

Zwei Jünger Jesu sind auf dem Weg nach Emmaus; das ist ein Dorf in der Nähe von Jerusalem. Sie sind traurig. Sie gehen ganz langsam. Sie gehen mit gesenktem Kopf. Sie erzählen sich Geschichten von früher, als Jesus noch bei ihnen war.

Ein Dritter kommt zu ihnen. Es ist Jesus, aber sie erkennen ihn nicht. Er fragt sie: »Warum seid ihr so traurig?« Sie antworten: »Jesus ist tot. Er ist gekreuzigt worden. Die Frauen sagen, das Grab ist leer. Wir verstehen das alles nicht.« Der Fremde erklärt ihnen, warum Tod und Auferstehung sein mussten.

Inzwischen sind die drei Männer in Emmaus angekommen. »Bleibe bei uns«, sagen die Jünger zu dem Fremden. Er geht mit ins Haus, sie setzen sich an den Tisch. Der Fremde nimmt das Brot, sagt ein Gebet und bricht das Brot in Stücke. Als er ihnen das Brot reicht, erkennen die Jünger den Mann. Das ist ja Jesus! Aber schon sehen sie ihn nicht mehr. Sofort machen sie sich auf den Rückweg. Sie sind froh, sie gehen schnell. Die anderen Jünger müssen es erfahren: Jesus lebt! Er ist bei ihnen, auch wenn sie ihn nicht sehen.

Lukas-Evangelium Kapitel 24, Verse 13–35 E-K

11. April

DURCH JESUS WIRD ALLES ANDERS

Zehn junge Männer sitzen traurig in einem Zimmer beieinander. Warum? Alle ihre Hoffnungen auf ein besseres Leben sind zerschlagen. Sie haben sich alles so schön ausgedacht, wie es werden wird, wenn ihr Meister König ist und sie seine Regierungsbeamten. Und jetzt? Ihr Traumschloss ist zusammengestürzt. Vor drei Tagen wurde Jesus zum Tode verurteilt, ans Kreuz genagelt und begraben. In der Stadt werden Lügen verbreitet: Sie, die Jünger, sollen ihren toten Meister gestohlen und versteckt haben! Nun haben sie Angst, verhaftet zu werden. Darum ist alles fest zugeschlossen. Einer, Thomas, ist weggegangen. Wohin, wissen sie nicht. Da plötzlich tritt mitten in den traurigen Kreis der Jünger Jesus selbst. Er begrüßt sie: »Friede sei mit euch!« Sie erkennen seine Stimme wieder. Ob er es wirklich ist? Da zeigt er ihnen seine Hände und Füße. Sie sehen genau, wo die Nägel durchgeschlagen wurden. Langsam weicht die Angst, und statt der Traurigkeit kommt große Freude in ihr Herz. Ja, Jesus lebt wirklich! Sie haben es dreimal miterlebt, wie Jesus Tote auferweckte. Nun hat Gott das Wunder an ihm getan. Seine Macht ist größer als alle Macht der Menschen. Jetzt kann doch noch alles gut werden, denn Jesus lebt! Neuer Mut und neue Hoffnung erwachen in den Jüngern. In alle Angst und Not hinein sagt Jesus: »Friede sei mit euch!«

Wenn du mit ihm im Gebet sprichst, kannst auch du heute darüber froh werden. R-R

12. April

IMMER FRÖHLICH

Wie haben sich doch die Jünger verändert: Erst schlossen sie sich ängstlich ein aus Furcht vor den Juden. Aber später waren sie fröhlich trotz Schlägen und Redeverbot. Nach Pfingsten konnten sie alle Angst und Feigheit überwinden, sie waren ihrer Sache ganz sicher. Ihr Herr hatte sie beauftragt, alle Erlebnisse mit ihm weiterzuerzählen. Nun merkten sie, dass Jesus bei ihnen war und ihnen in allen Schwierigkeiten half. Er erinnerte sie durch seinen Geist an alles, genau so, wie er es ihnen versprochen hatte. Das Glaubensfeuer, das Jesus in ihren Herzen entzündet hatte, brannte hell. Dem Hohen Rat und den Führern des Volkes passte das nicht. Sie sperrten die Zeugen Jesu ins Gefängnis, aber sie wurden wunderbar befreit. Wieder predigten die Apostel im Tempel von Jesus. Und wieder wurden sie verhaftet und vor Gericht gestellt. Tapfer traten sie für den Gottessohn, den Heiland der Welt, ein. Sie wurden ausgepeitscht, wie Jesus vor ihnen. Trotz Wunden und Schmerzen gingen sie fröhlich heim. Jetzt hatten auch sie etwas ausgehalten für ihren Herrn. Es war nicht so wie im Garten Gethsemane, wo sie alle davonliefen und Jesus allein leiden musste. Du kannst all das im 5. Kapitel der Apostelgeschichte nachlesen.

Spott und Verachtung tun uns oft sehr weh und reizen uns zum Widerspruch. Denke daran, dass Jesus auch dich so stark machen kann wie die Apostel. Sag ihm heute: Danke, Herr Jesus, dass du mich stark und tapfer machst!

R-R

13. April

DER SONNTAG

Was du am Montag tun sollst, ist nicht schwer zu erraten, auch am Dienstag, Mittwoch, Donnerstag, Freitag – und selbst am Samstag: Du gehst in den Kindergarten oder zur Schule, dann machst du Schularbeiten, vielleicht wartet deine Mutter darauf, dass du ihr hilfst – etwa beim Einkaufen oder im Garten. Dann kommen Freunde, nun, es sind so viele Möglichkeiten.

Aber am Sonntag ist alles etwas anders. Da ist die Schule geschlossen und auch die Geschäfte sind zu. Weißt du warum? Nachdem Gott die Welt erschaffen hatte, ruhte er, und er sagte zu den Menschen: »Ihr sollt sechs Tage arbeiten, aber am siebenten Tag sollt ihr ausruhen von eurer Arbeit und euch stärken!« Dann haben manchmal die Menschen gedacht: Das war aber dumm von Gott, solch ein Gebot zu erlassen, und sie haben sich nicht darum gekümmert und am Sonntag genauso gearbeitet wie an jedem anderen Tag. Aber bald merkten sie, so geht das nicht. Gott hat sich doch etwas dabei gedacht, wenn er dem Menschen eine Ruhepause verordnet. An diesem Tage sollten aber die Menschen nicht nur schlafen und essen, nein, viel wichtiger ist, dass sie an diesem Tag mehr Zeit für Gott und füreinander haben (1. Mose 2, 1-3). H-H

14. April

GUTE FREUNDE

Die Schule ist aus. Stefan und Achim gehen zusammen nach Hause. Achim schaut seinen Freund zwischendurch von der Seite an. Stefan schweigt. Er hat Kummer. Die Lehrerin erteilte ihm eine Extra-Aufgabe, und obendrein hat er die Schularbeiten nicht verstanden.

»Klar, Stefan, ich helfe dir«, ermutigt Achim seinen Freund. Gleich nach dem Mittagessen ist er schon da und erklärt Stefan, was der nicht verstanden hat.

Stefan ist wie umgewandelt. Alle Traurigkeit ist verschwunden. So gut ist es, einen Freund zu haben! Bald sind sie fertig mit ihren Schularbeiten. Etwas länger dauert es freilich noch, bis Stefan auch die Extra-Aufgabe noch gelöst hat.

Dann geht es aber los: Beide sind gute Fußballer. Wenn sie über den Rasen laufen, geht es hoch her.

Zugegeben: Es gibt auch schon einmal Streit. Aber beide haben Jesus lieb. Jesus hilft ihnen; so können sie sich bald wieder vergeben.

Merkst du, dass es eigentlich drei Freunde sind, Stefan, Achim und – Jesus? (Sprüche 18, 24) E-Ba

15. April

DAVID UND JONATHAN

Es ging auf Leben und Tod. König Saul verfolgte David und wollte ihn töten. Er war neidisch. David hatte deshalb vor Saul Angst und versteckte sich. Er war allein. Ganz allein? Nein, der Königssohn Jonathan wollte nicht, dass sein Vater zum Mörder würde. Er hielt zu David. Das durfte Jonathans Vater Saul natürlich nicht merken. Sie trafen sich heimlich. Jonathan wollte David gern helfen. Sie schmiedeten einen Plan. Wenn der König den David immer noch töten wollte, würde Jonathan seinem Freund ein bestimmtes Zeichen geben. So versteckte sich David nach drei Tagen am vereinbarten Ort. Jonathan erschien mit Pfeil und Bogen. Ein Junge begleitete ihn. David beobachtete beide ganz gespannt. Jonathan befahl dem Jungen: »Lauf und hol' mir die Pfeile, die ich schieße!« Der erste Pfeil flog dem Jungen über den Kopf weg. Jonathan rief: »Der Pfeil liegt vor dir, schnell beeile dich.« Das war das Zeichen für David. Er musste fliehen. Von seinem Freund Jonathan würde sich David eine Zeit lang trennen müssen, aber Gott blieb ja bei ihm (1. Samuel 20). E-Ba

16. April

FREMDE UND FREUNDE

Damaris hört das Rührgerät. Schon saust sie aus dem Kinderzimmer in die Küche. »Mutti, backst du jetzt Geburtstagskuchen?«, fragt sie. »Ja, nur noch einmal ausschlafen, dann ist es so weit.« – »Hurra!«, ruft Damaris. Die Mutter schiebt den Kuchen in den Ofen. »Komm, Damaris, bis der Kuchen fertig ist, wollen wir schnell Einladungskarten basteln.« »Ich weiß schon, wen ich einladen will: die Lisa, die Janina, die Anke, den Thomas und die Meike«, ruft Damaris froh. »Und Faruk von nebenan?«, fragt die Mutter. Damaris denkt nach. Was werden die anderen sagen, wenn der wilde Faruk kommt? »Faruk braucht Freunde«, sagt die Mutter. Damaris weiß nicht so recht.

Nun hilft die Mutter Tischkarten stempeln. Dazu brauchen sie weiße Briefkarten, Wasserfarben und Pinsel, ein Glas Wasser und eine rohe Kartoffel. Sie schneiden Kartoffelstäbchen aus. Mit dem nassen Pinsel rührt Damaris die Farbe an. Jetzt taucht sie das Kartoffelstäbchen wie einen Stempel in die Farbe und drückt es auf das Papier, viele Male. Es ist gar nicht so schwer. Nun steht da ein F. Das heißt Faruk.

5. Mose Kapitel 10, Vers 19 R-H

17. April

EIN TREUER FREUND

Ein treuer Freund liebt mehr
als ein Bruder (Sprüche 18, 24).

Ihr seid meine Freunde,
wenn ihr tut, was ich sage euch (Johannes 15, 14).

Wer der Welt Freund sein will,
der wird Gottes Feind sein (Jakobus 4, 4).

Das sind seltsame Worte, nicht wahr! Alle diese Worte stehen in der Bibel. Männer mit großer Erfahrung haben sie aufgeschrieben. Den mittleren Satz hat Jesus selbst gesagt.

Was also tut ein Freund? Er hat den Freund ganz besonders lieb. Er tut für den Freund, was er kann. Was tut ein Freund für Jesus? Er tut den Willen Jesu.

Was ist gefährlich? Falsche Freunde zu haben. Es gibt Menschen, die hassen Gott. Wenn du mit Gottes Feinden Freundschaft hältst, dann wirst du auch Gottes Feind.

Gott hat dich lieb. Er kann dir einen Freund, eine Freundin schenken, die Jesus lieb haben. Zusammen könnt ihr auch für Menschen, die fern von Gott leben, beten und ihnen vielleicht auch eine Freude machen, damit sie wissen: Gott ist gut! E-W

18. April

WIR BAUEN UNS EINE HÜTTE

Markus, Sascha und Björn sitzen zusammen. Sie beraten miteinander, was sie spielen wollen. »Kommt, wir bauen uns ein Haus«, schlägt Markus vor. Die anderen sind begeistert. »Wir haben alte Bretter im Keller, ich bitte Vater, ob wir sie haben können«, sagt Björn.

»Und ich bringe Nägel und einen Hammer«, ruft Markus.

»Ich geh mal Mutter fragen, ob wir die Hütte hinten im Garten aufbauen dürfen.«

Alle stürmen davon und kommen beladen wieder. Sascha hat noch seinen Bruder Mirko mitgebracht. Es geht los. Jeder hat eine Idee. Markus weiß, wie man die Pfosten in die Erde schlägt. Sascha kann mit dem Hammer umgehen. Björn versteht sich darauf, dass alles gerade wird. Mirko weiß, wie man ein Dach konstruiert. Jeden Nachmittag nach den Hausaufgaben treffen sie sich. Nach einer Woche ist das Haus fertig. Für das Fest haben sie noch andere eingeladen. Der eine hat Schokolade mitgebracht, der andere Salzstangen, noch einer Bonbons und Limonade. Sie sind stolz auf ihr Haus, aber sie wissen, dass sie es nur geschafft haben, weil einer dem anderen geholfen hat.

Wenn wir gemeinsam anpacken, schaffen wir Dinge, die einer allein gar nicht schaffen kann. Deshalb sollen wir die Augen offen halten dafür, wo jemand unsere Hilfe braucht. Etwas kann jeder. Welche Gabe hast du?

Römer 12, 6-8; 1. Korinther 12, 4-11 R-H

19. April

WARTEN IST SCHWER

Ulrikes Eltern wohnen mitten in der Stadt. Weil sie keinen Garten haben, pflanzt die Mutter Geranien und Fuchsien in die Balkonkästen. In einen Kasten sät sie Petersilie.

Am nächsten Tag schaut Ulrike nach der Petersilie aus, aber man sieht noch kein bisschen Grün aus der schwarzen Erde kommen.

»Warte nur ab, Kind, es braucht seine Zeit, bis der Samen aufgeht.«

Jeden Tag steht Ulrike vor dem scheinbar leeren Blumenkasten und ist enttäuscht. »Mutti, ich glaube, aus deiner Petersilie wird nichts!«

Die Mutter tröstet. »Man muss warten und Geduld haben.«

»Wir warten aber schon so lange! Wenn es so lange dauert, will ich lieber keine Petersilie haben! Kannst du nicht jetzt noch Blumen in den Kasten pflanzen?«

Die Mutter schüttelt den Kopf. Mutter kann warten. Ulrike mag den Kasten gar nicht mehr sehen. Eines Tages sagt die Mutter: »Komm, Ulrike, ich will dir etwas zeigen.« Grüne Spitzen schauen aus der dunklen Erde.

»Oh, wird das die Petersilie?«

»Ja, man muss nur abwarten.«

»Das ist aber sehr schwer.«

»Ich weiß, aber du siehst, warten lohnt sich, und Gott will uns helfen, es zu lernen.«

Sprüche Kapitel 16, Vers 32 B-Sch-E

20. April

REDEN UND TUN

Im Jahre 1956 landeten 5 Missionare, Jim Elliott und seine Freunde, am Ufer des Amazonas im Gebiet der Auka-Indianer. Sie wollten den Indianern die Frohe Botschaft von Gottes Liebe bringen. Nach kurzer Zeit kamen einige Aukas aus dem Urwald, und die Missionare versuchten, mit ihnen ins Gespräch zu kommen. Aber keiner verstand die Sprache des anderen. In der Nacht brachten die Aukas die Missionare um. – Nach einigen Wochen ging die Frau von Jim Elliot zu den Aukas, wohnte bei ihnen, lernte ihre Sprache und erzählte ihnen die Frohe Botschaft von Jesus Christus. Niemand von ihren Verwandten oder Freunden verstand, warum sie zu den Mördern ihres Mannes ging. Wenn man sie fragte, antwortete sie: »Wenn die Aukas gewusst hätten, dass Gott sie liebt, hätten sie meinen Mann nicht getötet. Ich bin froh, dass sie es nun gehört und verstanden haben.« Viele Worte von der Liebe Gottes hätten die Aukas wahrscheinlich nicht so überzeugt wie die Haltung dieser Frau, die sich an den Mördern ihres Mannes nicht rächte, sondern zu ihnen ging und mit ihnen lebte.

Wenn wir Menschen für den Glauben an Jesus Christus gewinnen wollen, dann können wir sicher nichts Besseres tun, als die Liebe, die Gott schenkt, weiterzugeben. Jesus hat von Gottes Liebe gesprochen *und* aus dieser Liebe heraus gehandelt. Reden *und* Tun gehören zusammen. U-B

21. April

EIN GESCHENK WARTET AUF EUCH

»Ihr habt das große Bild in der Halle gemalt«, sagte der Lehrer zu seiner Klasse. »Nun steht für euch ein Geschenk draußen. Ihr braucht es nur hereinzuholen und zusammenzubauen.« »Was wird das schon sein?«, brummten manche. Andere sprangen auf, schleppten den Karton herein, rissen ihn auf, fügten die Teile aneinander. Ein Kasperltheater! Prima! Was ließ sich nicht alles damit anfangen!

Gott hat auch ein Geschenk für jede Klasse bereitstehen: den Frieden. Was lässt sich nicht alles damit anfangen! Aber man muss dies Geschenk erst hereinholen und aufbauen. Dabei werden zunächst nicht alle mittun. Es kostet auch einige Anstrengung. Aber Jesus ist dabei! Er hört und sieht, wenn wir zwei Kampfhähne auseinander bringen wollen und nicht wissen, wie! Er kann helfen, dass die beiden sich zureden lassen. Er kann Mut geben, sie zu trennen, selbst wenn man dabei eins auf die Nase kriegt! Streitgespräche sind oft nötig. Jesus kann uns helfen, das richtig zu lernen: dass einer dem andern sagt, was nötig ist, aber ohne Hass. Und dass nachher alles wieder in Ordnung ist, ohne Beleidigtsein oder Rachegedanken. Jesus kann uns auch zeigen, wo wir durch Unkameradschaftlichkeit sein Geschenk des Friedens auseinander nehmen, statt es zusammenzusetzen. Wir sollen »Frieden stiften«, und die, die es tun, nennt die Bibel Gottes Kinder (Matthäus 5, 9). M-Z

22. April

DAS ALTE TESTAMENT (AT)

Schlag bitte deine Bibel einmal ganz vorne auf. Da steht: »Die Bibel oder Die ganze Heilige Schrift des Alten und Neuen Testaments«. Blätterst du weiter, dann kommst du zum Titelblatt des Alten Testaments. In einem Testament legt ein Mensch seinen Willen fest. Gott hat in seinen Geboten seinen Willen für die Menschen festgelegt. Das Volk Israel versprach, sich danach zu richten, und Gott schloss mit ihm einen Bund. Wir nennen ihn »den Alten Bund« – danach heißt dieser Teil der Bibel das »Alte Testament«. Das Gesetz und die Geschichte Gottes mit diesem Volk sind hier aufgeschrieben. Das Inhaltsverzeichnis des AT nennt 39 verschiedene Bücher und teilt sie in 3 große Abschnitte: die Geschichtsbücher, die poetischen Bücher (also Sprüche, Gedichte und Lieder) und die prophetischen Bücher. Du solltest die Reihenfolge der Bücher auswendig lernen.

Ein *Bibellexikon* braucht man, wenn man über Personen, Länder, Völker, Pflanzen, Tiere, die großen Begriffe wie Frieden und Hoffnung etwas wissen will. In einer *Konkordanz* wird von allen wichtigen Wörtern gesagt, wo sie erwähnt werden, und ein *Bibelkommentar* sagt, wie bestimmte Bibelstellen zu verstehen sind. Der *Bibelatlas* enthält Karten von Israel, Jordanien, Ägypten, allen Ländern der Bibel. Klar ist, dass am allerwichtigsten die Bibel selbst ist. H-K

23. April

WIE DAS ALTE TESTAMENT ENTSTANDEN IST

»Unser heiliges Buch hat Gott direkt vom Himmel fallen lassen«, behauptet eine Sekte. Ich bin froh, dass die Bibel nicht vom Himmel gefallen ist. Die Bibel selbst sagt über ihre Entstehung in 2. Petrus Kapitel 1, Vers 21: »Heilige Menschen Gottes haben geredet, getrieben durch den Heiligen Geist.« Also redete der Heilige Geist durch viele verschiedene Menschen in einer Zeitspanne von ungefähr 1600 Jahren. Die meisten kannten einander nicht und kamen aus ganz unterschiedlichen Berufen: Prinzen, Fischer, Könige, Hofbeamten, Viehhirten, sie alle schrieben auf, was Gott den Menschen sagen wollte. Manchmal wurden sie deswegen verfolgt. Als Jeremia die Zerstörung Jerusalems voraussagte und dem König seine Schriften vorgelesen wurden, verbrannte dieser jedes Blatt einzeln. Damit konnte er aber Gottes Handeln und das Gericht nicht aufhalten. Jeremia schrieb noch einmal alles auf.

Einige hundert Jahre lang wurden junge Männer extra dazu ausgebildet, ganz genau immer wieder die biblischen Texte abzuschreiben. Es wurde auch festgelegt, welche der vielen religiösen und geschichtlichen Bücher der Juden in das Alte Testament aufgenommen werden sollten. Zur Zeit Jesu existierte das Alte Testament schon in der Form, wie wir es heute haben. Jesus glaubte diesen Schriften als Wort, von Gott gegeben. Wer sollte es besser wissen als er? H-K

24. April

SO FING ALLES AN: DIE ERSTEN BÜCHER DER BIBEL

1. Buch Mose, das Buch der Anfänge: Hier lesen wir von Gottes wunderbarer Schöpfung, von der Erschaffung des Menschen, seinem Leben mit Gott und von der Sünde des Menschen. Ist nun alles zu Ende? Nein: Gott beginnt noch einmal, mit Noah. Aber wieder kehren die Menschen Gott den Rücken. Ist es nun zu Ende? Gott macht noch einmal einen neuen Anfang, mit Abraham. Dessen Nachkommen erwählt er zu seinem Volk. Das ist Israel.

2. Buch Mose, das Buch des Auszugs: Israel erlebt Gottes große Taten. Gott erwählt Mose, der Israel aus der Sklaverei in Ägypten herausführt. Das ist eine Geschichte voller Wunder. Israels Gott ist treu.

3. Buch Mose, das Buch des Gesetzes: Das sind Regeln für das Leben der Menschen untereinander und für das Leben mit Gott. Die Völker ringsum beten Naturgötter und selbst gemachte Götter an. Israel soll den Schöpfer der Welt den Völkern verkündigen.

4. Buch Mose, hier macht Israel seine ersten Erfahrungen mit Gottes Gesetz. Gott ist heilig. Gottes Gesetz ist gut. Aber Israel protestiert gegen das Gesetz. So müssen alle, die sich Gott widersetzen, bis an ihr Lebensende in der Wüste umherirren.

5. Buch Mose, das Buch der Erneuerung: Die jungen Israeliten hören jetzt noch einmal das ganze Gesetz. Mose, der Gottes Volk geführt hat, muss auch sterben. Warum? Lies 4. Mose Kapitel 20, Verse 7-12. Nun führt Josua das Volk über den Jordan. Israel ist im versprochenen Land.

B-R

DIE POETISCHEN BÜCHER UND DIE WEISHEIT

Davon kennst du sicher die Psalmen, das Gebet- und Gesangbuch des Alten Testaments. Auch Jesus hat mit seinen Jüngern daraus gebetet und gesungen. Dazu gehören weiter die Bücher Hiob (Kapitel 28 enthält das Lied von der Weisheit Gottes) und die Sprüche Salomos in unserer Bibel. Da stehen in 31 Kapiteln Lebensregeln für den Alltag, über die der Leser, der mit Gott leben will, nachdenken soll. Auch das Buch des Predigers gehört zu dieser Gruppe. Hier klagt ein König über die Unordnung und die Not in der Welt. Er erkennt, dass nur der Glaube an Gott hilft und weiterführt. Dann folgt das »Hohe Lied« oder das »Lied der Lieder«. Es wurde beim Passahfest der Juden verlesen. Es besingt auch einen Bund: den Bund zwischen Mann und Frau. Er ist das Abbild des Bundes Gottes mit seinem Volk Israel. Am bekanntesten aber von allen diesen Büchern ist »der Psalter«. Er wurde wiederum in fünf Bücher eingeteilt, von denen jedes mit einem Lobpreis Gottes endet.

> »Alles, was Atem hat,
> lobe den Herrn!«

So endet der letzte, der 150. Psalm.

Schlag doch mal nach und finde heraus, wo alle diese Bücher zu finden sind? H-K

26. April

SO SPRICHT DER HERR! – DIE PROPHETEN

Seltsam, dass es Menschen gibt, die immer noch Gottes Wort verkündigen. Seltsam? Werden die nicht dafür bezahlt? Nun, die Männer, die mit dem Wort Gottes zu Gottes Volk, den Israeliten, gingen, mussten wissen, was sie erwartete: Zweifel, Aufruhr, Ablehnung gegenüber dem Wort Gottes. Und Hass, Verfolgung, ja Tod für sie selbst, die Propheten. Die Propheten hatten einen wichtigen Auftrag: Das Wort Gottes sollte dem Volk helfen, klar zu erkennen, wohin der eigene Weg führt. Israel sollte aber auch wissen, wohin Gottes Weg es führen wollte und was es tun musste, um diesen Weg Gottes zu erkennen und dann auch zu gehen. Die Propheten Gottes mussten Könige warnen, sie kündigten Gericht an, sie trösteten das verzweifelte Volk. Offen sprachen sie über die Sünden von Regierung und Volk und von der Vergebung, die Gott schenkt, wenn ein Mensch oder ein ganzes Volk zu Gott zurückkehrt.

Das sind die Propheten des Alten Testaments: Jesaja – Jeremia – Hesekiel – Daniel – Hosea – Joel – Amos – Obadja – Jona – Micha – Nahum – Habakuk – Zephanja – Haggai – Sacharja – Maleachi.

Wie wäre es, wenn du sie in der Reihenfolge, wie sie hier aufgezählt sind, auswendig lerntest? Dann weißt du immer, wenn du eine Prophetenstelle aufschlagen musst, wo du sie finden kannst. H-K

27. April

DER NEUE BUND (NT)

Jesus starb nicht nur für Israel. Er starb für die ganze Welt. Durch ihn hat Gott mit den Menschen einen Neuen Bund gemacht, darum heißt dieses Buch das Neue Testament. Es ist die direkte Fortsetzung des Alten. Wir können das NT nicht ohne das AT verstehen, und umgekehrt auch nicht.

Im Inhaltsverzeichnis kannst du sehen, dass es 27 verschiedene Bücher gibt, die wieder in 3 Gruppen aufgeteilt werden:

1. *Die Geschichtsbücher*: Die 4 Evangelien, Matthäus, Markus, Lukas, Johannes, berichten über Leben und Lehre Jesu Christi. Die Apostelgeschichte berichtet über die Verbreitung der Frohen Botschaft unter Juden und Heiden bis nach Rom.

2. *Die Lehrbücher:* Das sind Briefe. Sie sagen, wie Jünger Jesu glauben und leben sollen. Die Gläubigen damals waren auch schon von Irrlehren bedroht. Nur wer Gottes Wort liest, kann vor solchen Irrlehren bewahrt werden.

3. *Das prophetische Buch*: Johannes ist um seines Glaubens willen auf die Insel Patmos im Ägäischen Meer verbannt worden. Hier zeigt ihm Gott viele Ereignisse, die zum Teil noch in unserer Zukunft liegen. Gott tröstet und warnt seine Kinder. Und er hat immer sein Wort gehalten. In den letzten Versen der Offenbarung steht: Wer von Gottes Wort etwas wegstreicht oder dazufügt, der wird Schaden erleiden. Der wird nicht an der ganzen Herrlichkeit teilhaben, die Gott für uns bereitet hat.

H-K

28. April

WIE DAS NEUE TESTAMENT ENTSTANDEN IST

Petrus schreibt in seinem 2. Brief, Kapitel 1, Vers 16: »Wir sind nicht klugen Fabeln gefolgt, sondern wir haben die Herrlichkeit Jesu Christi selber gesehen.« Die Augenzeugen spielten in der ersten Christenheit eine wichtige Rolle. Zunächst wurden alle Erlebnisse mündlich weitererzählt. Dann berief Gott Männer, die wahrheitsgetreue Berichte verfassten. Der Heilige Geist wachte darüber. Jesus hatte ja seinen Jüngern versprochen: »Der Heilige Geist wird euch alles lehren und euch erinnern an das, was ich euch gelehrt habe« (Johannes 14, Vers 26). Es schrieben der Arzt Lukas, der ehemalige Zöllner Matthäus, die Fischer Johannes und Petrus, der Zeltmacher und Schriftgelehrte Paulus. Die Briefe der Apostel an die Gemeinden wurden herumgereicht und sonntags im Gottesdienst vorgelesen. Um das Jahr 393 nach Christus wurde dann ganz offiziell von der Kirche festgelegt, welche Bücher zum Neuen Testament gehören sollten. Wieder war der Heilige Geist an der Arbeit. Nun war die Bibel fertig. Gottes Offenbarung an die Menschen war abgeschlossen. Nach dem Alten Bund mit dem Volk Israel richtete Gott im Neuen Bund sein Wort nun an alle Völker der Erde. »Das Wort Gottes ist wie ein Hammer, der Felsen zerschlägt.« – Unsere Herzen sind oft wie solch ein harter Felsen. Gott will uns durch sein Wort bewegen.

H-K

29. April

DIE SPRACHEN DER BIBEL

Die Sprache des AT war zunächst Hebräisch. (Hebräisch war die Gottesdienstsprache Israels.) Einige wenige Teile wurden in Aramäisch geschrieben. Das war die Umgangssprache, die auch Jesus und seine Jünger sprachen. Später gab es aramäische und dann griechische Übersetzungen (die »Septuaginta«). Das NT wurde gleich in der griechischen Sprache verfasst. Das war damals die Weltsprache, so wie heute Englisch. Einige sehr alte und zuverlässige Handschriften befinden sich in verschiedenen Museen. – In den ersten Jahrhunderten nach Christi Geburt vergrößerte sich das römische Weltreich ständig. Die Bibel wurde bald in die lateinische Sprache übersetzt (die »Vulgata«) und weit verbreitet. Lateinisch wurde Weltsprache, in der Kirche wurde lateinisch gesungen, gebetet und gepredigt. Das einfache Volk konnte nichts verstehen. Irrlehren verbreiteten sich. Manche Pfarrer sagten den Leuten, sie könnten Vergebung ihrer Sünden bekommen, wenn sie eine bestimmte Summe Geld bezahlten. Hätten die Leute die Bibel lesen können, wären sie nicht auf diese Lügen hereingefallen. Eines Tages entdeckte der Mönch Martin Luther: Nur durch den Glauben werde ich gerecht gemacht. Nun übersetzte er die ganze Bibel in die deutsche Sprache. Die Lutherübersetzung wurde immer wieder überarbeitet. Bald gab es auch weitere Übersetzungen, und es kommen immer neue hinzu. Heute ist die Bibel das meistverbreitete Buch der Welt.

H-K

30. April

GOTTES WORT FÜR ALLE LEUTE

Vor fast 500 Jahren saß William Tyndale in seinem Studierzimmer und las in der Bibel. Er konnte sie lesen, denn er sprach Lateinisch und hatte Hebräisch und Griechisch studiert. Aber die Landarbeiter draußen auf dem Feld und die Mägde konnten die Bibel nicht lesen. Das schmerzte ihn. Er betete: »Gott, wenn du mein Leben bewahrst, dann will ich die Bibel übersetzen, damit auch die einfachen Leute dein Wort lesen können.«

Das war den Politikern und Kirchenfürsten, ja selbst dem König nicht recht. Sie verfolgten Tyndale, der nach Deutschland floh. Hier konnte die erste Ausgabe des Neuen Testamentes in englischer Sprache bald gedruckt werden. In Weizensäcken verpackt gelangte sie nach England. Heimlich wurde sie verkauft. Der Bischof verbrannte die ganze Sendung.

Doch bald war die gesamte englische Bibel gedruckt. Gott hatte Tyndales Gebet erhört.

Nun setzten ihn seine Feinde in ein Burgverließ, und eines Tages banden sie ihn an einen Pfahl und verbrannten ihn. Während die Flammen an ihm hochzüngelten, betete er: »Gott, öffne die Augen des Königs von England!«

Gott erhörte auch dieses Gebet. Der König von England befahl den Druck von Bibeln. In den Kirchen sollte jetzt aus der englischen Bibel vorgelesen werden. Ein Wunder war geschehen. H-K

MONIKA IN NEPAL

Meine Freundin Monika sagte zu Jesus: »Herr, bitte gebrauche mich! Ich will hingehen, wo du mich haben willst.« Jesus nahm ihr Leben in die Hand und führte sie. Heute ist sie in Nepal, hoch oben in den Bergen des Himalaja. Dort hat sie einige hundert Menschen gefunden, deren Sprache noch kein Fremder erlernt hat. Monatelang wohnt sie bei ihren Phedi-Leuten. Ein Junge aus dem Dorf namens Norpu hilft ihr täglich ein paar Stunden. Er spricht Wörter und Sätze auf ein Tonband. Monika versucht, sie nachzusprechen, und geduldig macht Norpu sie auf jeden noch so kleinen Fehler aufmerksam. Manchmal gibt nämlich eine kleinste kaum hörbare Abweichung einen ganz anderen Sinn. Danach schreibt sie jedes neue Wort auf Karten und ordnet sie in eine Kartei. Sie macht bestimmte Schriftzeichen auch für Laute, die es bei uns überhaupt nicht gibt. Monika macht Besuche bei Leuten. Die bieten ihr Tee und Gebäck an. Dann versucht Monika, ihre Sprachkenntnisse anzuwenden und zu erweitern. Über jeden Fortschritt sind die Leute begeistert. Sie loben Monika. Für einige Wochen geht sie in die Hauptstadt zu einer Arbeitsgemeinschaft. Sprachwissenschaftler helfen ihr nun, alle ihre Aufzeichnungen richtig auszuwerten. Monika freut sich auf den Tag, an dem sie den Leuten von Jesus, ihrem Heiland, sagen kann. Sie will die Phedi Lesen lehren und ihnen wichtige Teile der Bibel übersetzen.

H-K

2. Mai

UNTER DEN »BLUTRÄCHERN«

»Tu es nicht. Sie werden dich töten! Geh nicht!« Aber James Evans, der Indianermissionar, stellt sich. Er hatte dem Stamm die Frohe Botschaft bringen wollen. Jetzt kommt er als Mörder. Ein Schuss hatte sich aus seinem Gewehr gelöst und Hassel, den Indianer, getötet. Im Wigwam entsteht ein furchtbarer Tumult. Und dann steht die Mutter von Hassel vor James. Sie ruft: »Nein, er soll nicht sterben. Er soll am Leben bleiben. Er soll an die Stelle dessen treten, der nicht mehr unter den Lebenden ist.« James Evans ist nun ein Gefangener des Stammes. Zu Hause warten Frau und Kinder vergeblich auf die Rückkehr des Missionars. Die Indianer verachten den Mörder, der sich selbst stellt. Nach zwei Jahren geschieht ein Wunder. Mutter Sagamor sagt: »Wenn mein Sohn mit dir hierher gekommen wäre und noch lebte, dann hätte ich Gott nicht kennen gelernt. Er musste wohl sterben, und du musstest hierher kommen, damit das neue Glück über unseren Stamm kommt.« Jetzt endlich kann James es allen sagen: »Es gibt kein Leben ohne Opfer. Wer sich nicht opfern will, bringt das Leben zum Stillstand. Ihr Indianer seid bereit, euer Leben hinzugeben, damit der Stamm weiterleben kann. So hat Gottes Sohn sein Leben für euch gegeben, damit ihr neues Leben in Gott findet. Ein Leben der Liebe.« Eine Welle geht durch den Indianerstamm. Der Geist der Rache wird hinweggeschwemmt. Gottes Liebe hat sie ergriffen. J-O

GOTT KANN MIT DANKBAREN LEUTEN BESSER ARBEITEN ALS MIT UNDANKBAREN

»Herzlichen Glückwunsch zum Geburtstag, und hier ist mein Geschenk.« Arne war froh, als die Gratulation erledigt war. Das war immer das Anstrengendste an solchen Festen, wenn alle zusehen und zuhören. »Oh, danke.« Freudestrahlend nahm Martin das Geschenk entgegen. Er sah schon, dass es ein Fußball war. Trotzdem packte er ihn aus und reichte ihn herum. Alle sollten ihn bewundern.

Was hätte Arne wohl für ein Gesicht gemacht, wenn Martin gesagt hätte: »Na endlich! Das habe ich schließlich verdient. Endlich kommst du damit an!« Ebenso verdutzt wäre Arne wohl gewesen, wenn Martin den Ball nur still genommen und in die Ecke gelegt hätte.

Was meinst du, wie traurig Gott manchmal ist, wenn er dir aus irgendeiner Patsche herausgeholfen hat und du gehst sofort zur Tagesordnung über! Seine Geschenke beachten wir oft gar nicht oder wir halten sie für selbstverständlich. Gott ist dann traurig. Und wir sind die Dummen. Denn dankbare Leute sind froher als undankbare, und sie sind reicher, weil Gott ihnen mehr und mehr schenken will. Dankbare Leute können mit Gottes Gaben besser umgehen als undankbare.

Kennst du das Gleichnis vom Schalksknecht (Matthäus 18, 21-35)? Jesus zeigt darin, dass wir aus Dankbarkeit, weil uns vergeben wurde, auch denen vergeben sollen, die an uns schuldig wurden. E-H

4. Mai

WIR EMPFANGEN DAUERND

»Für das Wasser und das Brot, für die Freunde in der Not, für die Arbeit und das Spiel, für des Lebens Zweck und Ziel danken wir dem Herrn, danken wir dem Herrn. Vater wir danken dir, Vater wir danken dir, Vater im Himmel, wir danken dir.« So sangen die Freizeitler aus voller Kehle bei Tisch. »Das sollte eigentlich unser Tischgebet sein«, sagte die Leiterin, »darum wollen wir es bewusst noch einmal singen.«

Daraufhin gab es am Tisch noch eine Diskussion. »Wer betet oder dankt denn überhaupt noch für das Essen? Und warum soll ich Gott denn danken? Die Lebensmittel müssen wir alle kaufen, meine Mutter bereitet sie zu, und mein Vater muss das Geld schwer verdienen.« – »Und wenn man keinen Vater hat?« – »Na ja, dann arbeitet die Mutter eben.« – »Wenn sie aber viele Kinder hat und nicht kann?« – »Dann springt das Sozialamt ein.« – »Du hast nun einen Vater. Stelle dir vor, der würde krank oder arbeitslos – meinst du, er wäre glücklich, wenn er daheim sitzen und seine Familie vom Krankengeld oder von der Arbeitslosenunterstützung leben müsste? Außerdem denkt doch nur an Indien oder die Katastrophengebiete, wo wegen Dürre oder Überschwemmungen so viele Leute obdachlos sind und hungern müssen!« – »Dann hätte man ja nicht nur bei Tisch zu danken, sondern könnte schon morgens anfangen.« – »Das ist es ja eben«, stimmten einige zu, »wir empfangen dauernd.« – »Vater, wir danken dir, Vater im Himmel!«, sangen sie noch einmal. E-H

DREI SCHRITTE ZUR DANKBARKEIT

Ihre Wünsche sagen Kinder meist sehr nachdrücklich, je jünger, desto lauter! Doch das Bedanken ist oft eine andere Sache, stimmt's? Aber nicht nur bei Kindern.

Einmal riefen zehn Männer Jesus auch sehr laut um Hilfe an. Vielleicht schrien sie so, weil sie als ansteckende Leprakranke in einiger Entfernung von den anderen Leuten und allen Häusern bleiben mussten – vielleicht auch aus Verzweiflung. Jesus hörte. Er hört jeden, der in Not ist! Nun schickte er die Männer zu ihrem Gesundheitsamt. Dort sollten sie sich zeigen. Die Zehn gingen voll Vertrauen. Auf dem Weg verschwand ihr schrecklicher Ausschlag. Wie müssen sie sich gefreut haben! Nun waren sie wieder gesund, konnten heim, wieder richtig leben! Sie dachten nicht mehr an ihren Helfer. Denn danken hat mit daran denken zu tun. Nur einer, ein Ausländer und »Ungläubiger«, kehrte um. Richtige Dankbarkeit ist eine Hinwendung zu Jesus. Der Mann fiel vor Jesus nieder, dankte ihm und lobte Gott, vor allen Leuten. Danken ist auch, anderen sagen, was Gott Gutes getan hat. Dabei wird uns versprochen: »... das ist der Weg, dass ich euch zeige mein Heil« (Psalm 50, 23). Erst der Dankbare kann Gottes Heilsgaben erkennen! Darum sagte Jesus zu dem Mann: »Dein Glaube hat dich gerettet!«

M-Z

6. Mai

VATER UND MUTTER EHREN – UND WENN MAN KEINE HAT?

»Wo ist Mama? Wo ist Papa?« Drei Tage dauerten nun schon die Fieberträume an, in denen sich Ingo nach dem Verkehrsunfall hin- und herwand und immer wieder die Frage »Wo ist ...?« stellte. Es war für die Krankenschwester nicht leicht, ihm zu erklären, dass seine Eltern bei dem Verkehrsunfall getötet worden waren. Sie sollten wieder leben, sie sollten an sein Krankenbett kommen, sie sollten mit ihm reden, wünschte sich Ingo, aber sie kamen nicht. Plötzlich durchfuhr ihn ein furchtbarer Gedanke: Ich bin allein, ich habe niemanden mehr. Ingo kam zu Verwandten, in ein Heim, wieder zu Verwandten. Überall bestätigte sich eins: Ich bin allein. Er hätte einiges darum gegeben, wieder Eltern zu haben. Einmal fiel ihm ein Lied ein, das seine Mutter gern an seinem Bett gesungen hatte: »Mein Vater, der im Himmel wohnt ...« Er hatte keinen Vater mehr – oder sollte das auch für ihn gelten: *Mein* Vater, der im Himmel wohnt? Ingo lernte einen Menschen kennen, der es ihm zu erklären versuchte: Jawohl, Gott im Himmel – dein Vater. Du darfst so zu ihm reden, wie du mit deinen Eltern geredet hast, du darfst ihm alles sagen. Gott war schon da, als deine Eltern noch lebten, schon damals hat er sich um dich gesorgt. Als du klein warst, sollten deine Eltern Gottes Stelle in deinem Leben vertreten. Je älter du wirst, je mehr bist du in der Lage, selbst auf Gott zu hören. Ingo wollte jetzt seine Eltern ehren, indem er das, was sie beginnen wollten, fortsetzte: Hören auf Gott – Leben mit Gott.

H-K

7. Mai

NIEDERLAGEN IM DIENST DES SIEGES

Missionare sind beneidenswerte Leute. Sie erzählen anderen Menschen von Jesus, lernen dabei die Welt kennen und erleben spannende Abenteuer – sollte man meinen. – Johannes Markus wohnte mit seiner Mutter Maria in Jerusalem. In ihrem Haus trafen sich die Christen, um miteinander zu beten und in der Bibel zu lesen. Johannes Markus glaubte an Jesus und wollte auch gerne etwas für ihn tun. So freute er sich, als ihn Paulus und sein Onkel Barnabas als Helfer auf ihre nächste Missionsreise mitnehmen wollten. Markus war sofort bereit, das Evangelium wie eine Siegesfackel weiterzutragen.

Leider war die Wirklichkeit härter als seine Vorstellungen. Riesige Strecken mussten größtenteils zu Fuß zurückgelegt werden. Du kannst sie auf der Landkarte in der Bibel nachsehen: Jerusalem – Antiochien am Meer – Seleuzia – mit dem Schiff zur Insel Zypern – zu Fuß quer durch die ganze Insel – zwei Tage Seefahrt nach Perge (heute Türkei) und dann ein langer Marsch durch gefahrvolles Bergland ... Und Paulus und Barnabas wollten noch weiter in das Landesinnere! Markus sah auf die Schwierigkeiten und trennte sich von Paulus und Barnabas. Er kehrte nach Jerusalem zurück – nicht als Sieger, sondern als Besiegter. Hast du auch schon einmal etwas Ähnliches erlebt? Wie es mit Johannes Markus weiterging? Lies Apostelgeschichte 15, 36-41 und 2. Timotheus 4, 11!

U-N

8. Mai

WIE WERDEN WIR SIEGER?

Kannst du dir vorstellen, dass es Soldaten gibt, die in Filzpantoffeln und Schlafanzug in den Krieg ziehen und vielleicht als Waffe einen Spazierstock mitnehmen? Das wäre ebenso lächerlich wie lebensgefährlich. Der Teufel ist ein listiger Feind. Deshalb brauchen wir eine wirksame Ausrüstung. In Epheser Kapitel 6, Verse 11-18 wird diese Ausrüstung beschrieben:

1. Der Gürtel der Wahrheit – Wahrheit ist ein Schutz! Lüge ist die Waffe des Feindes.
2. Der Panzer der Gerechtigkeit – Jesu Gerechtigkeit will dich wie ein Panzer fest umschließen. Sie macht dein Herz unangreifbar. Übrigens: Allein dieses Gewand erlaubt dir, Gott zu begegnen.
3. Die Evangelisations-Stiefel – Steine, Schlaglöcher, weite Strecken hindern dich dann nicht.
4. Das Schild des Glaubens – gegen Unglauben und Zweifel und andere feindliche Angriffe kannst du dich nur schützen, wenn du dem Wort Gottes fest vertraust, auch wenn du nicht alles verstehen und erklären kannst.
5. Der Helm des Heils – das ist die Freude darüber, dass Jesus alles heil gemacht hat, was nicht in Ordnung ist. Das Schwert ist eine Verteidigungswaffe. Um Sieger zu sein, ist es ganz wichtig, dass du mit dieser Waffe – mit der Bibel – umgehen kannst. Lies regelmäßig darin und tu dann auch, was dir Gott durch seinen Geist klarmacht! Den Grund kannst du in Josua Kapitel 1, Vers 8 nachlesen. U-N

9. Mai

KURS HALTEN!

Da zischt eine Rakete los. Der gute Start ist schon entscheidend. Aber das ist nicht alles. Nach einer Zeit ist die erste Raketenstufe abgebrannt. Dann muss die neue Zündung erfolgen. Diese weiteren Zündungen sind wichtig, damit die Rakete ihren Weg fortsetzt. Aber auch das ist noch nicht alles. Die Rakete benötigt von Zeit zu Zeit eine Korrektur ihres Kurses, damit sie auch wirklich ihr Ziel erreicht.

Die Rakete ist ein gutes Bild für das Leben in der Nachfolge. Der Anfang ist der Start. Nun ist man froh, man beginnt in der Bibel zu lesen und zu beten. Viele sind ganz eifrig, nun auch anderen Menschen davon zu sagen und sie für Jesus zu gewinnen. Es kommt zu guten Erfahrungen, die einen weiterbringen. Aber mit der Zeit lässt der Schwung nach. Man kommt nicht mehr so recht weiter. Deshalb muss es irgendwie wieder neu »zünden«. Das kann durch vielerlei geschehen: durch ein Erlebnis, ein Gespräch, eine Predigt oder eine Andacht. Das hilft dann wieder weiter.

»Kurskorrektur« brauchen Christen ihr ganzes Leben lang. Deshalb ist es so wichtig, dass wir mit anderen Christen Gemeinschaft haben und das Wort Gottes lesen. Es ist der »Treibstoff« für uns. Die Gebote zeigen uns die richtige Bahn. Viele Beispiele mahnen uns, wenn wir von der Bahn abzuweichen drohen. Die vielen Versprechen geben uns neuen Mut, es immer wieder neu mit Jesus zu wagen.

E-D

10. Mai

VON DER AMEISE

In der Bibel ist von vielen Tieren die Rede. Heute wollen wir uns mit einem winzigen Tierchen befassen: der Ameise. – Denk dir, als Kind bekam ich manchmal von meiner Mutter zu hören: »Gehe hin zur Ameise, du Fauler; siehe ihre Weise an, und lerne von ihr!« Das steht in der Bibel in einem Buch, das »Sprüche« heißt. Du findest es gleich hinter den Psalmen. Der Ameisenspruch steht im 6. Kapitel, im 6. Vers. Wenn du Lust hast, lies gleich weiter bis Vers 11. Und dann pass gut auf, wenn du das nächste Mal Ameisen triffst. Nicht wahr, sie sind fleißig! Was sie nicht alles schleppen! Lasten, die oft viel größer sind als sie selber.

Nun hoffe ich aber nicht, dass du bloß zuguckst und dir dabei den bequemen Spruch sagst: Arbeit ist schön, ich könnte stundenlang zusehen. Dieser Spruch steht nicht in der Bibel.

Da steht zwar etwas vom Zusehen. Aber dann heißt es weiter: *»... und lerne!«* Die Ameise arbeitet zur rechten Ameisen-Zeit: im Sommer, wenn Ernte ist. Willst du lernen, zur rechten Zeit fleißig zu sein? Dann, wenn man es von dir erwartet? So wirst du es doppelt genießen, wenn du auch einmal faul sein darfst. Und gut schlafen wirst du. Denn »nach getaner Arbeit ist gut ruhn«. Das steht zwar auch nicht in der Bibel, aber es stimmt trotzdem. Schaff gut, und schlaf wohl! E-Ae

11. Mai

VOM ESEL

»Du dummer Esel, pass doch auf!« Auf dem Spielplatz sind zwei aufeinander gestoßen, und schon muss das Tierreich herhalten mit Esel, Kamel usw.

In südlichen Ländern ist der Esel ein beliebtes Nutztier. Er ist stark. Er ist geduldig. Er ist bescheiden. Störrisch ist er auch. Aber warum?

Da zieht eine Karawane durch die Wüste. Tagelang. Hoch bepackte Kamele trotten bedächtig über die weiße, scheinbar endlose Sandfläche. Nichts ist zu sehen als Himmel und Sand. Und weißt du, wer vorne an der Kolonne trottet? Ein Esel! Und warum? Weil er den Weg im Kopf hat. Den Weg durch die Wüste, wo tagelang alles gleich aussieht. Wer hat behauptet, der Esel sei dumm?

Ein Vater brachte seinen Kindern aus Palästina kleine bemalte Holzkamele mit. Sie waren alle aneinander gekettet. Und wer war vorn? Ein Eselchen.

Schon Abraham hatte Esel. Er brauchte sie als Last- und Reittiere. Später durften nur vornehme Leute auf weißen Eselinnen reiten.

Und als Jesus in Jerusalem einzog, was wählte er da? Ein feuriges Pferd? Ein würdevolles Kamel? Nein, ein Eselsfüllen.

Das nächste Mal, wenn dir einer den »Esel« an den Kopf wirft, dann sag ihm lachend, wie nützlich ein Esel ist. Wie geduldig und bescheiden, das sagst du ihm lieber nicht. Das zeigst du ihm durch deine gute Laune und weil du ihm nichts nachträgst. Einverstanden?

E-Ae

12. Mai

VERGEBUNG HEISST DAS WICHTIGSTE WORT

Stefan soll bei seiner kleinen Schwester bleiben. Viel lieber möchte er mit den anderen Jungen auf der Straße Fußball spielen. Und da beginnt die kleine Jana auch noch, jämmerlich zu weinen, weil ihr Turm aus bunten Bauklötzchen umgefallen ist. Stefan soll einen neuen Turm bauen. So ein blödes Kinderspiel! Ärgerlich schleudert er eins der Klötzchen quer durch die Küche. Es fliegt genau gegen die Scheibe im Küchenschrank. Klirr! Die Scheibe hat einen langen Sprung.

Bald kommt Mutti zurück. Sie hebt Klein-Jana auf und wischt ihr die Tränen ab. Plötzlich sieht sie den Sprung in der Scheibe. »Was ist denn da passiert?«, fragt sie. Stefan sitzt über seinem Schreibheft und brummt: »Ich kann doch nichts dafür, wenn die Jungen auf der Straße spielen und der Ball in der Küche landet.«

Das alles ist nun sechs Wochen her. Doch Stefan kann es nicht vergessen. Er schämt sich. Im Herzen bohrt es: Sag es doch endlich! Aber was wird Mutti dazu sagen?

Eines Abends hält er es nicht mehr aus. Stockend bekennt er alles. Und Mutti vergibt ihm.

Wenn wir das Hässliche verstecken, macht uns das unruhig, ängstlich und trotzig. Doch in der Bibel ist uns versprochen: »Wenn wir aber unsere Sünde bekennen, so ist er treu und gerecht, dass er unsere Sünden vergibt« (1. Johannesbrief 1, 9). Willst du nicht heute Jesus sagen, was dich plagt, und ihm für seine Vergebung danken?

L-D

ÜBERWINDE DAS BÖSE MIT DEM GUTEN

Daniel tritt gegen den Fußball. Der fliegt an die Mauer und springt in Wagners Garten. »Los, wir holen ihn wieder!«, ruft Flori. »Geh allein«, brummt Daniel. Zaghaft schellt Flori bei Wagners. Niemand öffnet. Er schellt noch einmal. Vergeblich. Und dabei haben sie doch gesehen, dass Frau Wagner in ihrer Küche ist!

»Das ist gemein von ihr, sie will uns den Ball nicht geben«, meint Daniel. Mit hängenden Köpfen stehen die beiden Jungen da. Auch mit einem langen Stock kann man ihn nicht über den Zaun angeln.

Nach einer Stunde versuchen sie es noch einmal. Wieder wird nicht geöffnet. Aus der Enttäuschung wird allmählich Wut. Daniel und Flori wollen sich rächen. Aber wie? Sie hecken allerlei Pläne aus, verwerfen sie jedoch wieder.

Zwei Tage später kommen die beiden vom Einkaufen zurück. »Kennst du die Frau da vorn?« Daniel pufft seinen Bruder. »Ach, die Frau Wagner!«, gibt der zurück. »Die hat aber schwer zu schleppen!« – »Macht nichts. Du willst ihr doch nicht etwa helfen?« Daniel überlegt. Jetzt helfen? Alles in ihm sträubt sich dagegen. Da muss er an das Wort vom Überwinden denken (Römer 12, 21). Gestern ist in der Jungschar davon die Rede gewesen. Ein kurzer Kampf, dann setzt er sich in Trab. »Los, komm, Flori!«

Frau Wagner sieht die beiden dankbar an. Wenige Minuten später fliegt ein Fußball aus Wagners Garten. Die Jungen hatten sich geirrt. Frau Wagner war vorgestern nicht zu Hause gewesen.

L-D

14. Mai

HÖREN UND GEHORCHEN

Michi quält sich mit seinem Aufsatz herum. Ständig schweifen seine Gedanken ab. Er muss an seinen Freund Tobias denken und an die Jungscharandacht über das Wörtchen »und« aus dem Römerbrief Kapitel 10, Vers 10. Michi hat Freude an der Jungschar. Aber darüber mit Tobias sprechen? Michi kennt ihn noch nicht lange. Soll er gleich mit der Tür ins Haus fallen und ihn zur Jungschar einladen? Ob Tobias überhaupt etwas von der Bibel wissen will? Michi möchte seinen Freund nicht verlieren. Es sind genug in der Klasse, die ihm Tobias gern abspenstig machen würden. Michi wird den Satz aus der Andacht nicht los: »Und wer mit dem Munde bekennt, wird selig.« Diese zweite Hälfte sagt ihm ganz deutlich, dass er Tobias einladen soll. Am nächsten Tag fasst er sich ein Herz und lädt Tobias ein. Er sagt ihm zugleich, dass dort die Bibel gelesen wird. Nein, es ist ihm nicht leicht gefallen, dem Wort Gottes zu gehorchen. Doch Tobias kommt tatsächlich zur Jungschar, und es gefällt ihm dort. Nach einiger Zeit findet auch er den Weg zu Christus. Als Michi ihm später gesteht, wie schwer es ihm seinerzeit gefallen ist, ihn einzuladen, sagt Tobias nur: »Gut, dass du damals gehorcht hast!«

Kannst du dir Michis Freude vorstellen? Solche Freude erlebt jeder, der dem Wort Gottes gehorcht, auch wenn's nicht immer so ausgeht.

E-D

RICHTIG ESSEN

In einem Kinderbibelkreis sprachen wir über das tägliche Essen. Niemand vergisst es. Warum? Weil er Hunger hat und weil es gut schmeckt. Alle Kinder waren sich einig: Wir essen, damit wir stark werden und wachsen. Aber wir essen auch gern, besonders, wenn es unser Lieblingsgericht gibt.

Heute wollen wir darüber nachdenken, wie wir essen. Auf meinen Reisen habe ich Jungen und Mädchen, ja auch Erwachsene kennen gelernt, die ihr Essen hastig und gedankenlos hinunterschlingen. Sie haben nicht viel vom Essen und wissen nachher kaum, was sie gegessen haben.

Genau so lesen viele die Bibel. Sie können im Lauf des Tages gar nicht mehr sagen, was sie morgens gelesen haben.

Nimm dir Zeit mit deiner Bibel, damit du sie verstehen kannst. Wenn wir unser Essen hinunterschlingen, wird es nicht gut verdaut. Genauso kann Gottes Wort nichts bei uns ausrichten, wenn wir es in Eile lesen. Denke beim Lesen über Gottes Wort nach, damit du während des Tages immer wieder daran erinnert wirst, und sprich mit Gott darüber. Das gibt wirklich Kraft. Die Bibel sagt in Psalm 119, Vers 93: »Ich will deine Befehle nie vergessen, denn du erfrischst mich damit.« R-F

16. Mai

DAS TECHNISCHE IST NICHT WICHTIG

Von der Himmelfahrt Jesu berichtet der Evangelist Lukas nur sehr knapp. Viele Kinder würden gern genauer wissen, wie das eigentlich zugegangen ist. Natürlich stellen sie sich nicht eine Rakete vor, mit der Jesus in die Höhe fuhr. Aber vielleicht waren es Engel, die ihn emportrugen?

Es ist gut, dass in der Bibel das alles nicht genau geschildert wird. Es geht ja dabei nicht um sein letztes Schauwunder! Es handelt sich ja auch nicht um den Himmel, der als schöner, blauer Luftraum über uns ist. Jesus verabschiedete sich von seinen Jüngern. Dann wurde er zu seinem himmlischen Vater aufgenommen und war fortan unsichtbar, wie Gott selbst. Von dort ab herrscht er über alles, was es gibt. Nun kann er auch überall und bei jedem Menschen sein, jeden hören und sehen, zu jedem reden. Das Wichtige an der Himmelfahrt ist, dass sie geschah! Du verstehst nicht, dass Jesus nun überall zugleich und jedem nahe sein kann? Das ist auch nicht zu verstehen. Ich verstehe zum Beispiel das Geheimnis der Radio- und Fernsehwellen in der Luft auch nicht. Trotzdem sind sie da und bringen mir und zu gleicher Zeit ungezählten anderen Leuten Musik oder Bilder ins Zimmer. Und ich denke: Wenn das schon solchen Wellen möglich ist – wie viel mehr müsste das Gott können! Und dann geht es mir wie den Jüngern. Sie waren nach der Himmelfahrt »voll großer Freude«. Ob du dich mitfreuen kannst? M-Z

17. Mai

WO IST DER HIMMEL?

Nachdem der russische Raumfahrer Gagarin von seinem ersten Weltraumflug auf die Erde zurückkehrte, soll er ausgerufen haben: »Bei meinem weiten Flug durch das dunkle Weltall habe ich weder Gott noch den Himmel irgendwo gefunden. Dies Märchen muss jetzt aufhören!« Auch die amerikanischen Raumfahrer haben bei ihren vielen Weltraumflügen den Himmel, Gott nie gefunden! Stimmt es also vielleicht nicht, das mit Gott und mit dem Himmel? Hat die Wissenschaft das inzwischen bewiesen? Oder suchen die Menschen den Himmel an einem falschen Ort, so etwa wie in einem Stockwerk über den Sternen? Da ist der Himmel nicht zu finden. Damit hat Gagarin Recht. Aber was meint die Bibel, wenn sie sagt: Gott wohnt »oben« im Himmel? Sie will sagen: Gott wohnt in einem ganz anderen Bereich, der mit unserm menschlichen Denken und Forschen nie erreicht werden kann. Dieser Bereich muss nicht wörtlich »oben« sein. Denke dir einen Blinden: Ihm wird ein wunderbares Bild gezeigt. Er kann es anfassen, aber die leuchtenden schönen Farben kann er sich einfach nicht vorstellen, obwohl sie ganz in seiner Nähe sind. Ihm fehlt die Fähigkeit zu sehen. Die Bibel sagt uns: Gott ist uns ganz nahe, der Himmel umgibt uns. Aber wir können ihn nicht sehen, weil uns die richtigen Augen dafür fehlen. Das heißt in Wirklichkeit »oben«. Findest du heute ein besseres Wort, mit dem man den Himmel auch Gagarin erklären könnte? Überlege es dir einmal. U-S

18. Mai

WER IST KLUG?

Ein Frosch lebte in einem Brunnen. Er war dort geboren und aufgewachsen und hatte immer dort gelebt. Eines Tages kam ein anderer Frosch, der am Meer lebte, und fiel in den Brunnen. »Woher kommst du?« – »Ich komme vom Meer.« – »Das Meer! Ist es so groß wie mein Brunnen?« – »Wie kannst du das Meer mit deinem kleinen Brunnen vergleichen?«, sagte der Frosch vom Meer. Da machte der Brunnenfrosch einen Sprung und fragte: »Ist dein Meer so groß?« – »Unsinn! Das Meer ist ganz anders als dein Brunnen!« – »Nun«, sagte der Brunnenfrosch, »nichts kann größer sein als mein Brunnen. Dieser Kerl ist ein Lügner!«

Manche Leute denken so wie der Brunnenfrosch und denken dabei, sie wären sehr klug. So etwa sagen sie: Nur was ich anfassen, sehen und beweisen kann, das gibt es auch. Sie haben in einem Recht: Gott, der Himmel und vieles andere, von dem uns die Bibel berichtet, sind für uns Menschen in unserem kleinen »Brunnen«, in unserer Welt, nicht zu erklären und zu beweisen. Aber dann machen wir oft denselben Fehler wie der Frosch: Etwas Größeres als das, was ich mir vorstellen kann, gibt es nicht. Es gibt einen Zeugen, der dieses viel Größere genau kennt: Jesus. Wer Jesus glaubt, der hört und staunt: Ich in meiner kleinen Welt gehöre zu dem großen Gott. Jesus öffnet uns einen weiten Horizont.

U-S

19. Mai

EIN WISSENSCHAFTLER UND DIE BIBEL

Vor ungefähr 150 Jahren fährt der große deutsche Forscher Tischendorf nach Ägypten. Viele Jahre hindurch hat er Hebräisch, Griechisch und Lateinisch studiert und ist inzwischen ein berühmter Mann geworden. In Ägypten mietet er Kamele, Treiber und Dolmetscher und zieht mit seiner Karawane in die Wüste. Sucht er Gold? Er sucht einen Schatz, der ihm viel wichtiger ist als Gold. Er sucht uralte Pergamentblätter. Viele alte verfallene Klöster besucht er. Und dann kommt für Tischendorf der große Tag: In einem staubigen Abstellraum findet er halb verfaulte Pergamente, zerknüllt, zerrissen in einem Papierkorb. Aufgeregt greift er danach. Er ist überglücklich. Schon bald hört es die ganze Welt: In einem Kloster im Gebirge Sinai hat Tischendorf die älteste Handschrift der Bibel gefunden. Jahrelang arbeitet er, um die oft unleserlichen Buchstaben zu entziffern, Wort für Wort schreibt er mit seinen Freunden ab. So berühmt wird die Handschrift schließlich, dass in späteren Jahren die englische Regierung über eine Million Mark bezahlt und man sie heute noch in London in einem Museum sehen kann. Ist die Bibel nur ein unwichtiges Erzählbuch für Kinder und wenig kluge Leute? Nein, die Bibel war für den Wissenschaftler Tischendorf das wichtigste und interessanteste Buch. Sein ganzes Wissen hat er eingesetzt, damit wir heute die Bibel richtig kennen lernen können.

U-S

20. Mai

DIE BIBEL HILFT DER WISSENSCHAFT!

Vor vielen hundert Jahren lebte Darius. Er lebte in Babylon, dort, wo heute der Irak liegt. Er schaute hinauf in den Himmel und sagte: »Sieh die vielen Lichter oben am Himmel, die kleinen und die großen. Dort wohnen die Götter!« Darius schaute voller Angst in den Sternenhimmel. Jakob, ein jüdischer Junge, der in Babylon mit seinem Volk gefangen gehalten wurde, rief erstaunt: »Die Sonne, der Mond und die Sterne sollen Götter sein? Nein, unsere Priester haben uns gesagt: Sie sind nichts anderes als Lichter, die wie Lampen unsere Welt erleuchten. Unser Gott hat sie gemacht. Vor ihnen brauchen wir uns nicht zu fürchten.«

Weit weg von Babylonien, in Ägypten, hatte man Angst vor den großen Seetieren: »Diese Ungeheuer dürfen wir nicht erzürnen.« Auch da sagten die Juden: »Die Wassertiere hat unser Gott gemacht. Wir brauchen uns vor ihnen nicht zu fürchten.« Vor vielen anderen Dingen hatten die Menschen Angst, weil sie in allem Götter sahen. Sie konnten deshalb auch die Natur nicht erforschen. Dazu hat die Schöpfungsgeschichte der Bibel erst geholfen. Dort steht: Herrscht über die Erde! Gebraucht sie, erforscht sie, denkt über sie nach – so könnte man genauso gut sagen. Denn Gott ist nicht in der Natur, er hat sie gemacht. Merkst du, dass die Schöpfungsgeschichte, die für uns in vielem heute so unverständlich ist, sogar dazu beigetragen hat, dass wir vieles über den Weltraum, die Pflanzen und Tierwelt wissen?

U-S

21. Mai

TAT JESUS WUNDER?

Die Leute von Nazareth kannten Jesus von klein auf. Er war doch der Sohn des Tischlers Josef. Sollte er anders sein als alle Bewohner von Nazareth? Man erzählte sich so manches in anderen Städten: Er heilt Kranke, er geht auf dem See Genezareth, ohne zu versinken, er macht Wasser zu Wein. Unglaublich, sagen sie. »Nun, dann soll er seine Kunst doch einmal bei uns zeigen«, ruft einer, »dann werden wir ihn auch bestaunen und an ihn glauben.« Sicher können wir die Bürger von Nazareth gut verstehen. Ja, wenn Jesus ein Wunder tun würde, so dass wir es alle sehen, dann könnte man eher an ihn glauben. Das war doch eine große Chance für Jesus, meinst du nicht auch? Aber Jesus tut kein Wunder. Wie erstaunlich! Jesus sagt: Ich bin kein Zauberer, der bestaunt werden will. Mit meinen Wundern will ich Menschen helfen, mehr nicht. Ich möchte, dass die Menschen mir zuerst vertrauen, das ist mir das Wichtigste.

»Für Reporter und neugierige Leute«, so würde Jesus heute vielleicht sagen, »bin ich nicht zu sprechen.« Aber tut Jesus denn heute noch Wunder?, fragst du. Wenn du die Wundergeschichten der Bibel liest, wirst du in vielen Geschichten »versteckte« Wunder entdecken, die für Jesus und für seine Nachfolger viel wichtiger waren als das äußere Wunder. Ob du solch ein »verstecktes« Wunder nicht auch schon erlebt hast?

U-S

22. Mai

EIN MODERNES WUNDER

Es ist Krieg. Über der Stadt fallen Bomben, sausen Tiefflieger. Man hört Granaten und Geschosse einschlagen. Eine kleine Gruppe von Hausbewohnern hat sich in einer Ecke des Kellers zusammengedrängt. Allen ist die Angst ins Gesicht geschrieben. Vielleicht stürzt gleich das Haus über ihnen ein! Einige laufen unruhig von einer Ecke in die andere. Andere weinen und schreien, wenn das Prasseln der Bomben besonders nah zu hören ist.

Da steht plötzlich jemand auf. Mitten in die Unruhe und in die Angst hinein sagt er: »Habt keine Angst. Ohne dass Gott es will, fällt kein Haar von unserem Kopf.« »Unglaublich«, murmeln die Leute. Alle starren den Mann an. Aber es ist ganz ruhig geworden im Keller. Die Angst hat sich gelegt. Hier ist einer, der betet, der vertraut.

Der Angriff geht vorüber. Die Menschen verlassen den Keller. Da sagt einer: »Es war wie ein Wunder, wie unsere Angst sich legte.«

Hatte er Recht? War das wirklich ein Wunder?

Das Neue Testament kennt auch solch eine Wundergeschichte. Sie ist verborgen in einer anderen Wundergeschichte. Kannst du sie wieder finden? Lies einmal nach in Markus Kapitel 4, Verse 35-40. Viele Christen können von solchen Wundern auch heute erzählen.

U-S

23. Mai

FÜR DAS DENKEN DANKEN?

Marion hat schon seit langem starke Schmerzen. Der Arzt stellt fest: Es ist der Blinddarm. Marion muss operiert werden. »Wird es sehr wehtun?«, fragt sie. – »Nein«, lacht der Arzt. »Du wirst nichts davon merken, du wirst einschlafen, und wenn du aufwachst, ist schon alles vorüber. Du bekommst doch eine Narkose!« Enorm, diese Erfindung, findest du nicht auch? Schon 1540 hat der Forscher Valerius Cordus den Äther entdeckt. Und 1831, seit Justus von Liebig, kennen wir das Chloroform, das Menschen die großen Schmerzen bei der Operation nicht mehr spüren lässt.

»Was Menschen alles können«, staunt Marion. Dabei gehört oft langes und geduldiges Forschen dazu. Das scharfe Nachdenken vieler Wissenschaftler hilft uns Menschen heute in vielen Bereichen, nicht nur in der Medizin. Hast du schon einmal nachgedacht darüber, dass es gar nicht selbstverständlich ist, dass wir heute in eine Buchhandlung gehen und uns ein spannendes Buch kaufen? Dazu musste erst die Buchdruckerkunst erfunden werden. Weißt du, wer der Erfinder war? Marion meint: »Ich glaube, wir haben in unserem Abendgebet immer etwas vergessen, nämlich Gott zu danken, dass wir Menschen denken und forschen können.« Schlag doch einmal mit deinen Eltern und Geschwistern im Lexikon nach! Da findest du viele Namen von großen Wissenschaftlern, für die wir danken können, weil sie ihr Denken zur Hilfe für andere eingesetzt haben.

U-S

24. Mai

MARIEKE SIEHT EINEN SCHUTZENGEL

Marieke sitzt hinten im Auto. Da wird sie plötzlich gegen die Rückenlehne des Vordersitzes geschleudert. Sie hört ein lautes Quietschen. Marieke rappelt sich auf und sieht erschrocken auf die Straße. Da steht ein riesiger Lastwagen, der Fahrer springt auf die Straße. Papa steigt auch aus. Marieke bekommt Angst. Der Fahrer schimpft ganz schrecklich und geht auf Papa los. Papa spricht mit dem Mann. Endlich steigt der Lastwagenfahrer wieder ein.

Papa kommt auch zurück, er ist ganz blass. Marieke meint: »Das war aber ein böser Mann!«

Papa schüttelt den Kopf. »Er hatte Grund, böse zu sein. Ich war falsch gefahren, und wenn der Lastwagenfahrer nicht rechtzeitig gehalten hätte, wären wir sicher schwer verunglückt.«

»Hätte uns denn da unser Schutzengel nicht geholfen?«, fragt Marieke.

»Ich glaube, Marieke, der Lastwagenfahrer war unser Schutzengel. Gott hat viele Möglichkeiten, uns zu beschützen. Wenn Gott Menschen dazu benutzt, so meine ich, könnten wir diese Menschen Engel nennen. Engel sind nämlich Boten Gottes. Wir können Gott danken, dass er den Lastwagenfahrer so aufmerksam sein ließ. Wir wollen ihn auch darum bitten, selbst aufmerksamer zu sein.«

Matthäus-Evangelium Kapitel 18, Vers 10 S-F

25. Mai

ACHTUNG, SCHMUTZWASSER!

Herr Kluge und Herr Dümmlich besaßen jeder ein Auto. Herr Kluge tankte natürlich immer Benzin. Herr Dümmlich fand, Benzin zu tanken sei zu teuer. Deshalb nahm er eines Tages kurz entschlossen den Putzeimer – er hatte gerade das Treppenhaus geputzt – und goss das dreckige Wasser in den Tank. Den ganzen Tag über freute er sich über den vollen Tank. Abends wollte er mit seiner Frau nur eben in die Stadt fahren. Aber – kein Wunder! – der Wagen sprang nicht an.

Du lächelst über den reichlich dummen Herrn Dümmlich. Leider aber handeln viele Jungen und Mädchen genau so. Sie pumpen ihre Phantasie mit schmutzigen Bildern voll und meinen, wenn man dies oder jenes nicht mitgemacht habe, sei man ein langweiliger Typ. »Das muss man erlebt haben!«, ist ihr Motto. Irgendwann bleiben sie dann auf der Strecke.

Gib deshalb Acht, dass du nicht Dreck in dich hineintankst! Wie leicht passiert das durch einen Film, durch die Bilder und Geschichten einer Illustrierten oder durch das, was in deiner Klasse so unter der Hand herumgeht. Pass ab heute darauf auf, was du tankst. Achte darauf, dass auch deine Freunde sich ihr Leben nicht durch solchen Schmutz verderben. Gott will nicht, dass du stecken bleibst und dich selbst fertig machst. Er will dich behüten. Bitte ihn: »Herr, habe du auf mich Acht!« (Jeremia 18, 19). G-S

26. Mai

DIE GEMEINDE GOTTES IN JERUSALEM

Pfingsten feiern wir den Geburtstag der Gemeinde Gottes. Wir nennen sie auch die Familie Gottes. Das sind Menschen, die wissen: Gott ist ihr Vater. Sie sind seine Kinder. In der Stadt Jerusalem gab es die erste Familie Gottes. Es genügte ihnen nicht, sonntags zum Gottesdienst zusammenzukommen. So oft sie konnten, gingen sie gemeinsam in das große Gotteshaus, den Tempel. Sie trafen sich aber auch täglich in ihren Wohnungen. Immer wieder in einem anderen Haus. Dort erzählten ihnen die Jünger vom Herrn Jesus. Alle wollten immer mehr von ihm hören. Sie sangen Lieder zur Ehre Gottes. Täglich dankten sie für alles, was Gott ihnen schenkte. Sie blieben zum Essen beieinander. Auch erfüllten sie den letzten Wunsch des Herrn Jesus: Sie feierten das Abendmahl. Was sie hatten, teilten sie. Manche verkauften ihr Eigentum. Mit dem Geld wurde den Armen in der Gemeinde geholfen. Die Menschen staunten darüber, wie lieb die Christen einander hatten. Viele bekamen Lust, auch zur Familie Gottes zu gehören. Jeden Tag kamen Menschen dazu. So wurde die Gemeinde größer.

Apostelgeschichte 2, Verse 42-47 M-W

27. Mai

WIE MAN PFINGSTEN FEIERN KANN

Schon in frühester Zeit wurde im Volk Israel Pfingsten gefeiert. Es war ein großes Erntefest. Die Israeliten brachten Opfer und freiwillige Gaben, um Gott für die Ernte zu danken. Es war ein Freudenfest, auch die Ärmsten sollten an diesem Tag fröhlich sein. Und gerade an Pfingsten, als die Menschen von nah und fern zum Tempel herbeiströmten, sandte Gott seinen Heiligen Geist. Er schenkte den Freunden Jesu Mut und Vollmacht und eine neue Freude. Von diesem Tag an breitete sich die Gemeinde Jesu auf der ganzen Welt aus, obwohl mächtige Herrscher sich anstrengten, sie zu zerstören. Aber Gottes Heiliger Geist ist stärker als die Mächte der Welt. Sein Werk kann niemand zunichte machen. Pfingsten ist ein großes Fest, auch wenn die meisten über Pfingsten nur »ins Grüne« fahren. Pfingsten – das heißt doch, dass Jesus seine Gemeinde nicht im Stich gelassen hat und dass er sie durchbringen wird bis ans Ende, bis er als Herrscher kommen wird! In allen Teilen der Welt feiern die Christen nun das Pfingstfest und danken Gott für seinen Heiligen Geist. Wenn eure Eltern es erlauben, dann ladet doch einmal aus eurer Klasse Kinder ein, die eine andere Sprache sprechen, und versucht, einander jeder in seiner eigenen Sprache (mit vielen Gesten) eine biblische Geschichte zu erzählen oder zu spielen und zu raten: Welche war es?

H-H

28. Mai

REICHE LEUTE

Wenn das Wörtchen »wenn« nicht wär, wär mein Vater Millionär! Kennt ihr diesen Vers auch? Vielleicht habt ihr auch schon gedacht: Wenn wir nur mehr Geld hätten, dann könnte ich mir tolle Sachen kaufen. Das wäre ein Glück! – Wirklich? – Ich kenne viele Menschen, die haben ganz viel Geld. Aber besonders glücklich sind sie nicht. Am Eingang vom Tempel in Jerusalem saß ein Bettler. Er war sehr krank, er konnte nicht laufen. Wenn Leute vorbeigingen, hielt er seine Hand auf und bat um einen Groschen. Dann kam vielleicht ein Priester vorbei und warf sogar eine Silbermünze hinein. Der Lahme rief laut sein Dankeschön! Eines Tages kamen Petrus und Johannes zum Tempel. Der Bettler mag gedacht haben: Mal sehen, ob die mir auch etwas geben! Schnell hielt er die Hand auf: »Bitte um eine milde Gabe!« Petrus hielt an, schaute dem Mann in die Augen und sagt: »Wir haben keine Gold- und keine Silbermünzen!« Der Lahme dachte vielleicht: Da sieht man's. Die Frommen sind auch nicht besser. Aber Petrus war noch nicht fertig. Er sagte: »Ich gebe dir was anderes: Jesus, der Christus, macht dich gesund! Steh auf! Geh heim! Such dir eine Arbeit!« Und was denkst du? Der Mann konnte wirklich aufstehen und laufen. Hat Petrus ihn geheilt? Nein, Jesus hat das getan. Jesus kann Wunder tun, große und kleine. Auch heute noch.

Apostelgeschichte 3, Verse 1-10 D-T

29. Mai

VERSCHLOSSENE UND OFFENE TÜREN

Ich stelle mir ein Gespräch unter den Jüngern vor: »Liebe Brüder und Schwestern, ihr wisst alle, dass unsere Gemeinde hier in Jerusalem ohne Leitung ist. Herodes hat unsern Bruder Petrus verhaftet. Auch wir sind keineswegs sicher hier. Herodes und die Pharisäer haben überall ihre Spitzel. – Rhode, du hast doch wohl das Tor gut verriegelt? – Dann wollen wir für unsern Bruder Petrus beten, dass Gott ihm Trost und Kraft in seiner Zelle schenke.« Da klopft es. Ist der Versammlungsraum entdeckt worden? Rhode schleicht zur Tür und lauscht nach draußen. »Freunde, Petrus steht draußen vor der Tür!« In der Aufregung hatte sie ganz vergessen, ihm zu öffnen. Schnell holt sie es nach. Da tritt auch schon Petrus in den Kreis der Gläubigen im Kellergemach. Nun muss er erzählen. Es klingt fast unglaublich: Mitten im tiefsten Schlaf hat ihn ein Engel geweckt. »Petrus, steh auf, zieh deine Schuhe und den Mantel an. Komm schnell!« Wie im Traum ist es ihm gewesen. Die Türen des Gefängnisses öffneten sich von selbst, die Wächter schliefen. Als Petrus auf der Straße stand, war der Engel verschwunden. »Da bin ich schnurstracks zum Hause der Maria gelaufen, denn ich dachte mir, dass ihr hier seid und betet«, berichtet Petrus weiter. Da knien sie alle nieder und loben Gott und danken ihm für seine wunderbare Hilfe. Sie haben es wieder neu erlebt: Jesus verlässt die nicht, die ihm vertrauen!

Apostelgeschichte 12, Verse 3-17 D-T

30. Mai

WEISST DU DAS?

1. Wie lautet der alte Name des Petrus?
   (Lies Johannes 1, 42) ....
2. Welche Bedeutung hat der neue Name, Petrus, in der deutschen Sprache? (Lies Johannes 1, 42b) ..
   ....
3. Wie viele Fische haben Petrus und seine Helfer in einer einzigen Nacht gefangen? (Lies Lukas 5, 5)
   ....
4. Welche Antwort gab Petrus Jesus auf die Frage: »Wer sagt denn ihr, wer ich bin?«
   (Lies Matthäus 16, 16) ....
5. Petrus liebte Jesus sehr. Er wollte immer bei ihm bleiben. Bis wohin wollte er ihm sogar folgen?
   (Lies Lukas 22, 33) ....
6. Welches Tier hat Petrus wohl sein Leben lang nie vergessen? (Lies Lukas 22, 60–61) ....
7. Was für eine Frau brachte Petrus in große Verlegenheit? (Lies Matthäus 26, 69-71) ....
8. Als die Soldaten Jesus gefangen nahmen, wollte Petrus ihn verteidigen. Was tat er dabei?
   (Lies Johannes 18, 10) ....
9. Petrus hatte Jesus verleugnet. Das tat ihm dann sehr Leid. Mit welcher Frage hat Jesus Petrus wieder zurechtgeholfen? (Lies Johannes 21, 15-17)
   ....
10. Wie heißt der besondere Tag, an dem Petrus vor vielen Tausenden von Jesus erzählte?
    (Lies Apostelgeschichte 2, 1+14) ....

D-T

EINEN FRÖHLICHEN GEBER HAT GOTT LIEB

In der ersten Christengemeinde gehörte die Geldsammlung zum Gottesdienst. Es gab dort viele arme Leute. So teilte man alles, was man hatte. Keiner brauchte Not zu leiden.

Viele verkauften ihre Häuser und Äcker. Das Geld dafür brachten sie in die Gemeinde. Es sollte alles gerecht verteilt werden. Deshalb suchten sie sieben Männer aus. Diese sorgten dafür, dass niemand vergessen wurde.

Von Jerusalem aus breitete sich die Gemeinde später auch in andere Länder aus. Es kam eine schlimme Zeit. Viele Menschen hatten Hunger und keine Kleidung. Da sammelten die Christen in Jerusalem auch für die fremden Gemeinden. Später sammelten diese Gemeinden für die arm gewordene Gemeinde in Jerusalem. Jeder gab, so viel er konnte.

Auch heute wird Geld gebraucht, um Menschen zu helfen. Alle sollen vom Herrn Jesus hören. Dazu braucht man Geld.

Ob du auch mal auf etwas verzichten kannst, damit anderen geholfen wird?

2. Korintherbrief Kapitel 9, Verse 6-8 M-W

1. Juni

HELFER IN DER GEMEINDE

»Das hat der Pastor aber schön gemacht«, sagt Markus und zeigt auf die wunderschönen Blumenschalen, die vorne am Altar stehen.

»Das war aber nicht der Pastor«, erklärt ihm die Mutter, »der könnte die Arbeit in der Gemeinde nicht alleine schaffen. Das war der Küster. Er sorgt auch dafür, dass das Gemeindehaus immer sauber und warm ist. So kann sich jeder hier wohl fühlen.«

»Nicht wahr, Mutti, selber Orgel spielen kann der Pastor auch nicht. Das muss doch die Frau Weber machen«, sagt Markus.

»Ja, Frau Weber ist unsere Organistin«, bestätigt die Mutter. »In der Sonntagsschule sind auch viele Helfer. Sie erzählen euch die Geschichten. Und dann ist noch Schwester Hilde da. Als ich krank war, hat sie mich besucht und ist für mich zur Apotheke gefahren.« –

O weh, denkt Markus, wenn das der Pastor alles alleine machen müsste!

»Wenn ich groß bin, will ich auch eine Aufgabe haben«, sagt Markus. – »Das kannst du jetzt schon«, antwortet die Mutter.

Wie können Markus und auch du in der Gemeinde helfen? Überlegt einmal.

1. Korintherbrief Kapitel 12, Vers 4 M-W

2. Juni

WARUM IST ES BEI UNS HEUTE ANDERS?

»Oma, die ersten Christen kamen doch jeden Tag zum Gottesdienst zusammen. Warum tun wir das heute nicht mehr?«, fragt Katrin. Die Oma sagt: »Die ersten Christen freuten sich so, dass sie es gar nicht lassen konnten, von Jesus zu sprechen und sich miteinander zu freuen. Die Christen fragten nicht erst: ›Dürfen wir heute Abend nach der Arbeit zu euch kommen?‹ Sie kamen einfach zusammen und freuten sich und lobten Gott und lasen in den heiligen Schriften. Ich wünschte«, sagt die Großmutter, »bei uns wäre das auch so.« – »Warum ist es bei uns denn anders?«, fragt Katrin. – »Sieh, die Leute wollen Geld verdienen. Sie sind abends müde. Da können sie keinen Besuch gebrauchen. Dann wollen sie fernsehen. Dazu können sie auch keinen Besuch gebrauchen. Sie wollen es in ihrer Wohnung ganz schön haben. Kleine Kinder sind deshalb nicht sehr willkommen. Und arme Christen haben keinen Mut mehr, vornehme Christen zu besuchen oder zu sich einzuladen.«

Katrins Augen sehen prüfend die Großmutter an. »Omi«, sagt sie, »wollen wir es anders machen?«

»Ja, Katrin. Aber dann müssen wir fest zusammenhalten. Gott wird uns helfen.«

Gott wird Katrin und ihrer Großmutter bestimmt Freude schenken.

Apostelgeschichte 2, Verse 46-47 E-W

3. Juni

WIR WOLLEN ES ANDERS MACHEN

Katrin hat noch eine Frage: »Im Kindergarten gibt es katholische Kinder, evangelische Kinder, Kinder, die zur Freikirche gehen, und manche Kinder gehen nie zum Gottesdienst. Warum gibt es so viel Durcheinander, Omi?«

Die Großmutter beantwortet Katrins Frage: »Gottes Gemeinde besteht schon fast 2000 Jahre. In all den Jahren hat Satan versucht, Gottes Gemeinde zu zerstören. Er schickte Verfolgung – da schenkte Gott seiner Gemeinde Kraft und Trost. Satan verführte Gottes Gemeinde, indem er sie reich und mächtig werden ließ – da schenkte Gott seiner Gemeinde den Mut, ganz arm zu werden. Satan sagte, nur was dein Verstand begreift, ist wahr – nun schenkte Gott seiner Gemeinde wunderbare Erfahrungen, die man mit dem Verstand überhaupt nicht erklären konnte. So verschieden haben dies alles die Kinder Gottes erlebt, dass sie sagten: So soll die Gemeinde Gottes sein. Andere meinten: Nein, sondern so! Daraus entstanden dann so viele verschiedene Kirchen und Gemeinden. Und in allen gibt es Menschen, die Gott lieben, von ganzem Herzen und mit aller Kraft und mit ganzem Verstand – und sie lieben dann auch die Menschen in den anderen Gemeinden.«

Epheser Kapitel 4, Verse 1-7 E-W

PAULUS SCHREIBT BRIEFE

Bekommst du gerne Post? Ich freue mich immer, wenn ein Brief in den Briefkasten an meiner Tür fällt.

Der Apostel Paulus hat viele, viele Briefe geschrieben. Die meisten schrieb er aus dem Gefängnis. Ja, du hast richtig gehört: aus dem Gefängnis! Es sind lange Briefe an die Christengemeinden, die an vielen Orten entstanden waren. Er schreibt ihnen, dass er sich über sie freut, und sagt ihnen, dass sie in Not und Leid nicht verzagen sollen. Manchmal muss er auch schreiben: »Vertragt euch und zankt euch nicht! Seid Gott dankbar für alles!« So bittet er sie oft. Viele liebe Grüße stehen in jedem Brief. Er erzählt darin auch, was er mit Jesus erlebt hat. Das war eine Freude, wenn diese Briefe in der Gemeinde vorgelesen wurden! Paulus konnte seine Briefe nicht in den Briefkasten stecken. Es gab keine Post, die sie beförderte. Ein Bote nahm die Briefe mit. Er war oft Wochen und Monate unterwegs. Heute geht das viel schneller.

Möchtest du auch einmal jemanden durch einen Brief erfreuen? Vielleicht kannst du noch nicht schreiben. Dann kannst du gewiss ein sehr schönes Bild darauf malen. Der Empfänger wird sich freuen.

Eine Frage noch: Warum war Paulus eigentlich im Gefängnis?

Apostelgeschichte 16, 16-24; 2. Korinther 11, 22-33

M-W

5. Juni

PAULUS UND TIMOTHEUS

Paulus hatte einen lieben, jungen Freund. Er hieß Timotheus. Bei der ersten Missionsreise lernte Paulus Timotheus kennen. Danach kam Timotheus zum Glauben an den Herrn Jesus Christus. Schon als Kind hatte Timotheus das Wort Gottes kennen gelernt. Seine Großmutter Lois hatte ihm die Geschichten der Bibel erzählt. Auch seine Mutter Eunike war eine fromme Frau. Sie hat gewiss dem kleinen Timotheus das Beten gelehrt.

Paulus traf den jungen Mann Timotheus auf seiner zweiten Missionsreise wieder. Nun nahm er ihn als seinen Helfer mit. Timotheus sorgte für Paulus, wie ein Kind für seinen Vater sorgt. Viele wichtige Aufgaben konnte ihm Paulus übertragen. Zuletzt übergab Paulus dem Timotheus die Leitung der Gemeinde in Ephesus. Timotheus war eigentlich noch zu jung für dieses Amt, aber er war in allen Dingen Jesus Christus gehorsam. Er war ein Vorbild für andere. Paulus liebte ihn sehr. Er freute sich immer, wenn er Timotheus sah.

Zwei sehr lange Briefe hat er Timotheus geschrieben. Sie stehen in unserer Bibel. Darin können wir lesen, welch eine gute Freundschaft Paulus und Timotheus hatten.

Apostelgeschichte 16, 1-3; 2. Timotheus 1, 5 und 3, 15

M-W

DER KERKERMEISTER VON PHILIPPI

In der Stadt Philippi wurden Paulus und sein Freund Silas von bösen Männern ins Gefängnis geworfen. »Pass gut auf die beiden auf«, sagte man dem Aufseher. »Sie sagen, sie seien Diener Gottes, aber sie sind Betrüger. Wenn sie weglaufen, wirst du bestraft.« Der Aufseher sperrte Paulus und Silas in eine dunkle Zelle und schraubte ihre Füße in einen Holzblock. Das nennt man Folter. Trotzdem waren sie nicht traurig. Sie sangen mitten in der Nacht ein Lied zur Ehre Gottes. Die anderen Gefangenen hörten zu.

Aber Gott der Herr schickte ein Erdbeben. Die verriegelten Türen sprangen auf. Die Holzblöcke fielen auseinander. Nun hätten alle weglaufen können! Der Aufseher sprang schnell aus seinem Bett. Wie staunte er, dass alle Gefangenen noch da waren. Er fiel vor Paulus auf die Knie und sagte: »Was soll ich tun, dass ich errettet werde?«

»Du musst Jesus vertrauen«, antwortete Paulus. Da holte der Aufseher seine Frau und seine Kinder. Ihnen allen erzählte Paulus von Jesus. Der Gefängnisaufseher sagte: »Ich und meine Familie, wir wollen dem Herrn Jesus gehorsam sein und ihn lieben!«

Apostelgeschichte 16, Verse 16-34 M-W

7. Juni

BRAUCHBAR ZUM DIENST

Nein, das geht zu weit! So hat sich Markus die Missionsreise nicht vorgestellt. Diese langen Märsche, die Hitze, die Stechmücken, Schmutz, Hunger, Durst und dazu Feinde! Markus packt seine Sachen und sagt entschlossen: »Ich gehe zurück. Auch in Jerusalem kann man von Jesus sprechen. Warum muss es immer bei den Heiden sein?« Paulus und Barnabas können ihn nicht zurückhalten.

Ungefähr zwei Jahre später planen die beiden eine zweite Missionsreise. Barnabas will seinen Neffen Markus wieder mitnehmen. Aber Paulus lehnt ab: »Markus nehmen wir nicht mit, er hat sich nicht bewährt, solche Leute können wir nicht gebrauchen.« Traurig trennen sich Barnabas und Paulus.

Jahre vergehen. Paulus ist in Rom im Gefängnis. Weißt du, was er dort in seinem zweiten Brief an Timotheus, Kapitel 4, Vers 11, schreibt? »Bitte, bringe Markus mit, er kann mir gute Dienste leisten.« So gründlich hat sich Markus geändert.

Vielleicht hast du bis jetzt ebenso versagt wie Markus am Anfang. Das kommt vor. Deswegen brauchst du kein Versager zu bleiben. Du darfst wieder mithelfen, in der Sonntagsschule, im Kindergottesdienst, in deiner Klasse oder zu Hause oder bei deinen Spielkameraden auf dem Sportplatz – und später: Wer weiß wo!

Du darfst ein Markus werden, brauchbar zum Dienst!

J-O

SHAUKATS FREUDE

»Kabariwala!«, ruft der Mann auf dem Fahrrad. Er kauft leere Flaschen und Dosen auf. Als Shaukat »Kabariwala« hört, stürmt er nach Hause. »Mutter, schnell die Flaschen und Dosen, die ich gestern gefunden habe, der Kabariwala ist da.«

»Bruder«, ruft er dem Mann auf der Straße zu, »warte, ich habe etwas für dich!« Mit nackten Füßen flitzt er hin und her über den heißen Asphalt, um seine Ware abzuliefern. Oh, heute hat er eine Mark erhalten.

»Mutter, jetzt kann ich im Bazar Gemüse für heute Abend kaufen. Wir haben jetzt Geld. Morgen gehe ich in die Gulbergstraße, da, wo die Reichen wohnen, und suche dort Flaschen. Da liegen sicher viele herum. – Salam Nani ji (Oma), sieh mal, was ich für die Flaschen bekommen habe«, bestürmt Shaukat die Oma, die gerade in der Hoftür erscheint.

Oma freut sich. »Mein Sohn, das ist gut. Gott war auch gut zu mir. Heute sammelte ich zwei Säcke voll Papierschnipsel auf, und zwar bei den großen Bungalows. Von dem Geld, das ich dafür bekam, kaufe ich Medizin für Opas entzündete Augen.«

Was ich hier erzähle, ist in Pakistan geschehen.

Lies Lukas Kapitel 16, Verse 19-31 dazu. I-H

9. Juni

JESUS IM HERZEN HABEN

In den Bergen Jünnans in Südchina lebte Aid'schen, die Tochter des Bauern Long. Sie war Christ geworden und erzählte in ihrem Heimatort begeistert von Jesus. Dann lernte sie einen jungen Evangelisten kennen und verlobte sich mit ihm. Am Tag der Hochzeit hatte sich der Bräutigam mit dem Brautzug auf den Weg gemacht, um seiner Braut entgegenzugehen. Doch Aid'-schen kam nicht. Stattdessen traf ein Bote ein, der die Nachricht von ihrer schweren Erkrankung brachte. Sie hatte Aussatz. Für Aid'schen gab es nur einen Weg: die Aussätzigenkolonie. In diesen abgelegenen düsteren Baracken sollte sie ihr neues Zuhause finden? Als sie die humpelnden, zerfressenen Gestalten mit ihren abgefaulten Gliedmaßen und dem entsetzlichen Geruch sah, beschloss sie, ihrem Leben ein Ende zu setzen. Da begegnete ihr Jesus. Er sagte: »Aid'schen, ich habe eine große Aufgabe für dich. Siehst du diese Aussätzigen? Sie alle kennen mich nicht. Du aber kennst mich. Zu ihnen habe ich dich gesandt. Für diese Aufgabe bist du berufen.« Da plötzlich war es, als würde ein Schleier von ihrem Herzen genommen. Mit einem Male fühlte sie eine große Liebe und tiefes Erbarmen zu diesen Verstoßenen. Sie erzählte ihnen von Jesus, wusch die Wunden der Kranken, munterte sie auf und tröstete die Sterbenden. Von dem Tag an war eine neue Hoffnung in dieses Lager eingekehrt und eine tiefe Freude, denn diese Kranken spürten: Jesus ist mitten unter uns.

H-H

10. Juni

HOFFNUNG FUR SYLVIA

Sylvia war nur eine von den ungezählten jungen Menschen, die hoffnungslos enttäuscht und heimatlos umherstreunten. Als sie 13 Jahre alt war, hatte sie zum ersten Mal von dem verführerischen Gift der Droge genommen, das ein Paradies versprach und sie in die tiefste Hölle stieß. Von da an war sie immer tiefer gesunken. Es würde nicht mehr lange dauern, bis sie als jugendliches Wrack irgendwo liegen blieb – wie so viele junge Menschen. Sylvia hatte keine Kraft mehr. Sie hatte nur noch den einen Wunsch, mehr von dieser geheimnisvollen Droge zu bekommen, um einen Augenblick lang »high« zu sein. So war sie mit einigen Jugendlichen nach Kalifornien gereist. Hier an der Westküste Amerikas wurde Rauschgift günstig angeboten.

Doch während sie vor sich hin döste, wurde sie von einem etwa gleichaltrigen Mädchen angesprochen: »Es gibt noch Hoffnung für dich. Jesus liebt dich.« Wie von einem Schlag getroffen zuckte Sylvia zusammen und starrte das junge Mädchen an. Liebe? Sie grinste verächtlich; es hatten viele Jungen an ihr herumgespielt, aber niemand hatte sie geliebt. Doch irgendwie war Sylvia neugierig geworden. »Jesus liebt dich« – sollte das ernst gemeint sein?

H-H

11. Juni

SYLVIA HAT GEWONNEN

Wenig später saß Sylvia inmitten Tausender von Jugendlichen, die in ihren langen Haaren und eng anliegenden Jeans sich kaum von ihr unterschieden, und doch waren sie von einer ihr unbekannten Freude erfüllt. Mit ihnen allen ließ auch Sylvia sich von den rhythmischen Klängen einer Band mitreißen. Diese Musik sprach von der Hoffnung und einem neuen Leben. Und immer wieder wurde sie von dem begeisterten Ruf der Jugendlichen unterbrochen, der wie ein mächtiger Orkan anschwoll: JESUS! Vieltausend Hände reckten sich empor und zeigten ein V als Zeichen des Sieges. Victory. Dann forderte eine Stimme am Mikrofon alle, die Jesus kennen lernen wollten, auf, nach vorn zu kommen. Unter einem unwiderstehlichen Drang erhob sich auch Sylvia und trat ans Podium. Und während sie miteinander beteten, wurde Sylvia von einer nie gekannten Freude erfüllt. Mit einem Male wusste sie: Jesus lebt. Hier war sie Jesus Christus begegnet. Von jetzt an würde sie keine Drogen mehr brauchen. Von jetzt an wollte sie nur noch bei Jesus bleiben.

Sylvia oder Michael oder Annette – viele haben die Nähe Jesu erlebt. Manche von ihnen hatten ihren Körper schon ruiniert. Dass Jesus lebt, erfuhren sie aber auch in langen Krankenhausmonaten und in vielen Schwierigkeiten mit ihren Familien. Aber Jesus lebt, und seine Nähe machte sie froh. H-H

12. Juni

FREUNDSCHAFT

Ute hat einen Freund. Und Yvonne ist erst zwölf. Sie hat auch einen Freund. Ich habe noch keinen. Ich bin schon dreizehn.

Die andern belächeln mich. Ich möchte ja auch gerne einen Freund haben. Nur – nicht so einen.

Ute erzählt mir immer alles – weil ich ihre Freundin bin, sagt sie. Dabei will ich das alles gar nicht hören. Alle Einzelheiten erzählt sie mir. Hör auf!, sage ich. Aber sie macht weiter. Du musst dir auch einen Freund anschaffen, sagt sie. Aber ich will nicht. Nein, nicht so einen. Martin hat einen Freund. Martin ist mein Bruder. Manchmal unternehmen wir etwas zusammen. Wir machen Radtouren und bummeln durch ein Kaufhaus. Manchmal helfen wir Leuten und manchmal ärgern sie sich über uns. Wir diskutieren und manchmal bin ich allein.

Alle drei gehören wir Jesus. Er hat einen Plan für mein Leben. Später vielleicht auch einen Freund nur für mich. Irgendwann – später. Ich habe Freunde. Es ist toll, Freunde zu haben, die zu einem stehen. Aber manchmal bin ich allein. Manchmal weine ich. Es war auch schon schön, allein zu sein und mit Jesus zu sprechen. Oft war das schöner als alles. G-S

13. Juni

EIN KOSTBARES GESCHENK

Gott gibt uns viele Geschenke. Womöglich habt ihr sie mal miteinander aufgezählt? Eines davon ist besonders kostbar. Auf wertvolle Dinge muss man meist warten. Man muss auch sorgsam damit umgehen, man muss sie pflegen. Nur so kann man sie erhalten. An was denke ich wohl? Wir wollen ein bisschen raten! Es heißt davon: Es sei ein großer Reichtum. Es gäbe keinen Preis dafür. Also kann man es nicht kaufen! Man könne es weder mit Geld noch mit Gold aufwiegen. Dazu sei es ein starker Schutz. Es sei ein Trost des Lebens. Ungeheuer wichtige Dinge! Du kannst in der Bibel bei dem Weisheitslehrer Jesus Sirach (»Jesus Sirach« gehört zu den Apokryphen) finden, was er mit diesen starken Worten beschreibt: Es ist die Freundschaft! Bist du nun erstaunt oder gar enttäuscht? Hast du gute Eltern und liebe Geschwister und findest einen Freund oder eine Freundin nicht so wichtig? Vielleicht kommt das erst später. Oder sehnst du dich schon lange danach – hast jedoch bis jetzt noch keinen gefunden, der treu zu dir hält, mit dem du alles besprechen kannst, einen Jungen oder ein Mädchen, das Freuden und Kümmernisse mit dir teilt, Zeit für dich hat, dich versteht? »Wer Gott fürchtet, findet einen solchen Freund«, kannst du weiter lesen. Und noch etwas Wichtiges, wenn du an das denkst, was ganz zu Anfang darüber gesagt wurde: »Wer Gott fürchtet, dem wird auch seine Freundschaft gelingen.« M-Z

14. Juni

DIE ANDERN

Da stehen sie wieder und lachen. Sie lachen so, als ob sie sich freuten. Aber es scheint nur so. Sie stehen immer an derselben Ecke. Wenn ich mit Wolfgang vorbeigehe, gucken sie manchmal herüber. Sie lachen über Witze. Ich kenne ihre Witze.

Meine Mutter hat mich gefragt, ob ich die Mütter von den Jungen kenne. Da habe ich überlegt, wie es kommt, dass sie so über Mädchen und Jungen, über Väter und Mütter reden können.

Meine Mutter hat mit mir gesprochen. Ich glaube, sie wissen gar nicht richtig Bescheid, was das bedeutet, die Liebe zwischen einem Mann und einer Frau. Ich glaube, von dieser Liebe wissen sie nichts. Ich habe versucht, etwas davon zu sagen. Da haben sie schallend gelacht. Seitdem warten sie immer, bis ich weg bin.

Ich möchte auch gern bei den vielen sein. Wir sind immer nur zu zweit, Wolfgang und ich. Ich danke dir, Herr, für diesen Freund.

Herr, sie machen alles schlecht, was doch gut sein soll; sehr gut, hast du gesagt. Herr, ich danke dir, dass ich mich an dich halten kann. Bitte hilf mir, dass ich sie nicht verachte und dass ich sie nicht beneide. Mach mich bitte wieder froh und gib mir gute Ideen für meine Klassenkameraden, die dich nicht wollen, obwohl sie dich brauchen, so wie ich dich brauche. G-S

15. Juni

DIE RICHTIGE STRECKE

Wir saßen fröhlich in unserem Kleinbus und fuhren auf der Autobahn. Wir kamen prima voran, obwohl der Wagen voll gepfropft war. Plötzlich rief einer der Jungen: »Mensch, wir sind auf der falschen Autobahn! Die Richtung ist verkehrt!« Tatsächlich, da stand auf einem Schild: Münster 35 km. Und wir wollten doch nach Bielefeld! Also auf die nächste Ausfahrt achten und dann ab, denn auf der Autobahn kann man nicht wenden.

Jan entschied anders. Er hatte zu Hause keinen Ärger, und in der Schule klappt auch alles. Aber kürzlich zeigte ihm einer, dass sein Lebenskurs falsch ist. Jan hörte, dass er auf dem falschen Weg ist, der vom Ziel wegführt. Er merkte – wie wir auf der Autobahn –, dass die Fahrt kein gutes Ende nimmt, wenn er nicht umkehrt. Als ihm das klar wurde, sagte er zu mir: Irgendwann werde ich mich auch bekehren und Jesus nachfolgen; aber im Moment habe ich noch keine Lust. Schade – er weiß wohl nicht, wie das Leben mit Jesus ist! Außerdem: Stell dir vor, wir wären weitergefahren, weil es so viel Spaß machte und wir keine Lust hatten umzukehren! In Bielefeld erwartete uns ein Ausscheidungsspiel, und wir wären weiter nach Münster gefahren! Wäre das nicht Dummheit gewesen?!

»Auch jetzt noch«, spricht der Herr, »kehrt um zu mir mit eurem ganzen Herzen!« Er lässt es durch den Propheten Joel seinem Volk zurufen (Joel 2, Vers 12).

W-B

16. Juni

ABBIEGEN

Es gibt also nur eine Möglichkeit, um ans Ziel zu kommen: abbiegen, die nächste Ausfahrt benutzen und zurück. Man muss langsamer und vorsichtiger fahren, damit man die Ausfahrt nicht übersieht und die Kurve kriegt.

Abbiegen ist im Leben oft schwer und lästig. Es ist einfacher, mit dem Strom der Masse zu schwimmen. Und wehe, wenn sich einer mutig aus der Masse löst und sagt: »Hier mach ich nicht mehr mit.« Dann nennen die anderen ihn einen Feigling oder Spielverderber.

Da denke ich gerade an eine Geheimversammlung, von der die Bibel berichtet. Hinter verschlossenen Türen sitzen die Obersten der Juden und zerbrechen sich den Kopf, wie sie Jesus um die Ecke bringen können. Plötzlich steht einer von diesen Leuten, der sonst ein stiller Mann war, auf und sagt: »Was wir hier machen, ist verkehrt, hier mach ich nicht mehr mit!« – Es war Nikodemus. Der hatte verstanden: Wenn ich jetzt nicht abbiege, dann kann es für immer zu spät sein.

Jesus sagt einmal, dass der Weg breit und bequem ist, der ins Verderben führt, und dass viele Menschen diesen Weg gehen. Dann gibt es aber noch einen schmalen, mühsamen Weg, den nur wenige Menschen betreten. Aber dieser Weg hat den Gipfel alles Erreichbaren zum Ziel: Er endet bei Gott, der Herr über alles ist. Es stimmt: bequem ist dieser Weg nicht. Aber ich will ihn gehen.

W-B

17. Juni

HALT AN!

Wer von der Autobahn kommt, begegnet sehr bald diesem Stoppschild, und wer darauf nicht achtet, begibt sich in Lebensgefahr.

Gestern noch kam ich an einer Kreuzung vorbei, wo ein Autofahrer dieses Schild nicht beachtet hatte. Da gab es einen schrecklichen Zusammenstoß.

Hast du nicht manchmal das Gefühl, es würde dir ein Stopp zugerufen? Stand nicht irgendwer oder irgendwas wie ein Polizist mit erhobener Hand vor dir: Tu's nicht! Oder: Bleib stehen, um deinen Kurs zu überprüfen! Oder auch nur: Ich will mit dir reden, setze dich ein bisschen zu mir! Du brauchst wieder neuen Mut, neue Kraft, die will ich dir geben ... Wer ein solches Stoppschild öfter übersieht, wird mit Sicherheit Schaden haben, vielleicht gar einen Zusammenstoß erleben.

Florian hatte schon oft dieses Warnschild Gottes übersehen. Gott war – das wusste Florian – mit seinem Leben nicht zufrieden. Aber Florian wollte über sein Leben selbst bestimmen. Er lehnte Jesus als Herrn ab. Jesus suchte Florian. Aber Florian wich ihm aus. So war er immer auf der Flucht. Bis es eines Tages knallte. Beim Experimentieren explodierte eine Flasche Spiritus, und sofort standen Florians Hemd und seine Haare in Flammen. Seine Brandverletzung war lebensgefährlich.

Als ich ihn einige Wochen später besuchte, hatte er seine Bibel neben sich liegen. Er kehrte um. Kann Gott dich auch nur durch ein Unglück stoppen? W-B

18. Juni

NOTRUF

Kennst du dieses Schild? Viele fahren achtlos daran vorüber, weil sie damit nichts anfangen können. Aber wer Hilfe braucht, ist unendlich dankbar für diesen Hinweis.

Es war Winter. Acht Jungen hatte ich im Auto, und wir konnten zügig fahren, weil wenig Betrieb war und kaum Schnee lag. Hinter einer Brücke war die Straße vereist. Wir schleuderten mit 80 Sachen über die Bahn, knallten gegen die Leitplanke und überschlugen uns. Wie durch ein Wunder wurden fast alle aus dem Wagen geschleudert, und wir fanden uns zerstreut irgendwo im Gelände wieder. Aber zwei Jungen waren ernsthaft verletzt. Kannst du dir nun vorstellen, wie dankbar wir für dieses Hinweisschild waren? Wenige Minuten später war Hilfe da: der Krankenwagen und die Polizei.

Stell dir mal vor, ich hätte vor diesem Notruftelefon gestanden und mir gesagt: Das Ding klappt ja doch nicht! Oder: Ob am anderen Ende der Strippe überhaupt einer hört, was ich sage? Dann wäre keine Hilfe gekommen. Man muss eben Vertrauen zu diesem Apparat haben, den Hörer abnehmen und hineinsprechen. Genauso ist es mit dem Gebet. Gott sagt: »Rufe mich an in der Not, und ich will dich retten.« Aber viele sagen: Ob das wohl stimmt? Ob Gott mich überhaupt hört? – Versuch's doch einmal! Wenn du Hilfe brauchst, so benutze das Nottelefon, und dann erzähle dem andern, nämlich Jesus, deine Not und deinen Kummer. Du kannst dich darauf verlassen, die Hilfe kommt! W-B

19. Juni

DAS WARNKREUZ

Dieses Warnkreuz steht vor Bahnübergängen, die keine Schranke haben. Dort muss man besonders aufmerksam fahren. Eine Mopedbande hatte einen solchen Bahnübergang an einer einsamen Straße entdeckt und wollte nun ihren Mut beweisen. Sieger des Tages sollte der sein, der näher als die anderen vor dem ankommenden Zug über die Schienen fahren würde. Der Erste fuhr 50 Meter, der zweite 30 Meter, ein anderer nur 15 Meter vor dem Zug hinüber. Aber diese »Mutprobe« hatte ein entsetzliches Ende. Einer wurde vom Zug erfasst. Er blieb für sein ganzes Leben lang behindert.

Meinst du, dass du Mut hast? Zur Probe kann ich dir ja ein paar Testfragen stellen: Hast du dich geweigert, als sie dir Hasch anboten, und hast du andere davor gewarnt? Stellst du den Fernsehapparat ab, wenn du eine innere Warnung spürst? Stehst du Wehrlosen – etwa geistig Behinderten – bei, wenn sich Kinder über sie lustig machen? Wirst du das nächste Mal, wenn du in Gefahr stehst, dich durch eine Lüge herauszureden, auf das Warnschild achten? Auch dann, wenn dich die letzte Lüge vor Strafe geschützt hat? W-B

20. Juni

HALTEN VERBOTEN

Ein lästiges Schild, stimmt’s? Es steht oft gerade dort, wo etwas los ist und wo man so gern halten würde. Mit vielen Verboten Gottes ist es ähnlich. Manche verbieten gerade das, was wir gern tun möchten. Deshalb halten viele Gott für einen Spielverderber. Auch Dorothee dachte das, und deshalb sah sie absichtlich weg, als sie das Schild bemerkte. Ihre Banknachbarin Katharina war eine eifrige Horoskopleserin, sie glaubte tatsächlich an die Horoskope in der Zeitung! Sie pendelte, sie hatte ihrer Mutter abgeguckt, wie man Karten legt, und Dorothee, die genau wusste, dass Gott dies alles streng verboten hat – Dorothee ließ sich von Katharina erzählen, das sei alles harmlos. Dorothee konnte bald selbst pendeln, sie konnte bald auch Schlimmeres. Dann kam eines bösen Tages die Quittung. Dorothee konnte viele Jahre lang nicht mehr beten. Viele Jahre eines glücklichen Lebens waren verloren. Dorothee stand ganz unter der Herrschaft böser Mächte. Sie sehnte sich nach Freiheit. Sie wollte ganz neu anfangen. Dazu musste das Böse aus ihrem Herzen aber erst ausgetrieben werden. Als Dorothee frei war, fing ein neues Leben für sie an.

Gottes Gebote meinen es gut mit uns. Sie sind wie ein Zaun um ein tiefes Loch. W-B

21. Juni

VORFAHRT!

Endlich mal ein erfreuliches Schild! Wer auf dieser Straße fährt, hat Vorfahrt. Wer hier fährt, den müssen die anderen vorlassen.

Die Bibel redet viel von Straßen und Wegen. Sie vergleicht das Leben mit einem Weg, der zu einem Ziel führt.

Das Ziel der Kinder Gottes ist Gott, der Vater. Beim Vater wollen sie sein.

»Aber wie kommt man da hin?«, fragt Thomas den Herrn Jesus.

»Ich bin der Weg«, sagt Jesus. »Niemand kommt zum Vater als durch mich.« Durch sein Menschwerden, durch sein Lehren, durch sein Helfen, durch seine Liebe hat er den Vater verkündigt. Durch sein Leiden, sein Sterben, seine Auferstehung ist er zur großen »Vorfahrtsstraße« geworden. »Ich bin der Weg«, sagt er. »Komm her zu mir!«

Auf dieser Vorfahrtsstraße kommt man zum Ziel.

W-B

22. Juni

DIE VIER FREUNDE

Vier Männer stürzen ins Haus: »Jesus ist in der Stadt. Du musst ihn sehen!« Von dem Krankenbett in der Ecke hört man: »Wie denn, ich liege doch gelähmt im Bett!«

»Wir haben uns etwas überlegt«, sagen die Männer. Schon heben sie ihren lahmen Freund mit der Bettmatte hoch und tragen ihn aus dem Haus. Sie kommen an das Haus, in dem Jesus zu den Menschen spricht. So viele hören ihm zu, dass kein Platz mehr im Haus ist. Die Freunde überlegen. Sie wollen den Kranken unbedingt zu Jesus bringen. Sie steigen auf das Dach, decken einige Ziegel ab, ganz vorsichtig lassen sie die Matte mit ihrem kranken Freund hinunter. Die Leute, die nahe bei Jesus stehen, rücken beiseite. Nun liegt der Kranke vor Jesu Füßen.

Jesus freut sich über den Glauben der Männer. Er sieht den Kranken an: »Ich vergebe dir deine Sünden.«

Die Leute denken: »Nur Gott kann das sagen. Wer ist dieser Jesus?« Jesus kennt ihre Gedanken: »Ich habe Macht, Sünden zu vergeben.« Zu dem Kranken sagt er: »Steh auf, nimm dein Bett und geh nach Hause.«

Der Gelähmte tut das und dankt Gott. Die Zuschauer staunen (Markus 2, 1-12). E-K

23. Juni

JESUS WEISS DAS ZIEL

Kennst du das Spiel KOMM MIT? So wird es gespielt: Alle Kinder bilden einen Kreis. Ein Kind ist Läufer und rennt um den Kreis herum. Im Vorbeilaufen schlägt es einem anderen Kind auf die Schulter und ruft: Komm mit! Dieses Kind muss nun ganz schnell hinter dem Läufer herrennen. Holt es den Läufer ein, hat es gewonnen, und der Läufer muss dem Kind folgen. Holt das Kind den Läufer nicht ein, muss es weiterlaufen, bis der Vorläufer sich in eine Lücke des Kreises gestellt hat. Der linke Nachbar ist jetzt Vorläufer.

KOMM MIT! Das hat auch Jesus oft gesagt. Einmal gleich zu vier Männern, die er zu seinen Jüngern machen wollte. Wohin will Jesus die Männer führen, die nun mit ihm gehen? Kennt er das Ziel? An einem Tag spricht er mit seinen Jüngern darüber. Er spricht auch über den Weg, der dahin führt. »Das Ziel ist bei meinem Vater im Himmel. Dort sind viele Wohnungen. Ich gehe jetzt, um dort einen Platz für euch fertig zu machen. Dann komme ich zurück und hole euch.« Thomas möchte alles noch genauer wissen. Jesus erklärt es ihm. »Ich selbst bin der Weg. Tu, was du von mir gehört hast. Dann wirst du sehen: Ich führe dich.« Die Männer bei Jesus haben es gewagt, und Jesus führte sie ganz sicher – bis zum Ziel! (Johannes 14, 2) E-J

KEINER IST WIE DER ANDERE, UND ALLE GEHÖREN WIR ZUSAMMEN

Sicher hast du dich schon oft über deinen Bruder oder über deine Schwester geärgert. Du hattest gerade eine wunderschöne Burg aus Lego gebaut. Plötzlich nahm dein Bruder dir die Legosteine weg, die du unbedingt noch brauchtest. Er schrie: »Die gehören mir!« Er baute ein schönes Haus, und jetzt fehlten ihm gerade noch diese letzten Steinchen. Ja, und dann seid ihr beide schreiend zur Mutter gerannt. Stimmt das?

Nun, auch wenn ihr euch über den andern ärgert, ihr bleibt doch Geschwister, Kinder eurer Eltern. Da ist es gar nicht wichtig, ob der eine ein schöneres Haus gebaut hat als der andere oder ob du Recht hattest oder der andere. Wichtig ist, dass ihr eure Eltern liebt und wisst, dass sie euch lieben.

Die Christen sind wie eine große Familie. Menschen, die Jesus lieb haben, sind deine Geschwister in Gottes Familie. Alle sind Kinder des einen großen Vaters im Himmel. Manchmal haben sie eine andere Meinung als du, manchmal bauen sie andere Häuser als du und sagen etwas, was du nicht sagst – aber trotzdem bleibt ihr Kinder eures Vaters im Himmel. Und ihr könnt eurem Vater keine größere Freude machen als die, dass ihr euch liebt (Philipper 2, 2). H-H

25. Juni

»ALLE GUTEN GABEN …

… alles, was wir haben, kommt, o Gott, von dir. Dank sei dir dafür. Amen.«

Gerade haben wir fertig gebetet. Markus fragt: »Mami, was sind eigentlich ›gute Gaben‹?« Esther sagt: »Das Mittagessen, das wir jetzt haben.« – »Auch der Spinat?« Damaris sieht mich fragend an. »Ja, auch der Spinat. Gott hat ihn uns gegeben.« – »Also alles, was wir essen können, sind gute Gaben«, stellt Markus fest. »Für mich sind das Pommes frites und Bananen und Pfirsiche und Eis.« – »Das stimmt. Eine Gabe ist wie ein Geschenk. Auch die Sonne ist eine Gabe, weil die Blumen wachsen können und die Menschen sich freuen. Der Regen, weil der nötig ist, damit alles grünt und blüht. Und dass ihr Freunde habt, auch das ist ein Geschenk Gottes.« – »Und dass wir dich und Papi haben«, ergänzt Miriam. – »Wollen wir Jesus nicht einmal für alles danken?«, fragt die Mutter. – »Puh, das wird dann aber ein langes Gebet«, stöhnt Markus. – »Ja, das stimmt, aber jeder von euch kann jetzt einfach Jesus für das danken, was ihm am wichtigsten ist.«

Das kannst du auch tun. Und wenn du schon schreiben kannst, dann schreib doch mal alles auf. G-L

IN DER TÖPFERWERKSTATT: DER TÖPFER

Gott spricht auf manche Weise zu uns. Er warnt uns vor dem Bösen durch unser Gewissen. Er sagt uns durch einen Menschen, was wir tun sollen. Vor allem will Gott zu uns reden, wenn wir unsere Bibel aufschlagen. Wir wollen deshalb nie vergessen, ihn vorher zu bitten: »Mach du mich ganz still und nimm alle anderen Gedanken weg, damit ich deine Stimme hören kann!« Manchmal spricht Gott aber auch durch besondere Erlebnisse.

So ging es dem Propheten Jeremia, als Gott ihn in die Töpferwerkstatt gehen hieß. Lies dazu Jeremia Kapitel 18, Verse 1-6. Da sehen und hören wir, was Gott dem Propheten und dem Volk Israel, aber auch uns, zu sagen hat.

Siehst du den Töpfer vor dir? Eben hat er einen Klumpen Ton auf die Scheibe genommen. Er schaut nicht von seiner Arbeit auf. Seine Augen sind auf das Werk seiner Hände gerichtet. Er lässt sich durch nichts ablenken.

Zu diesem ersten Eindruck in der Töpferwerkstatt hat uns die Bibel etwas Wichtiges zu sagen. Wie der Töpfer ein Stück Ton in Arbeit hat, um ein schönes Gefäß daraus zu machen, so hat Gott uns in Arbeit – dich und mich –, um etwas Schönes, Wertvolles aus uns zu machen. Seine Augen ruhen auf dir, während seine Hände dich formen. Es liegt ihm viel daran, dass aus dir wird, was er sich gedacht hat. D-M-Ai

27. Juni

IN DER TÖPFERWERKSTATT: DER RECHTE TON

Heute wollen wir uns den Ton etwas näher anschauen. Was ist denn eigentlich Ton? Eine bestimmte Art von Erde, grau oder braun oder gelb, und – was das Wichtigste ist – so weich, dass man sie nach Belieben formen kann. Ton ist ein Material, das jedem Fingerdruck nachgibt und unter den Meisterhänden des Töpfers die beabsichtigte Form annimmt.

Was Gott in Jeremia 18, Vers 6, vom Volk Israel sagt, das gilt auch von dir und mir: »Siehe, wie der Ton ist in des Töpfers Hand, also seid auch ihr in meiner Hand!« An einem Klumpen Ton ist nichts Besonderes. Ton ist das billigste Material, das man sich denken kann. Ein wenig Ton für eine Blumenvase kostet nur einige Pfennige. Aber wenn der Ton in die Hand des Töpfers kommt, macht er etwas Brauchbares, Wertvolles und Schönes daraus. Der Mensch gleicht dem Ton. Gott sagt ihm: »Du bist aus Erde« (1. Mose 3, Vers 19).

Aber wenn du in Gottes Hände kommst, wenn diese Hände dich formen dürfen, dann wird aus dir etwas Gutes und Schönes und Wertvolles für Gott. Wenn der Töpfer ein Gefäß machen will, müssen seine Hände zuerst von innen her Raum schaffen. So will Gott, dass in deinem Herzen Raum sei für ihn und seine Liebe. Dazu müssen vielleicht allerlei eigene Wünsche und Pläne weg. Bist du einverstanden? D-M-Ai

28. Juni

IN DER TÖPFERWERKSTATT: DIE TÖPFERSCHEIBE

Nun wollen wir miteinander die Scheibe betrachten, die den Ton in kreisender Bewegung hält, während ihn die Hände des Töpfers bearbeiten. Genau wie er es haben will, dreht sie sich einmal langsamer, einmal schneller. Wenn der Ton seine endgültige Form angenommen hat, wird die Scheibe angehalten und das fertige Werkstück von ihr gelöst. Wäre der Ton lebendig, würde er sicher manchmal schreien: »Halt, halt! Nicht so schnell! Mir wird ganz schwindlig!« Oder er würde jammern: »Wie langweilig ist das, immerfort im Kreis herum bewegt zu werden! Immer dasselbe! Ich will auch mal was anderes erleben!« Aber nur auf der Scheibe kann der Ton das werden, was sich der Töpfer ausgedacht hat.

Gott muss dich und mich auch »auf die Scheibe« nehmen, wenn etwas aus uns werden soll. Das ist manchmal eine recht langweilige Sache: immerfort die gleichen Reibereien mit Geschwistern, das gleiche Nein des Vaters zu deinen Wünschen. Dann wieder wirbelt dich der Alltag herum wie die Scheibe den Ton, dass dir ganz schwindlig dabei wird. Aber vergiss nicht, die Scheibe dreht sich nur so schnell oder so langsam, wie dein himmlischer Meister es für gut hält.

D-M-Ai

29. Juni

IN DER TÖPFERWERKSTATT: DAS WASSER

Damit aus der Tonerde brauchbarer Ton wird, muss mit viel Wasser alles Raue, Harte, Körnige sorgfältig herausgeschwemmt werden. Ein einziges Sandkörnchen kann später beim Verarbeiten des Tons Risse und Sprünge verursachen. Auch zum Formen des Tons braucht der Töpfer viel Wasser. Es gibt dem Ton die nötige Geschmeidigkeit.

Weißt du, was du brauchst, um geschmeidig und formbar zu werden? Weißt du, was dich von den Fehlern befreit, die eines Tages Scherben verursachen könnten? Das Wort Gottes – immer wieder Wort Gottes! Wie das Wasser dich äußerlich sauber macht, so reinigt dich das Wort Gottes innerlich. Wie das Wasser den Ton brauchbar macht für den Töpfer, so macht dich Gottes Wort brauchbar für Gott.

Außer der Scheibe, dem Wasser und den Händen des Töpfers ist in der Werkstatt nicht viel zu sehen. Nur noch ein paar unscheinbare Werkzeuge liegen griffbereit da: ein Endchen Draht, ein Holzsplitter, eine Klammer, ein paar Nägel, ein Schaber. Damit zieht der Töpfer die schmückenden Linien auf seine Gefäße. So gebraucht Gott oft die kleinen Erlebnisse des Alltags, um dich »schön« zu machen. Denk daran: Der Spott eines Schulkameraden, ein ungerechter Tadel des Lehrers, ein unangenehmer Auftrag, ein kleiner Verzicht, der von dir erwartet wird – das sind Werkzeuge Gottes, mit denen er dich bearbeitet.

D-M-Ai

IN DER TÖPFERWERKSTATT: BRAUCHBARE GEFÄSSE ODER SCHERBEN?

Es kommt vor, dass unter der Hand des Töpfers ein Gefäß misslingt. Doch der Töpfer wirft sein Werk deshalb nicht gleich weg. Er versucht es zu retten. Er formt den Ton auf der Scheibe noch einmal neu.

Auch Gott gibt nicht gleich beim ersten Misslingen auf. Schickte Jesus den Judas weg, als er merkte, dass Judas ein Dieb war? Nein, er wollte ihm helfen, aufrichtig zu werden. Wandte der Heiland sich von Petrus ab, als der ihn verleugnete? Nein, er begegnete ihm nach seiner Auferstehung, vergab seinem Jünger, der sein Versagen bitter bereute, und vertraute ihm eine neue große Aufgabe an. Petrus ließ sich helfen. Judas nicht. Aus dem einen wurde noch ein brauchbares Gefäß. Bei dem anderen blieb nichts als ein Scherbenhaufen übrig. In Palästina gibt es aber im Haushalt auch für Scherben noch Verwendung. Ist das Feuer im Herd erloschen, schickt die Mutter schnell zur Nachbarin und lässt sie um ein wenig Glut bitten. Weil man Feuer nicht gut auf der Hand tragen kann, muss eine Scherbe helfen, das Feuer von einem Haus zum andern zu bringen. Du siehst, nicht einmal ein Scherbenhaufen muss das Letzte sein.

Hast du auch versagt? Dann gib Jesus deine Scherben in die Hand. Er hat für dich einen großen Auftrag: Du sollst das Feuer seiner Liebe weitertragen, damit es auch in anderen Herzen anfängt zu brennen. D-M-Ai

1. Juli

UND ES WURDE DOCH NOCH SCHÖN!

Am letzten Schultag redeten alle von ihren Ferienplänen. Mona schwärmte von Italien, Samuel freute sich auf die Jungscharfreizeit. Jörg wollte auf einem Bauernhof reiten lernen. Philipp würde mit den Eltern nur an die See reisen, die ja ganz nah ist. Er meinte in den Augen der andern zu lesen: Da ist doch nichts los. Langweilig! Papa hat sowieso nie Zeit, dachte Philipp. Aber dann kam alles ganz anders. Es fing damit an, dass der Papa beim nächsten Einkauf eine Ausrüstung kaufte: Taucherbrille, Gummistiefel, Schaufel. Philipp war dann so schlau, die ersten Tage an der See einmal abzuwarten. Da schlief Papa meistens. Aber dann stand er plötzlich neben Philipp, als der vor der ankommenden Flut seinen Graben um die Sandburg tiefer aushob. Die Leute standen um sie herum und beobachteten, wie sie mit den Wellen um die Wette arbeiteten.

So ging es fast alle Tage. An »ihrem« Strand war immer etwas los. Im Stillen schämte sich Philipp, dass er anfangs so brummig gewesen war. Abends im Bett dankte er Gott für die schönen Ferien und – zum ersten Mal in seinem Leben – für seinen Vater.

Gibt es Menschen, für die du danken könntest, weil sie dir viel Zeit schenken? Auch wenn es nicht dein Vater ist? Außerdem: Könntest du jemand sein, der – vielleicht für ein Kind, das einsam ist, oder für eine einsame Oma – etwas Zeit übrig hat? E-D

2. Juli

FREUNDE IM FREMDEN LAND

Mark sollte mit seinem Bruder nach Frankreich fahren. Björn sollte seine Sprachkenntnisse verbessern und deshalb in einem Kinderlager mithelfen. Die Eltern hatten gemeint, das täte auch Marks Französisch gut. Dort war er mit fünf Jungen zusammen. Die Franzosen redeten so schnell, dass Mark anfangs kaum etwas verstand. Da musste die Zeichensprache helfen. »Merci« verstand er, als er seine Schokolade mit ihnen geteilt hatte. Manchmal lachten sie, wenn er etwas so komisch aussprach. Am ersten Tag war er darüber wütend. Aber dann bat er: »Sagt es mir richtig«, und heimlich betete er: »Hilf mir, ein guter Freund zu sein.« Bald hatte er fünf Lehrer gleichzeitig. Und alle wollten auch Deutsch lernen. Das war genau so lustig. Ausgerechnet Dani, das Nesthäkchen, schlief oben im Bett. Mark half ihm einmal, sein Bett zu machen, und als Dani sich freute, tat er es regelmäßig. Betten macht man ja überall gleich. Dann kam die Überraschung für Mark. Jedes Zimmer sollte für eine Lagerolympiade einen Vertreter vorschlagen, der mit planen durfte. Mark war erstaunt, als »sein« Zimmer einstimmig ihn wählte. Als er sie abends im Bett fragte: »Warum habt ihr das getan?«, kamen im Dunkel verschiedene Antworten: »Du spielst fair«, »bist nicht überheblich«, »bist ein guter Kumpel«. Mark zitterte ein bisschen – diesmal vor Freude. Sein Gebet war erhört worden. E-D

3. Juli

EINE FERIENENTDECKUNG

Jörn muss sich besinnen. Warum hat die Mutter ihn nicht geweckt? Dann dämmert es ihm: Ferien! Seine Gedanken gehen auf die Reise. Wo mag Simon sein? Er wollte mit seinen Eltern nach Norwegen fahren. David durfte zu seinem Onkel, der auf einem Kanal einen Schlepper steuert. Christian ist auch weg. Beim Frühstück ist Jörn in mieser Stimmung. Er merkt gar nicht, dass seine Mutter frische Brötchen und seine Lieblingsmarmelade geholt hat. Als hätte die Mutter seine Gedanken erraten, schlägt sie vor: »Wie wäre es, wenn du mal auf Entdeckung gingst?« – »Kannst du mir auch sagen, wo?« – »Nun, zum Beispiel in der leeren Stadt. Du wirst staunen!« – Jörn ist nicht begeistert, aber in Gedanken ist er schon beim Stadtplan. Kurz danach startet er. Nirgendwo das übliche Gedränge. In Ruhe kann er die Schaufenster ansehen. Im Kaufhaus holt er sich etwas zum Basteln. Der Verkäufer hat sogar Zeit für ein Gespräch. An der Ampel fällt ihm auf, wie mühsam es für alte Leute ist, rechtzeitig bei Grün auf die andere Seite zu gelangen. Fast hätte er einer alten Frau die Tasche getragen. Er traut sich aber nicht. Am Stadtpark sitzen viele alte Menschen auf den Bänken. Oft ganz allein. Ob sie niemanden haben, der zu ihnen gehört? Jörn denkt an seine Großeltern, die bald kommen werden. Er macht Pläne, was er ihnen zeigen könnte. Jörn muss das alles mit seiner Mutter besprechen. Er hat die Menschen mit neuen Augen sehen gelernt.

E-D

BIBELLESEN IN DEN FERIEN

Andrea hatte mit ihrer Freundin Svenja die ersten zwei Ferienwochen in einer Freizeit verbracht. Sie hatten sich vorgenommen, in den restlichen Ferien noch gemeinsam zu basteln und wie in der Freizeit einen Abschnitt aus der Bibel nach einem Plan mit Erklärungen zu lesen. Andrea wollte es auch allein weiter tun. In den ersten Tagen klappte es auch. Sie war ja sowieso mit ihren Gedanken noch halb in der Freizeit. Dann kam Besuch, ein Tagesausflug, der Abschied, und Andrea staunte, dass sie mit dem Bibelleseplan vier Tage zurück war. In der Freizeit war ihnen das mit einem Bild erklärt worden: Da war eine Uhr, und rund um die Uhr stand, was zu einem Tag gehört: Aufstehen, Frühstücken, Schule, Mittagessen usw. Da war nichts für Bibellesen eingeplant. Überdies schienen Erwachsene noch weniger Zeit für so etwas zu finden. Andrea überlegte: Sie musste es einfach selbst einplanen. Aber wann? Jetzt in den Ferien ging es morgens am besten, probeweise wollte sie es auch einmal abends tun. Das wäre dann gut für die Schulzeit. Da ging es morgens oft hektisch zu. Außerdem durfte sie ja abends ohnehin noch ein wenig lesen. Es galt dann, rechtzeitig bei der spannenden Geschichte zu stoppen. Aber dazu war sie bereit. Und das war gut, denn von da an erlebte sie viel Freude beim Bibellesen, abends oder auch zu einer anderen Zeit.

E-D

5. Juli

MIT JESUS SPRECHEN – ABER WIE?

»War das heute ein toller Tag! Eine Sandburg haben wir gebaut und Muscheln gesammelt und ... und ...« Friedemann und Birthe reden laut durcheinander, während sie vor der Tür die Schuhe ausziehen. Sie wohnen nämlich in Japan, und da tut man das. Heute waren sie mit der Schule am Meer. Vater und Mutter haben nicht genug Ohren, um alles auf einmal zu hören.

Vor dem Abendgebet sagt ihnen der Vater noch etwas sehr Wichtiges: »Jesus freut sich mit, wenn ihr froh seid. Für alles dürft ihr jeden Tag ›Danke, Jesus‹ sagen. Auch das, was nicht gut und schön war, möchte er wissen. Manchmal lässt Jesus auch Trauriges zu.«

»Das stimmt«, sagt Friedemann. »Letzte Woche bekam ich doch wieder Asthma. Dann krieg ich immer so'ne Angst. Aber da hab' ich einfach zu Jesus gesprochen. Und auf einmal war die Angst weg.«

»Vati«, ruft Birthe dazwischen, »versteht Jesus eigentlich besser Deutsch oder Japanisch?«

»Jesus versteht alle Sprachen. Am besten versteht er, wenn man von ganzem Herzen zu ihm spricht« (Epheser 5, 20). D-H

JESUS HÖRT GEBET

Friedemann und Birthe wohnen in Japan. Heute erzählt ihnen der Vater eine Taifungeschichte.

»Damals hatten wir ein großes Zelt in einer kleinen Stadt aufgestellt. Wir wollten den Leuten von Jesus erzählen. Aber dann kam ein starker Taifun. Es goss vom Himmel. Hui, wie furchtbar der Wind schon pfiff! Es war mitten in der Nacht. Immer näher kam der Sturm. Unser Zelt würde bestimmt in Stücke gerissen werden und wegfliegen. Dann würden die Japaner sagen: ›Seht, der Gott der Missionare ist nichts wert; er hilft nicht mal seinen eigenen Leuten!‹ Wir haben die ganze Nacht gebetet. Wir wussten: Jesus hört uns. Auch wenn der Wind noch so laut pfeift und heult! Was war denn das? Plötzlich wird der Wind leiser. Auf einmal hört er ganz auf zu blasen! Was war geschehen? Ganz plötzlich hat der Taifun kurz vor unserer Stadt halt gemacht. ›Jetzt rast er in Richtung Meer‹, sagte der Ansager im Radio. Die Gefahr war vorüber. Das Zelt stand noch. Das hatte Jesus getan! Er ist der Herr! Wir dankten ihm. Und dann kamen viele Kinder und große Leute ins Zelt. ›Jesus lebt! Jesus ist stark‹, sagten wir ihnen. Einige glaubten und wurden glücklich« (Lukas 8, 22-25).

D-H

7. Juli

ICH KENNE IHN NICHT!

Peter und seine Schulkameraden saßen auf einer Mauer an der Hauptstraße und erzählten sich einige Neuigkeiten. Zwischendurch warfen sie mit kleinen Steinchen nach den Mädchen der 4. Klasse, die gerade von der Schule nach Hause gingen. »Schaut, dort kommt Bini, die fromme Gans. Die wollen wir mal ›steinigen‹.« Erst kürzlich hatten sie ja im Religionsunterricht die Geschichte von der Steinigung des Stephanus gehört. Bini sollte nun herhalten. Sonst war sie ja ein nettes Mädchen. Nur dass sie immer wieder zur Jungschar einlud! »Los, Peter, Helmut und Rolf, gebt Feuer!«, rief Maik. »Wir steinigen sie!« Und schon hagelte es Steinchen und spöttische Bemerkungen. Als Bini Peter sah, blieb sie einen Augenblick stehen. Peter rührte sich nicht. Verwirrt rief sie: »Kommst du heute Nachmittag?« Es war ja Dienstag, um vier Uhr war Jungschar. »Dumme Gans«, antwortete Peter, »ich geh schon lange nicht mehr in diesen Kindergarten.« Bini war weitergesprungen. Die Steine erreichten sie längst nicht mehr. Peter aber hatte es plötzlich eilig. »Ich muss nach Hause«, sagte er halblaut zu seinen Freunden. Ihm war die Geschichte von seinem Namensvetter eingefallen. Du kannst sie nachlesen in Lukas 22, Verse 54-62.

D-T

ERLEBNISSE AUF DEM SEE

»Hau-Ruck! Hau-Ruck! Los Männer, so greift doch an, helft mir doch ziehen! Allein schaffe ich das niemals!« Jakobus ist ganz aufgeregt. Das haben sie noch nie erlebt, dass die Netze so voller Fische waren. Und er kann gar nicht verstehen, warum Petrus, ihr Chef, so untätig, fast versteinert im Boot steht. Ob er wohl müde ist? In der vergangenen Nacht hatten sie unermüdlich das Netz ausgeworfen. Doch kein einziger Fisch war hängen geblieben. Nur ein paar Holzstücke und etwas Seegras. Als der Morgen dämmerte, sind Menschen zum See gekommen, viele Menschen. Auch Jesus kam. Ausgerechnet an diesem Morgen! Und dann überstürzten sich die Ereignisse. Jesus rief Petrus zu sich. »Fahr mich bitte etwas vom Ufer weg!« Vom Boot aus redete Jesus zu den Menschen. Was er gesagt hat, willst du wissen? Lies es im 5. Kapitel des Lukas-Evangeliums nach! Petrus saß still im Boot und hörte zu. Da sprach ihn Jesus an. »Petrus, rudere jetzt hinaus und wirf das Netz aus!« In Petrus kämpfte es. Jetzt hinausfahren? Das ist sinnlos! Nachts gehen die Fische ins Netz – wenn überhaupt! Aber er gehorcht. Und dann – er kann es einfach nicht verstehen: Plötzlich war das Netz gerüttelt voll mit großen und mit kleinen Fischen. Das zwingt ihn auf die Knie. Er staunt. Jesus ist der Sohn Gottes! Und: Er ist bei mir!

Lukas 5, Verse 1-11 D-T

9. Juli

EIN VOLK GELOBT TREUE

Mose hatte das Volk Israel aus Ägypten geführt, wo es Israel schlecht ergangen war; und als Mose starb, wurde Josua sein Nachfolger. Er brachte das Volk in das Land, das Gott ihm verheißen hatte. Aber das Land war noch von feindlichen Stämmen bewohnt, die sich heftig gegen die neuen Einwanderer wehrten. Gott ließ seinem Volk immer wieder sagen: »Fürchte dich nicht, ich helfe dir.« Und so wurde nach und nach das Land erobert, und Josua verteilte es unter die zwölf Stämme des Volkes Israel. Er gab ihnen eine Regierung und hielt sie an, Gott zu dienen und ihn zu ehren. Eines Tages rief Josua die Obersten des Volkes zu sich und sagte: »Ihr habt alles gesehen, was der Herr, euer Gott, für euch getan hat. Er hat selber für euch gestritten, und es ist alles wahr geworden, was Gott euch verheißen hat. Nun achtet ernstlich darauf, dass ihr den Herrn, euren Gott, lieb habt und keine fremden Götter anbetet. Denn wenn ihr anderen Göttern dient und sie anbetet, so wird der Zorn Gottes über euch kommen und ihr werdet bald ausgerottet sein aus dem guten Land, das er euch gegeben hat.« Danach fragte Josua das ganze Volk: »Wem wollt ihr dienen, dem Herrn oder fremden Göttern?« Das ganze Volk rief: »Wir wollen dem Herrn, unserem Gott, dienen und seiner Stimme gehorchen.« Da stellte Josua einen großen Stein auf und sagte: »Seht, dieser Stein soll Zeuge sein von dem, was ihr heute gelobt habt.« Danach starb Josua. H-L

10. Juli

EIN VOLK BRICHT SEIN GELÜBDE

Die Israeliten kämpften gegen die Kanaaniter, die noch einen Teil des Landes bewohnten und besiegten sie. Aber anstatt sie auszuweisen, wie Gott es befohlen hatte, ließen sie die Kanaaniter wohnen und machten sie zu Knechten; ihre Götzen und deren Altäre behielten sie auch. Da ließ Gott seinem Volk Israel sagen: »Warum habt ihr das getan? Nun werde ich euch nicht mehr helfen vor euren Feinden, die rings um euch wohnen.« Als die Israeliten das hörten, weinten sie und gelobten aufs Neue: »Herr, wir wollen dir dienen.« Da half ihnen Gott wieder aus der Hand der Feinde. Aber die Kanaaniter und ihre Götter wiesen sie auch jetzt nicht aus dem Land, und es kam, wie Gott es vorausgesehen hatte: Israel betete den Gott der Kanaaniter, Baal, und andere Götter an. Da sagte Gott: »Wie kann ich meinem Volk weiterhin helfen, wenn es bei fremden Göttern Hilfe sucht?« So fielen feindliche Stämme ins Land ein; die raubten und zerstörten die Ernte auf den Feldern. In Israel wurden Angst und Hunger groß. Die Menschen hielten sich in Höhlen und Schluchten versteckt. Da endlich besann sich das Volk wieder auf seinen Gott und schrie ihn um Hilfe an. Doch statt der Hilfe schickte Gott seinem ungehorsamen Volk zunächst einen Propheten. Das Volk musste erkennen, wie sehr es sich gegen Gott versündigt hatte, und es musste bereuen. Eher konnte Gott ihm nicht helfen.

H-L

11. Juli

GIDEON BEKOMMT BESUCH

Gott ließ dem Volk Israel durch einen Propheten sagen: »Ich habe euch aus Ägypten geführt und alle fremden Götter vor euch her vertrieben und euch in ein gutes Land geführt und euch befohlen, die fremden Götter nicht anzubeten. Aber ihr habt nicht gehorcht.« Doch Gott hatte schon einen Mann dazu ausersehen, der das Volk aus der Hand der Feinde befreien sollte. Er wollte es aber nicht nur äußerlich befreien, sondern auch innerlich von seiner Gebundenheit an die fremden Götter. Darum redete er streng mit seinem Volk und zeigte ihm seinen Ungehorsam und seine große Schuld.

Der Mann, den Gott zur Rettung Israels auserwählt hatte, hieß Gideon. Eines Tages war Gideon dabei, an einem verborgenen Ort Weizen zu dreschen. Denn wegen der Feinde, die im Land waren, musste das heimlich geschehen. Da sah Gideon plötzlich unter einem Baum einen Mann sitzen. Der sagte zu Gideon: »Der Herr sei mit dir, du streitbarer Held.« – »Mein Herr«, erwiderte Gideon, »wenn Gott mit uns ist, warum hat uns all dieses getroffen? Wo sind all die Wundertaten, von denen unsere Väter erzählt haben? Gott hat uns verlassen und in die Hände der Feinde gegeben.« So sprach Gideon. Dachte er gar nicht darüber nach, dass es doch alles eigene Schuld war? Dass Gott oft genug sein Volk gewarnt hatte, dass er ihm nicht mehr helfen würde, wenn es fremde Stämme bei sich wohnen ließ und deren Götter anbetete?

H-L

GIDEON ERFÄHRT SEINE BERUFUNG

Nicht Gott hatte Israel verlassen, sondern Israel hatte Gott verlassen! Gott wollte Israel retten – durch Gideon. Zu ihm sprach der Fremde, der Gideon beim Dreschen überrascht hatte: »Du wirst Israel retten aus der Hand der Midianiter. Ich sende dich.« – »Mich?«, rief Gideon. »Womit soll ich Israel erlösen? Meine Verwandtschaft ist klein und ich bin der Unbedeutendste unter ihnen.« Der Fremde sagte: »Ich will mit dir sein, so dass du die Midianiter besiegen wirst.« Gideon erschrak. Sollte Gott es sein, der durch den fremden Mann zu ihm sprach? »Herr«, sagte er, »wenn ich in deinen Augen Gnade gefunden habe, dann gib mir ein Zeichen, dass du es bist, der mit mir redet. Geh doch nicht fort von hier, bis ich wiederkomme. Ich will eine Gabe holen und vor dir niederlegen.« Gideon holte Brot, Fleisch und Fleischbrühe. Der Mann sagte: »Nimm das Fleisch und die Brote und leg sie auf den Felsen da und gieß die Brühe darüber aus.« Gideon tat es. Da berührte der Mann mit einem Stab das Brot und das Fleisch; da sprang Feuer aus dem Felsen und verzehrte Brot und Fleisch, gleichzeitig verschwand der Mann. Da merkte Gideon, dass es ein Engel gewesen war, und fürchtete sich. »Herr, Herr, hab ich den Engel Gottes von Angesicht geschaut?« rief er. Die Stimme Gottes antwortete ihm: »Fürchte dich nicht, du sollst nicht sterben.« Da war Gideon bereit zu tun, was Gott ihm befahl.

H-L

13. Juli

WER HAT DAS GETAN?

In der Nacht, nachdem der Engel Gottes dagewesen war, hörte Gideon die Stimme Gottes: »Gideon, zerstöre den Altar Baals, der deinem Vater gehört, und hau den heiligen Pfahl daneben um. Dann bau oben auf dieser steilen Höhe einen Altar für mich. Nimm ein Mastkalb aus deines Vaters Stall und verbrenne es als Brandopfer mit dem Holz des heiligen Pfahls.« Gott wollte seinem Volk helfen; das konnte nur geschehen, wenn die fremden Götter und Altäre vernichtet waren. Das Volk musste erkennen: Wir haben tote Götter angebetet. Gideon zerstörte den Altar Baals. Er tat es in der Nacht, denn er fürchtete, am Tag würden ihn die Leute hindern, ja vielleicht sogar töten. Als die Leute nun am Morgen aufstanden und zu dem Altar Baals hinsahen, war er nicht mehr da, und der heilige Pfahl war auch nicht mehr da. Die Aufregung war groß, und jeder fragte: »Wer hat das getan?« Da kam man dahinter, dass es Gideon getan hatte. Die Leute liefen zu Gideons Vater und schrien: »Gib deinen Sohn heraus, er muss sterben!« – »Oh«, sagte Gideons Vater, »warum wollt ihr Baal helfen? Ist er ein Gott, dann mag er sich selbst helfen. Lasst ihn sich an meinem Sohn Gideon rächen!« Das war ein guter Rat. Ja, mochte Baal sich doch selbst rächen! Aber Baal blieb stumm. Baal war ein toter Gott aus Stein und Holz. Aber Gott war ein lebendiger Gott. Auf der Höhe stand sein Altar. Gott wohnte wieder unter seinem Volk. H-L

14. Juli

GIDEON BRAUCHT GEWISSHEIT

Eines Tages hörte Gideon, dass sich eine große Zahl feindlicher Stämme versammelt hatte, um gegen Israel zu kämpfen. Nun war der Augenblick gekommen, von dem der Engel Gottes gesprochen hatte. Gideon rief zum Kampf auf, zuerst die Verwandtschaft, dann den ganzen Stamm, dann die benachbarten Stämme. Sie kamen alle. Als Gideon die vielen Menschen sah, wurde ihm plötzlich das Herz schwer. Er musste mit Gott reden. »Herr«, sagte er, »wenn du wirklich Israel durch meine Hand retten willst, wie du gesagt hast, so gib mir ein Zeichen. Sieh, ich lege geschorene Wolle auf diesen Boden. Wenn Tau auf die Wolle fällt und der Boden trocken bleibt, dann weiß ich, dass du Israel durch meine Hand retten willst, wie du gesagt hast.« Früh am Morgen war die Wolle durchtränkt mit Tau, aber der Boden ringsum trocken. Noch einmal wandte sich Gideon an Gott. »Ach Herr«, betete er, »zürne nicht mit mir, erlaube mir, dass ich ein letztes Mal die Probe mache. Nur die geschorene Wolle soll trocken sein, und Tau soll auf dem ganzen Boden ringsum liegen.« Gott erhörte Gideons Gebet, denn er wusste, dass Gideon eine große Stärkung für den Kampf brauchte. Nun hatte Gideon die feste Gewissheit, dass Gott mit ihm war. Noch am gleichen Morgen machte er sich auf und zog dem Feind entgegen. H-L

15. Juli

DEN WILLEN GOTTES ERKENNEN – WIE MACHT MAN DAS?

Gideon hatte niemanden, den er fragen konnte: Irre ich mich auch nicht? Er hatte auch keine Bibel, in der er sich Rat holen konnte.

Wie erkenne ich nur in einer gewissen Sache Gottes Willen? Zu allererst werde ich beten: »Herr, zeige mir deinen Willen.« Dann muss ich aber auch zugleich bereit sein, Gottes Willen wirklich zu tun, egal, ob mir das gefällt oder nicht. Ich spreche mit Eltern und Freunden darüber, die auch Gottes Willen tun wollen. Ich werde aufpassen, was in meiner täglichen Andacht oder Bibellese gesagt wird. Manchmal werde ich warten müssen. Auch das Warten hat seinen Zweck. Ich lerne, auf vieles zu achten, bewusst die Bibel zu lesen und mein Handeln zu prüfen. Gibt es aber eine Sache, in der ich mich sofort entscheiden muss, dann kann ich beten: »Herr Jesus, ich weiß nicht, was dein Wille ist. Nun sieh, ich entscheide mich nach dieser Richtung hin. Wenn das falsch ist, dann kannst du das verhindern und mir etwas in den Weg legen. Aber wenn es richtig ist, dann segne die Entscheidung und lass mich jetzt oder später wissen, dass es so richtig war.«

Glaubst du, Gott lässt dich etwas ganz Verkehrtes tun, wenn du so betest und es ernst meinst? Bestimmt nicht.

H-L

DIE BIBEL SPRICHT IN BILDERN

Ein Junge fragte mich einmal: »Warum kann Gott einem die Hand geben, wenn er gar kein Mensch ist?« Wir haben dann darüber gesprochen und gemerkt, dass wir einiges ohne die Bildersprache überhaupt nicht und anderes durch Bilder einfach viel besser verstehen. In einem Psalm betet einer: »Von allen Seiten umgibst du mich und hältst deine Hand über mir« (Psalm 139, Vers 5). Er will damit sagen, dass er sich bei Gott geborgen weiß. Das Bild von der Hand erinnert uns dabei an Schutz und Hilfe. Man sieht in Gedanken etwa eine Hand, die ein kleines Vögelchen beschützt. König Salomo hat es besonders gut verstanden in Bildern zu erzählen. So beschreibt er das Altwerden mit Vergleichen. Ich nenne dir einige. Du wirst sie gewiss verstehen, und ich denke, dass es dir Freude macht, die Stelle aus Prediger 12, Vers 3 selbst zu übertragen. Hände sind »Hüter des Hauses«, Augen sind, »die durch die Fenster sehen«, Zähne sind »die Müller«. So, und nun versuche es einmal selbst mit der Übersetzung. »Zur Zeit, wenn die Hüter im Hause zittern und sich krümmen die Starken, und müßig stehen die Müller, weil ihrer so wenig geworden sind, und finster werden, die durch die Fenster sehen ...« Das ist die Zeit des Altseins. Bis dahin sollte der Mensch es gelernt haben, auf Gott zu hören. Darum ist es gut, schon ganz früh an Gott zu denken und ihm zu vertrauen. E-D

17. Juli

ALTTESTAMENTLICHE BILDER

Im Orient, wo ja die Bibel geschrieben wurde, reden die Leute mehr in Bildern als bei uns. So werden auch im Alten Testament viele Bilder gebraucht, die einen ganz bestimmten Sinn haben und darum Sinnbilder genannt werden: Beim Hören redet man vom Ohr. Wenn es um Fühlen oder Verstehen geht, vom Herzen. Wenn Hiob sagt, als er verzweifelt ist: »Meine Gebeine sind verdorrt vor Hitze«, dann meint er: Ich lechzte nach Trost, nach Hilfe. Von der Wüstenwanderung stammt das Bild in Psalm 121: »Er wird deinen Fuß nicht gleiten lassen, und der dich behütet, schläft nicht.« Das heißt: Gott wird dich bewahren. Als Noah für alle Tiere sorgen soll, sagt Gott: »In eure Hände seien sie gegeben.« Pharao schenkte Josef viel Vertrauen und Macht, indem er alles »unter seine Hände tat«. Man könnte einfach sagen: der Bauer muss arbeiten. Die Sprache der Bibel ist viel anschaulicher: »Er muss denken, wie er ackern soll, und muss spät und früh den Kühen Futter geben.« Da sieht man alles so richtig vor sich. Gott will uns mit diesen Bildern helfen, dass wir sein Wort besser verstehen. Ein solches Bild ist auch der Regenbogen. Wie eine Brücke steht er über der Erde. Gott sagt uns damit: Ich habe einen Bund mit euch Menschen gemacht (1. Mose 9, 12-17). Gott hält zu uns. Ob du daran denkst, wenn du wieder einmal einen Regenbogen siehst?

E-D

18. Juli

EIN NEUTESTAMENTLICHES GLEICHNIS

Ein reicher Mann plant ein Fest und lädt viele dazu ein. Als alles vorbereitet ist, schickt er seine Diener aus, um den Gästen Bescheid zu sagen. Doch was muss er erleben? Alle Geladenen haben eine Entschuldigung, keiner kommt. Ärgerlich lässt der Gastgeber nun viele andere einladen. Und weil er immer noch leere Plätze sieht, lässt er nochmals einladen. Und sie kommen: die armseligsten Gestalten aus den entferntesten Winkeln. Sie lassen sich das Fest nicht entgehen. Da ist der Mann so recht zufrieden, und miteinander feiern sie das Freudenfest.

Es wird dir gewiss nicht schwer fallen, zu erkennen, was Jesus sagen will: Gott meint es gut mit uns und hat vieles für uns bereit: Vergebung, Freude und Gemeinschaft mit ihm, die nie aufhören wird. Du kennst auch die Boten, die dazu einladen: Missionare, Pfarrer, Prediger, alle, die von Jesus erzählen. Leider gibt es Menschen, die Ausreden haben. Für sie heißt es: Zu spät! Aber da sind auch die vielen, die sich rufen lassen und kommen, gerade so, wie sie sind. Denkst du, es sei bei Kindern anders? Sie sagen zwar meistens nicht glatt Nein zu einem Leben mit Gott und Jesus. Ihre Ausreden haben oft die Überschrift: *Noch nicht!* Einige fühlen sich zu jung, andere wagen es nicht, weil der Freund nicht mitmacht. Andere schieben es auf.

Noch nicht kann zum Nein werden. Hab den Mut zu einem: *Ja, jetzt!*

E-D

19. Juli

LAUF, NOCH IST ZEIT!

In der dürren Steppe brach eines Tages ein Feuer aus. Die Vögel erspähten es zuerst in weiter Ferne und warnten die anderen Tiere. Im Nu stand alles in Flammen. Es gab nur einen Ort, an dem die Tiere sicher waren. Das war der große Felsen, dem das Feuer nichts anhaben konnte. Die Tiere rannten um ihr Leben. Toto, der kleine Affe, war in großer Sorge um seinen Vetter Sticki, der völlig gleichgültig blieb. Er hatte in einem Baum wilden Honig entdeckt, den er genießerisch schleckte. Als er beim herannahenden Feuer immer noch nicht vom Baum herunter auf dem Weg der Rettung war, hielt Toto es nicht mehr aus. Die Giraffe bot ihre Hilfe an. Toto klammerte sich an ihren Hals, und noch einmal rasten sie zu Sticki, um ihn zur Vernunft zu bringen. Toto flehte ihn an – vergeblich. Sticki sah nichts als seinen Honig. Wütend beschimpfte er die beiden. Er blieb. Kein Wunder, dass niemand mehr ein Lebenszeichen von ihm bekam.

Das ist eine Fabel von Paul White. Hast du entdeckt, was diese Fabel uns sagen will? Der Felsen, der unsere Rettung bedeutet, ist Jesus Christus. Alle sind gerufen, zu ihm zu kommen. Viele sind unterwegs auf dem Weg zur Rettung. Es ist nicht nur schade, sondern gefährlich, den Ruf zu verachten. Eine Liedstrophe sagt: »Herr, deinen Ruf verachten, das wäre unser Tod. Drum gib, dass wir beachten dein großes Angebot.«

E-D

AM ANFANG SCHUF GOTT DEN HIMMEL UND DIE ERDE (1. Mose 1, 1)

Es ist schon eine spannende Angelegenheit, wenn wir einmal nachlesen, wie die Erde entstanden ist, und wenn wir Bilder über die Entwicklung der Pflanzen, Tiere und Menschen sehen. Alles war einmal anders: die Erde ein glutflüssiger Ball, dann, Millionen Jahre später bildeten sich Meere und Kontinente, und auch sie hatten andere Formen und Ausdehnungen, als wir sie heute kennen. Viele Pflanzen und Tiere, die damals lebten, sind uns heute unbekannt, und bei den Nachbildungen von Menschenköpfen, die Tausende von Jahren alt sind, fragen wir uns: Sahen die Menschen früher wirklich so aus? Schon immer haben Menschen darüber nachgedacht, wie die Erde und das Leben auf ihr entstanden sind. Doch noch niemand konnte naturwissenschaftlich nachweisen: So oder so ist es gewesen! Die einen glauben, alles sei durch Zufall entstanden. Irgendwann habe es einmal eine große Explosion im Weltall gegeben, durch die die Erde, unser Sonnensystem, die Milchstraße und die unzählbaren Sterne entstanden. Durch Zufall seien auch die Pflanzen, Tiere und schließlich der Mensch geworden.

Andere sagen: Das kann nicht alles durch einen Zufall entstanden sein. Und je genauer man hinsieht, die Natur und ihre Gesetze erforscht, desto mehr entdeckt man wunderbare Zusammenhänge, die auf einen Schöpfer hinweisen, der dies alles weise gestaltet hat. Die Bibel sagt uns, dass Gott den Himmel und die Erde gemacht hat.

E-St

21. Juli

NUN SPRACH GOTT: LASST UNS MENSCHEN MACHEN NACH UNSEREM BILDE, UNS ÄHNLICH (1. Mose 1, 26)

Gott ist der Schöpfer der Welt und all dessen, was in ihr ist. Das war die erste Erkenntnis, die wir dem biblischen Schöpfungsbericht entnehmen konnten. Das zweite, was wir bedenken wollen, ist, dass Gott sich ein Gegenüber schuf, das ihm ähnlich ist: den Menschen. Die großartige Sternenwelt, die Erde mit ihrer Pflanzenpracht und dem Tierreichtum genügten Gott nicht. Er brauchte jemanden, der ihn als den Schöpfer erkennen konnte, der ihn anbeten und ihm dienen würde. Dazu gab er dem Menschen Gaben und Fähigkeiten, die kein anderes Geschöpf erhielt. Gleichzeitig beauftragte er den Menschen, die Schöpfung zu »verwalten«. Er sollte über Tiere und Pflanzen herrschen und durfte sich von dem, was die Natur hergab, ernähren.

Aber was bedeutet es, dass der Mensch »im Bilde Gottes« geschaffen wurde? Heißt das, die Menschen sind Gott ähnlich? Diese Frage kann nur der beantworten, der Gott kennt. Denn wie kann einer, der deine Mutter nicht kennt, behaupten, dass du ihr ähnlich bist? Wo kann ich aber etwas von dem Wesen Gottes erfahren? Einen von vielen Hinweisen geben die ersten Bibelseiten. Hier begegnet uns Gott als der Schöpfer.

E-St

22. Juli

MACHT EUCH DIE ERDE UNTERTAN
(1 Mose 1, 28)

Dieser Bibelvers enthält einen der ersten Aufträge, die Gott den Menschen gibt. Sie müssen sich die Welt erst erobern, die Naturgewalten bändigen, die Kräfte der Natur sich nutzbar machen. Sie müssen die Rohstoffe der Erde entdecken und verarbeiten lernen. Das alles hat Gott den Menschen nicht einfach in den Schoß gelegt, nein, »macht euch die Erde untertan« heißt: Sucht, entdeckt und benutzt alles, was ich erschaffen habe.

Jetzt verstehen wir schon besser, warum der Mensch schöpferische Fähigkeiten haben musste. Er war nicht in einem Schlaraffenland. Er musste sich Nahrung besorgen, eine Behausung bauen, er musste das Feuer bändigen und sich die Gewalt des Wassers zunutze machen. Er musste Werkzeuge erfinden, er benötigte Waffen für die Jagd. Alles das war nicht einfach da, der Mensch musste es schaffen. Die Tiere haben das nicht nötig, sie haben ihre Umwelt, aus der sie vom Instinkt geleitet alles nehmen, was sie zum Leben brauchen. Der Mensch aber hat mehr nötig, als die Umwelt bereithält, er muss sich seine Welt zu einem großen Teil erst selber gestalten.

Dass er dies kann, verdankt er seinem Schöpfer, der ihn so geschaffen hat. Auch du hast solche schöpferischen Kräfte. Wenn du etwas Neues ausprobierst, wenn du in der Schule einen Aufsatz schreibst, den kein anderer so schreiben könnte, dann erkennst du davon etwas.

E-St

23. Juli

UND GOTT BILDETE DEN MENSCHEN ...

... aus Staub vom Erdboden und hauchte in seine Nase den Odem des Lebens (1. Mose 2, 7).

»Lebendig ist jemand, wenn er nicht tot ist!«, sagte einmal ein Kind zu mir, und es hatte sicherlich Recht damit. Wir könnten fortfahren: Lebendig ist einer, solange er atmet, isst und trinkt, schläft, spielt oder arbeitet. Ganz Kluge werden sagen: Auch ein Embryo im Leib der Mutter lebt schon, ja, wenn sich eine Samen- und eine Eizelle miteinander verbunden haben, dann ist bereits neues Leben entstanden! Leben hat einen Anfang und ein Ende. Leben ist die Zeitspanne, während der ein Mensch auf der Erde ist, zusammen mit anderen Menschen oder manchmal auch allein, während der er lacht oder weint, sich wohlfühlt oder unter Schmerzen leidet. Ist das alles? Wer zwischen den Zeilen lesen kann, der wird beim Lesen der ersten Bibelseiten feststellen, dass Leben, wie Gott es meinte, mehr ist. Die ersten Menschen lebten in der Nähe Gottes, sie hatten Verbindung zu ihm, er kam und redete mit ihnen. Dann wurden sie ihm ungehorsam. Die Verbindung riss ab, sie wurden aus Gottes Nähe vertrieben. Die Folge war der Tod. Leben ist ein Wesensmerkmal Gottes. Er hat es in seine Schöpfung hineingelegt. Aber da, wo der Mensch sich von ihm löst, verliert er das Leben. Es gibt nur eine Möglichkeit, es wieder zu bekommen: durch Jesus Christus! Er sagt: Ich bin das Leben. E-St

24. Juli

SPUREN

Der alte Mann aus Afrika hieß Daniel.
Er glaubte an Gott.
Jemand wollte sich über ihn lustig machen. Er fragte:
Woher weißt du, Daniel, dass es einen Gott gibt?
Daniel antwortete:
Woher weiß ich, ob ein Mensch oder ein Hund oder
ein Esel nachts um meine Hütte gegangen ist?
An den Spuren im Sand sehe ich es.
Auch in meinem Leben sind Spuren eingedrückt,
Spuren Gottes.

Menschen, die an Gott glauben, sind wieder an die Lebensquelle angeschlossen. Die Bibel sagt: Sie haben neues Leben. Irgendwie muss diese Veränderung dann aber auch zu merken sein. Äußerlich ändert sich ja nichts im Vergleich zu denen, die die Verbindung mit Gott ablehnen. Sie müssen weiter für ihren Lebensunterhalt sorgen, sie erleben immer noch Freude und Leid, sie haben Schmerzen wie andere auch und müssen zum Arzt, wenn sie krank werden. So gesehen haben Gläubige nicht mehr Leben in sich als ihre Mitmenschen.

Das Gedicht sagt uns, dass die Verbindung mit Gott Spuren hinterlässt. Etwas wird doch anders, etwas muss einfach anders werden, wenn der Kontakt zu Gott wieder da ist!

Jemand will sich über den alten Daniel lustig machen. Dieser ärgert sich nicht, er schimpft nicht, er hilft weiter. Er lebt mit Gott.

E-St

25. Juli

EIN NEUER HIMMEL UND EINE NEUE ERDE (Offenbarung 21, 1)

Johannes sieht am Ende seiner Vision in die Zukunft eine neue Erde und einen neuen Himmel. Ist das nicht sonderbar? Warum will Gott noch einmal alles neu schaffen? Hatte er nicht am Ende seines Schöpfungswerkes gesagt: Es ist alles sehr gut? Es war alles sehr gut. Aber der Mensch hatte Gott einen Strich durch seinen Plan gemacht. Er hörte nicht auf seinen Schöpfer, sondern ließ sich von Satan verführen. Er wollte um jeden Preis so sein wie Gott. Der Preis, den er zahlen musste, war der Tod. Das war die Folge seines Ungehorsams. So starb der Mensch. Er fiel nicht tot um, nein, er atmete weiter, er sah und dachte weiter, und doch war nun alles ganz anders: Er war losgerissen von dem Ursprung des Lebens. Er behielt zwar die schöpferischen Fähigkeiten, die Gott ihm gegeben hatte, aber er benutzt sie nun auch zur Vernichtung des Lebens und zur Zerstörung der Welt.

Dann, nach langer Zeit, sandte Gott seinen Sohn, um den Menschen eine Gelegenheit zu geben umzukehren. Jetzt beginnt Gott »von hinten«, beim Menschen. Alle Menschen, die an Jesus glauben, haben wieder Kontakt zum Ursprung des Lebens. Und erst dann, wenn Gottes Plan mit den Menschen erfüllt ist, dann schafft Gott eine neue Erde und einen neuen Himmel. Diese Menschen werden ihm keinen Strich mehr durch seinen Plan machen. Sie haben sich für Gott entschieden und werden ihm immer dienen – so wie Gott es von Anfang an vorhatte.

E-St

26. Juli

FAMILIENANSCHLUSS ODER FAMILIENGLIED?

»Ihr seid nun nicht mehr Gäste und Fremde. Ihr gehört mit zum Volk Gottes und seid in Gottes Hausgemeinschaft aufgenommen!« Das schreibt Paulus an die Gemeinde in Ephesus, einer Stadt in der heutigen Türkei. Was meint er damit? Ihr glaubt an Jesus. Jesus hat euch zu Gott geführt. Gott schenkte euch neues Leben. Nun seid ihr Gottes Kinder. Ihr gehört zur großen Gottesfamilie. Ihr seid keine Gäste oder Fremde mehr, die zu Besuch kommen und dann wieder gehen müssen. Ihr habt ein Recht auf Heimat, ein bleibendes Zuhause. Wer in eine Familie hineingeboren ist, der gehört zeit seines Lebens zu dieser Familie. Vorher, bevor ich dieses Leben mit Jesus wagte, war ich noch ein Fremder für die Familie Gottes. Ich hatte keinerlei Rechte. Das ist jetzt anders. Gottes Kind sein – das heißt: zu Jesus, dem Sohne Gottes, gehören. Das ist mein neues Recht. Nun darf ich dauernd in seiner Nähe sein. Nun gibt er mir die Kraft, die ich täglich brauche, die Geborgenheit, die voll Liebe ist.

Gottes Kind sein, das heißt auch: zu Gottes Kindern gehören. Auch das gibt mir Geborgenheit. Ich bin nicht mehr allein. Ich habe neue Freude, neue Aufgaben, neue Freunde. So ist an mir tatsächlich manches anders, als es früher war. Anders auch als bei denen, die das nicht haben oder auch gar nicht haben wollen. Das Leben eines Christen hat neue Grundlagen und neue Ziele. Darum leben sie oft anders. H-T

27. Juli

DER HUNGER IN DER WELT

Weißt du, wie es ist, Hunger zu haben und sich nicht satt essen zu können? Wer durch Indien fährt oder auch durch weite Teile Afrikas, der wird überall jenen abgemagerten Gestalten am Straßenrand begegnen, die hinter den Touristen herlaufen und betteln. Millionen Kinder betteln heute um Brot. Hunderttausende sterben vor Hunger. Obgleich die Erde genug Nahrung anbietet, leiden zwei Drittel der Menschen an Hunger, denn die Güter sind ungerecht verteilt. Bei uns sammelt die Müllabfuhr den Überschuss an Nahrungsmitteln, in indischen Städten ist der Abfalldienst jeden Morgen unterwegs, um die Hungertoten der vergangenen Nacht aufzuladen. Hier wird eine ganze Ernte vernichtet und dort sind weite Gebiete von der heißen Sonne verbrannt, so dass kein Korn wachsen kann. Als es noch keine Christen auf der Welt gab, da lebten in Griechenland zwei Völker. Als in einem Jahr der Regen ausgeblieben war, litt eines dieser beiden Völker Hunger. Es schickte einen Boten zu dem anderen Volk und bat um Brot. Nun hatten aber auch die anderen kaum das Nötigste zum Leben. Aber sie wurden sich einig, einen Fastentag auszurufen, an dem weder Mensch noch Vieh Nahrung zu sich nehmen sollte. Und das, was sie auf diese Weise erspart hatten, legten sie zusammen und brachten es dem hungernden Brudervolk. Wie viel mehr sollten wir als Christen überlegen, wie den Hungernden geholfen werden kann! Sprich doch mal mit Erwachsenen darüber! H-H

28. Juli

GOTTES GUTE GABEN

Gott hat den Menschen diese Erde anvertraut mit all den unendlich großen Möglichkeiten. Dem einen hat er Verstand gegeben, das Geheimnis der Natur aufzuschlüsseln, einem anderen die Begabung, die Wunderwelt der Technik weiter auszubauen, wieder ein anderer kann Gelerntes besonders gut weitergeben; der eine pflegt besonders gern kranke Kinder, ein anderer treibt mit ganzer Leidenschaft Sport. So hat jeder von Gott eine besondere Begabung empfangen. Die Frage ist nun: Was machen wir daraus? Wenn wir von den Gaben Gottes sprechen, so denken wir zumeist an das, was wir essen. Aber Gott gibt uns noch weitaus mehr. Jeder Tag ist ein Geschenk von Gott. Auch unser Körper, auch die Familie, in der wir leben oder unser Haus. Alles, was uns begegnet, ist ein Angebot Gottes für uns. Und wie gehen wir damit um? Wenn ein Freund zu dir kommt und dir ein Geschenk überreicht, wirst du es nicht einfach ungeöffnet beiseite legen, und noch weniger wirst du es öffnen und dann schimpfend wegschleudern. Du weißt genau, dass du damit deinem Freund sehr weh tun würdest. Er hat lange zuvor überlegt, womit er dich erfreuen könnte und was du am besten gebrauchen kannst. Du wirst dieses Geschenk mit Dank entgegennehmen, und ich könnte mir denken, dass du danach deinen Freund noch mehr liebst. Und Gott und seine Geschenke? Zunächst einmal könnten wir »Dankeschön« sagen und dann überlegen, wie wir Gottes Geschenke am besten anwenden, damit Gott sich auch über uns freut.

H-H

29. Juli

KLEINE WEISHEIT ÜBER DAS FÜTTERN VON GEIERN

Eines Tages ließ sich ein Geier in der Nähe von Tichis Familienbaum nieder. Tichis Augen verschlangen jede Bewegung des Vogels. Nach allen Seiten sah sich Tichi um. Niemand war zu sehen. Da warf er dem Geier schnell etwas Futter hin. Aber eine Stimme in ihm warnte ihn laut vor Geiern. Am nächsten Tag kam ein zweiter Geier. Verstohlen sah sich Tichi um. Wieder warf er den Vögeln Futter zu. Sie kamen näher und schrien, dass Tichi die Ohren weh taten. Bald kamen mehr Geier. Sie wagten sich immer näher, denn Tichi fütterte sie immer wieder. Danach schrie er mit einer Stimme, die bis in die fernen Dornbüsche drang. Es würde die Vögel erschreckt haben, wenn er ihnen nicht immer wieder Futter zugeworfen hätte. So wichen die Geier nicht von der Stelle. Eine Woche verging. In der Mittagshitze ließen sich die frechen Geier flügelschlagend in dem Baum nieder. Über ihnen kreisten andere Geier, und immer mehr und mehr kamen angeflogen, und sie kamen näher und näher an Tichi heran. Als Nyani aus dem Dschungel zurückkehrte, sah er die Gebeine des ersten Vetters seiner zweiten Frau unter dem Familienbaum liegen. »Einige von euch haben mir gesagt, dass ihnen unsaubere Gedanken zu schaffen machen«, sagte Daudi. »Meine Geschichte gibt darauf eine gute Antwort. Gebt ihr diesen Gedanken neue Nahrung durch das, was ihr seht, hört oder erzählt, so kreisen sie über euch. Lasst ihr sie hungern, so fliegen sie fort.«

P-W

30. Juli

DIE FALLE

Perembi, der Tierfänger, wischte mit ein paar Zweigen seine Fußspuren aus dem Sand. Er hatte den Kanister hinten unter den alten Bujubaum gestellt. Der Affe Toto packte den Kanister und schüttelte ihn. Aah, das roch nach Nüssen! Sein Affenverstand sagte ihm: Du brauchst nur die Pfote durch das Loch zu stecken, und schon gehören alle Nüsse dir! Blitzschnell fuhr seine Pfote in das kleine Loch und fasste soviel Nüsse, wie sie nur halten konnte. Nun schnell heraus damit! Aber die Hand mit all den Nüssen passte nicht durch das Loch! Twiga, die Giraffe, sah Totos Verlegenheit. »Lass die Nüsse los, Toto«, rief sie freundlich, »dann bekommst du deine Pfote frei.« Aber im Stamm der Affen ist es nicht Sitte, Nüsse, die man einmal hat, loszulassen. Aber da kam Perembi, der Jäger, langsam auf Toto zu. Perembi war allen Affen bekannt. Toto floh in seiner Angst und schleifte den Kanister hinter sich her. »Lass doch die Nüsse los und lauf weg!«, schrie Twiga verzweifelt. Aber als Totos Pfote endlich frei war, befand er sich im großen dunklen Sack Perembis. Toto war gefangen.

»Nur wer nicht klüger ist als jener Affe,« sagte Daudi, »kann glauben, dass er gewisse Dinge festhalten und doch dieser Falle entrinnen wird. Sie wird ihm unweigerlich Gefangenschaft und schließlich den Tod bringen. Darum sagt die Bibel: Der Lohn, den die Sünde bezahlt, ist der Tod.« P-W

31. Juli

M'GOGOS TRAUM

»Daudi«, sagt M'gogo, »in der vergangenen Nacht war Nyani mit seinen Affen bei mir am Bett: Nyani redete mit ihnen. Er sagte: ›In der Siedlung der Schwanzlosen wohnt ein Medizinmacher. Der erzählte denen, die zuhören wollen, Geschichten. Unter ihnen war einer namens M'gogo. Daudi erzählte ihm von dir, Toto, und wie du in deiner Dummheit gefangen worden bist. Dieser M'gogo hatte große Angst‹, fuhr Nyani fort. ›Er schlief schlecht und wachte schweißgebadet auf, denn der bloße Gedanke an solche Fallen quälte ihn.‹«

Daudi sieht M'gogo freundlich an: »Du hast erkannt, dass du ein Sünder bist?«

»Ja«, murmelt M'gogo.

Daudi nickt. »Und was hast du gemacht?«

»Ich bat Jesus, meine Sünde auszulöschen, so wie Perembi seine Fußspuren im Sand verwischt. Ich weiß, dass er es getan hat. Ich dachte an die Narben in seinen Händen und an das Lösegeld, das er am Kreuz für mich bezahlt hat.«

Daudi nickt. »Denk daran, dass das neue Leben wachsen muss!« Er zeigt auf die Bibel, die neben ihm auf dem Tisch liegt. »Wenn du fröhlich leben willst, dann denke an die andere Toto-Geschichte und füttere keine Geier! Schau vielmehr auf Jesus, der unseren Glauben stärkt!«

M'gogo nickt. Er scheint keine Angst mehr zu haben.

P-W

1. August

TOTO LEBT GEFÄHRLICH

Toto, der Affe, saß auf einem Baum. Er strengte sich an, seiner Lehrerin, der Giraffe Twiga, gut zuzuhören. »Das Leben ist oft gefährlich«, sagte Twiga. »Deshalb musst du die Gebote des Dschungels kennen.« – »Wenn ich sie kann, kann ich dann spielen gehen?« fragte Toto. Twiga nickte. »Also«, sagte Toto, »ich fange an: Wenn ich einen Leoparden rieche, klettere ich auf einen Baum und ziehe mich auf einen ganz bestimmten Ast zurück. Ich stelle mich nicht hinter ein Zebra. Ich blicke keiner Schlange in die Augen ...« – »Gut«, sagte Twiga. »Nun richte dich auch danach.«

Fröhlich schwang sich Toto von Ast zu Ast. »Guten Morgen, Boohoo!« begrüßte er das Nilpferd. »Hast du schon einmal ein Zebra gesehen?« – »Wenn du ganz leise bist, zeige ich es dir. Sieh mal da drüben!« – »Kann es schnell laufen, Boohoo?« – »Das weiß ich nicht«, erwiderte das Nilpferd. – »Aber ich will das wissen!«, rief Toto, suchte sich einen Dornzweig und schlich sich an das Zebra heran. »He, Boohoo, jetzt pass mal auf!«, schrie der Affe und kitzelte das Zebra unterm Schwanz. Da segelte Toto auch schon durch die Luft. Die wirbelnden Hufe des Zebras verschwanden im Staub. Der Affe stöhnte. »Es tut mir Leid, dass ich nicht gehorcht habe«, sagte er, als Twiga ihm wieder auf die Beine half. Toto weiß nun, dass Gebote wichtig sind und dass Gehorsam das Leben retten kann.

P-W

2. August

DER NEUE WEG – DAS NEUE ZIEL!

Hin und wieder schaute Jockel seinen Vater ängstlich an. Ob sie sich nicht verlaufen hatten? Doch der Vater hatte die Wanderkarte vorher gründlich studiert und verglich die Zeichen am Weg immer wieder mit den Zeichen auf der Karte. Jockel und sein Bruder Fabian wussten, welch sicherer Führer der Vater war. Er richtete sich genau nach der Karte, und er konnte sie gut lesen. Am späten Mittag erreichten sie das Ziel. Die ganze Familie war sich einig: Es hatte sich gelohnt – der neue Weg und das neue Ziel. Das gibt es auch für unser Leben: Das neue Ziel ist der Himmel, Gottes Wohnung, und der neue Weg dahin Jesus Christus. Die Eltern sprachen darüber. Jockel lief neben ihnen her und hörte zu. – »Kann man sich da nicht verlaufen?«, fragte er. »Freilich können wir vom richtigen Weg abkommen«, antwortete der Vater. »Deshalb hat uns Gott auch eine Karte gegeben, die Bibel. Ihr habt bemerkt, wie viel Zeit ich brauchte, um mir den heutigen Weg gut einzuprägen, nicht wahr?« – »Ja, und dann hast du unterwegs immer wieder verglichen«, bestätigte Fabian. »Das war auch nötig. Ich musste mich genau nach der Karte richten, um den Weg nicht zu verfehlen. Genau so nötig ist es, die Bibel verstehen zu lernen und sich mit ihrer Hilfe zu orientieren. Sie ist die Wanderkarte für den Weg zum Himmel und ›meines Fußes Leuchte und ein Licht auf meinen Wegen‹. Wisst ihr, wo das steht?« Die Kinder schüttelten die Köpfe. Nur die Mutter lachte: »Es ist der 105. Vers vom 119. Psalm.« R-F

3. August

GOTT SPRICHT ZU ALLEN, AUCH ZU DIR!

Hast du Gott schon gesehen? Nein? Ich auch nicht. Wie kann er dann aber zu uns reden?

Du schaltest fast täglich euer Radio ein. Dann singt oder spielt oder spricht es daraus. Aber sehen kannst du niemanden.

Menschen bringen es also fertig, zu solchen, die ganz weit von ihnen entfernt wohnen, durch das Radio zu sprechen. Sollte Gott, der ja tausendmal mächtiger und klüger ist als wir, keine Möglichkeit haben, zu uns zu sprechen, auch wenn wir ihn nicht sehen?

Gott braucht dazu kein Radio. Sein erstes Wort an dich und jeden Menschen lautet: »Schau dich einmal um in der Welt, die ich geschaffen habe, und höre, was ich dir damit sagen will!«

Weißt du noch, an wieviel verschiedenen Blumen du auf dem Schulweg oder auf dem Sonntagsspaziergang im Sommer vorbeikommst? Wenn du sie anschaust, sagt Gott zu dir: »Ich habe die Blumen gemacht, damit sie blühen und duften. Sie sollen mir und euch Menschen Freude machen. Mir sollst du dafür danken!«

Du hältst ein kleines Kätzchen auf dem Schoß oder spielst mit deinem Hund. Während das Tier sich an dich schmiegt und dich anblickt, sagt Gott zu dir: »Ich habe auch das Kätzchen und den Hund geschaffen, damit sie sich freuen und Freude bereiten können. Mir sollst du dafür danken.« Achte heute auf dieses Reden Gottes. Du hörst nicht mit deinen Ohren, sondern in deinem Herzen.

A-D

4. August

GOTT SPRICHT DURCH SEIN WORT!

Kannst du das folgende Rätsel lösen?

Ich bin ein Missionar.
Ich bin schon viele tausend Jahre alt.
Ich habe alle Länder der Erde besucht.
Ich kann etwa 1180 Sprachen.
Ich bin von Gott gesandt.

Wer bin ich? – Die Bibel, auch das Wort Gottes genannt!

Sicher hast du schon eine Bibel gesehen, daheim, in der Kirche oder in der Schule. Meistens hat sie einen dunklen Einband. Sie ist das wichtigste Buch der Welt. Sie ist ein Buch, das am allermeisten gelesen wird. Warum? fragst du. Ich will es dir verraten: Die Bibel ist der Brief Gottes an dich und alle Menschen. Gott gab Männern, die ihn lieb hatten, den Auftrag, aufzuschreiben, was er uns sagen wollte. Willst du es wissen, dann fang an, in der Bibel zu lesen.

Gott warnt dich manchmal durch sein Wort: »Lass dich nicht vom Bösen überwinden, sondern überwinde das Böse mit Gutem« (Römer 12, 21). Manchmal fordert Gott dich auf, etwas ganz Bestimmtes zu tun: »Ihr Kinder, gehorcht euren Eltern in allen Dingen, denn so will es der Herr« (Kolosser 3, 20). Manchmal verspricht dir Gott etwas, wie in dem folgenden Vers: »Rufe mich an in der Not, so will ich dich erretten, und du sollst mich preisen« (Psalm 50, 15). Hast du herausgefunden, was er dir da verspricht? Dann lerne den Vers gleich auswendig. Und probiere ihn aus! A-D

5. August

JA, VATER!

Jesus erzählte eine Geschichte von einem Vater, der zwei Söhne hatte. Er ging zu dem einen und sagte zu ihm: »Mein Sohn, gehe hin und arbeite heute in meinem Weinberg.« – »Ja, Vater«, sagte der Sohn. Aber dann überlegte er sich's anders und ging nicht an die Arbeit.

Der Vater ging auch zu dem zweiten Sohn und bat ihn: »Mein Sohn, arbeite heute in meinem Weinberg.« Der Sohn wollte zuerst nicht, aber dann ging er doch hin und tat, was der Vater gesagt hatte.

Manchmal geht es uns wie dem ersten Sohn: Wir sagen: »Ja, ich weiß schon, ich tue es gleich.« Aber dann lassen wir's einfach bleiben.

Manchmal geht es uns wie dem zweiten Sohn. Da wissen wir genau, was wir tun sollten, aber wir finden: »Nein, ich mag jetzt nicht.« Hinterher schämen wir uns und tun doch das Rechte.

An welchem Sohn hatte der Vater wohl größere Freude? Am ersten oder am zweiten? An wem hat Gott wohl mehr Freude, an einem Kind, das bloß »ja, ja« sagt, oder an einem, das tut, was Gott ihm befohlen hat? Das Hören auf das, was Gott sagt, ist wichtig. Doch ebenso wichtig ist es, zu tun, was er sagt. Nur so werden wir selber richtig froh. Willst du *hören* und *tun*? Sag's Jesus! Er wird dir dabei helfen. A-D

6. August

VOM SECHSTEN GEBOT

Lies 2. Mose 20, Vers 13! – Das Fußballspiel der Jungen brach plötzlich ab. Sie stritten sich und warfen sich Schimpfwörter an den Kopf. Dann begann eine wüste Rauferei. Vorübergehende Erwachsene brachten die Kampfhähne auseinander. Als sie sich gegenüberstanden, tippten sie mit dem Finger an die Stirn. Jeder behauptete, im Recht zu sein.

Woher kommen Streit und Hass und hässliches Reden? Jesus sagt in Matthäus 15, Vers 19: »Aus dem Herzen kommen die Hass- und Mordgedanken.« Gott schenkte uns unseren Leib. Mit seinem Wort: »Du sollst nicht töten«, mahnt er dich, deinen Leib als dein bestes dir für das Leben in dieser Welt anvertraute Werkzeug zu betrachten. Pflege ihn und meide alles, was dir zur Sucht werden kann und ihn zerstört. Auch den Leib deines Nächsten schuf Gott. Darum achte sein Leben. Du siehst Glasscherben liegen. Nimm sie weg. Einer, der nach dir kommt, könnte sich verletzen. Ob du rollerst oder Rad fährst, achte auf die Verkehrsvorschriften. Du gefährdest sonst den Leib deines Nächsten – und deinen eigenen natürlich auch. Mit der Geschichte vom barmherzigen Samariter ruft dich Jesus auf zu helfen, wo du siehst und hörst, dass jemand deine Hilfe nötig hat. Gott hat alle Menschen geschaffen. Darum lieben wir jeden als unseren Nächsten. Wir beten: Herr, reinige mein Herz von Hass- und Streitgedanken, und schenk mir Deine Liebe ins Herz. Und hilf mir, niemanden zu verletzen oder gar zu töten – weder in Gedanken noch in der Tat. R-A

7. August

MUSS DAS SEIN?

Martin und Robin haben ein gemeinsames Fahrrad. Es ist kein chromblitzendes, neues Sportrad, sondern ein richtiger alter Schlitten, dem vor Altersschwäche schon die Speichen ausfallen. Licht, Klingel und Bremse funktionieren längst nicht mehr. Aber die Räder drehen sich noch. Martin und Robin sind glücklich darüber, das heißt, solange sie sich einig sind, wer fahren darf. Und das sind sie sich längst nicht immer. Eben streiten sie sich wieder lautstark darum, wer öfter und länger gefahren sei. Heftige Worte fliegen hin und her. Bald ist eine saftige Prügelei im Gange. Martin, der Ältere, haut ordentlich auf Robin ein, und der Kleinere wehrt sich mit Händen und Füßen und Zähnen. Etwas Alltägliches unter Geschwistern, meinst du! – Ja, leider! Und zwar nicht nur bei Geschwistern, auch unter Freunden, Nachbarn, ja zwischen Eltern und Kindern. Und oftmals sind kleine Zänkereien der Ausgangspunkt für große, vielleicht lebenslange Zerwürfnisse. Geht es wirklich nicht anders? – Schauen wir doch, was Gottes Wort zum Thema »Streit« sagt. In Sprüche 17, Vers 19 steht: »Wer Zank liebt, der liebt Sünde.« Und in Epheser 4, Vers 26: »Zürnet und sündiget nicht; lasset die Sonne nicht über eurem Zorn untergehen.« Streit und Zorn führen also zur Sünde. Sobald wir uns nicht mehr beherrschen können, wird's gefährlich. Da hilft nur ein Stoßgebet: Herr Jesus, beherrsche du mich! Br-St

8. August

KINDER IN AFRIKA: RAHAB

Ich bin ein kleines Koro-Mädchen aus Nigeria und heiße Rahab. Ich hatte ein Zwillingsschwesterchen, es starb aber früh. Weil wir Zwillinge waren, hatte meine Mutter Angst. Sie glaubte, es sei ein böser Geist in uns. Darum ließ sie uns in der Hütte liegen und lief schnell zu ihren Eltern. Einige aus unserem Dorf gingen zu den Jesusnachfolgern und fragten sie, ob sie uns haben wollten. Sie sagten Ja und holten uns gleich. Dann legten sie uns in einen Pappkarton und brachten uns nach Adunu ins Waisenhaus. Da sorgt man gut für uns. Die meisten von uns sind gar keine Waisenkinder. Unsere Eltern leben noch. Sie wollen uns aber nicht. Sie sagen, wir würden ihnen nur Unglück bringen. Manchmal möchte ich meine richtige Mutter einmal sehen, doch sie kommt nie hierher.

Ich habe jetzt neue Eltern. Sie folgen Jesus nach. Ich besuche sie oft, und wenn ich etwas größer bin, soll ich ganz bei ihnen wohnen. Ich bin froh, dass ich hier im Waisenhaus sein darf. Hier brauchen wir keine Angst vor bösen Geistern zu haben. Die Hauseltern beten mit uns und erzählen uns von Jesus, der auch die kleinen Kinder lieb hat. Die Leute aus meinem Stamm wollen es nicht glauben, dass Jesus sie liebt. Sie fürchten die Toten und bringen ihnen Opfer, um sie günstig zu stimmen.

J-O

9. August

KINDER IN AFRIKA: ABDALLAH

Abdallah hat viel Zeit umherzustromern. Einmal kommt er an einer Kochstelle vorbei, auf der gerade ein Topf mit saftigem Fleisch steht. Ihm läuft das Wasser im Mund zusammen. Blitzschnell langt er in die kochend heiße Soße und holt einen Brocken Fleisch heraus. Doch er wird geschnappt. Von jetzt an ist er ein Dieb. Überall zeigen sie mit dem Finger auf Abdallah. »Nehmt euch vor dem in Acht, der stiehlt den Leuten das Essen vom Feuer!«

Genau das sind die Worte seiner Freunde, als Abdallah zum ersten Mal unsere Sonntagsschule besucht. Der Junge merkt bald, dass wir ihn lieb haben und uns freuen, wenn er kommt. Eines Tages erklärt er sehr traurig: »Mein Vater hat gesagt, wenn wir sonntags bei dir christlich beten, dann darf ich nicht mehr kommen.« So treffen wir ein Sonderabkommen: Abdallah braucht, wenn wir beten, weder die Augen zu schließen noch die Hände zu falten. Anscheinend ist der Vater mit dieser Regelung zufrieden, denn Abdallah kommt regelmäßig zur Sonntagsschule.

Nie vergesse ich jenen Sonntag, an dem Rashidi und Abdallah ein Lied zusammen singen sollten. Sie durften das Lied selbst wählen und sangen:

Ich will folgen, Jesus will ich folgen,
überall, allezeit folg ich froh ihm nach.
Ich will folgen, Jesus will ich folgen,
überall und allezeit, ja, Tag für Tag.

Ob das wirklich Abdallahs Wunsch ist? – Und dein Wunsch?

J-O

10. August

KINDER IN AFRIKA: HEMEDI WIRD CHRIST

Hemedi spielt in Mbesa mit seinen Schulkameraden Fußball. Plötzlich verletzt er sich am Knie. Es wird schlimm. Er muss ins Krankenhaus. Hemedi kommt in einen großen, hellen Krankensaal, in dem zehn Betten stehen. Immer wieder liest er den Spruch über seinem Bett: »Kommet her zu mir alle, die ihr mühselig und beladen seid, ich will euch erquicken« (Matthäus 11, Vers 28). Welch wunderbare Worte. Die hat er noch nie gehört. »Jesus hat sie gesprochen«, sagt Alli Saidi, der Pfleger, der oft von ihm erzählt. Ob das auch für Hemedi gilt?

Auf dem Bücherregal im Saal findet Hemedi ein Neues Testament. Mit großem Eifer beginnt er zu lesen. Er kann nicht aufhören. Die anderen wollen aber auch hören. So liest Hemedi immer abends vor.

Eines Tages macht Hemedi ein tieftrauriges Gesicht. »Du, Alli«, sagt er, »ich weiß, wenn ich sterbe, komme ich nicht zu Gott. Hilf mir doch bitte!« Alli nimmt Hemedi mit ins Büro. Dort können sie ungestört miteinander sprechen. In dieser Stunde öffnet Hemedi sein Herz für Jesus. Das Glück leuchtet ihm aus den Augen. Alle können es sehen. »Kommt her zu mir!« gilt auch für ihn.

H-Fi

11. August

PROPHET – EIN SELTSAMER BERUF

Manch ein Junge wird Kraftfahrzeugmechaniker, weil er von schnellen Autos träumt. Manches Mädchen wird Kinderkrankenschwester, weil es kleine Kinder »süß« findet. Oft wird jemand in seiner Berufswahl durch seine Eltern, seinen Lehrer oder irgendeinen guten Bekannten beeinflusst. Ein Prophet hat sich seinen Beruf nicht ausgesucht. Ein Prophet ist einer, der von Gott beauftragt wird, seinen Mitmenschen das zu sagen, was Gott über sie denkt. Gott befähigt diese Menschen oft durch besondere Erlebnisse und Begabungen. Einen Menschen, der sich so von Gott gebrauchen lässt, nennt man einen Berufenen. Aus der Bibel wissen wir, dass die Propheten Männer waren, denen Gott es schenkte, dass sie die Menschen, die Politik, die Gesellschaft mit Gottes Augen sahen. Ein Prophet hat nicht nur die Aufgabe, etwas Zukünftiges vorherzusagen. Gott lässt ihn die ganze Geschichte – Vergangenheit, Gegenwart und Zukunft – im Zusammenhang sehen. Nun kann der Prophet sagen: So ist es gewesen, so wird es sein – wenn ihr euch nicht ändert! So hat Gott z. B. der Stadt Ninive durch den Propheten Jona ein schreckliches Gericht angedroht, wenn ... Denn Gott hat den Menschen der Stadt Ninive auch die Möglichkeit gegeben, Buße zu tun, das heißt: den Sinn zu ändern, zu Gott zurückzukommen. Das ließen sich die Leute von Ninive nicht zweimal sagen. Sie kehrten zu Gott um und setzten ganz neu ihr Vertrauen auf ihn. Gott macht immer wieder einen neuen Anfang möglich. L-L

12. August

EIN PROPHET LEIDET

Wenn sich ein Mensch mit aller Kraft einer Sache verpflichtet fühlt, sagen wir: »Er hat sich ihr mit Haut und Haar verschrieben.« Der Prophet Jeremia war solch ein Mann. Er hörte nicht auf, Israel zur Umkehr zu Gott aufzurufen, auch wenn sich die Menschen die Ohren zuhielten. Einmal forderte Jeremia die Leute auf, sich die Haare abzuschneiden als Zeichen der Trauer. Das war damals eine bekannte Sitte. Diesmal aber ging es nicht darum, einen Menschen zu betrauern; das ganze Volk war dem Götzendienst verfallen. Man opferte den Göttern und trieb es sogar so weit, dass man Kinder verbrannte! Darüber sollte das Volk traurig werden und zu dem wahren Gott zurückkehren. – Damit ihre Botschaft besser verstanden werden konnte, ergänzten die Propheten ihre Reden oft mit irgendeiner sinnbildlichen Handlung. So zerbrach Jeremia einmal einen Krug und sagte, dass Gott genau so die Stadt und das Volk zerbrechen werde. Als ein Priester, ein Oberaufseher im Tempel, das hörte, ließ er Jeremia schlagen und eine Nacht in den Stock legen; das war ein Gefängnis, in dem die Füße und oft auch der Hals und die Hände der Gefangenen in einen dafür hergerichteten Holzblock eingespannt wurden. Jeremia musste viel leiden, weil er Wahrheiten sagte, die das Volk nicht hören wollte. Aber trotz allem wurde Jeremia nicht müde. Weil er dem Auftrag seines Gottes treu blieb, bekam er auch immer wieder die Kraft zu seinem schweren Dienst.

L-L

APOSTEL, LEHRER UND PROPHET

Es gibt Menschen, die das, was sie sich vornehmen, auch mit allen Mitteln durchzuführen versuchen. Sie werden oft herausgestellt als Menschen mit einem starken Willen.

Paulus war solch ein Mann. Er wusste, was er wollte. Er hatte ein Handwerk – Zeltmacher – gelernt. Damit konnte er sich sein Brot verdienen. Und studiert hatte er bei einem der größten und berühmtesten Lehrer seiner Zeit. Als junger Mann war er dabei gewesen, als eine aufgehetzte Menge den Stefanus steinigte, einen Jünger Jesu. Paulus hatte es selbst gehört, als dieser Christ kurz vor seinem Tod noch bei Gott für seine Feinde um Verzeihung bat. »Unerhört«, dachte Paulus. »Das ist doch ein Irrlehrer!« Nun begann er, die Christen zu verfolgen. Er besorgte sich sogar Haftbefehle gegen sie. Aber er hatte selbst einen, der ihm nachging: das war Jesus. Auf einer Reise nach Damaskus begegnete er ihm. Die Bibel berichtet darüber im 9. Kapitel der Apostelgeschichte. Da steht, dass Paulus sofort alle eigenen Pläne fahren ließ und nur noch fragte: »Herr, was soll ich tun?« Auf diese Frage bekam er eine klare Antwort: Er sollte den Heiden die Botschaft von Jesus Christus weitersagen. Nun wollte Paulus Gottes Willen auch für die Einzelheiten dieses großen Planes wissen. Die erklärte ihm Gott immer dann, wenn Paulus sie brauchte. Als Paulus in Kleinasien war, sah er einmal im Traum einen Mann, der ihn hinüber nach Europa rief. Das war für Paulus ein deutlicher Wink. L-L

14. August

EIN MANN SIEHT DIE NOT DER KIRCHE

Immer wieder ließ sich das Volk Israel durch die Nachbarvölker zum Götzendienst verführen. Deshalb waren Propheten notwendig, die es zum wahren und lebendigen Gott zurückriefen. Auch die Kirche hat im Laufe der Jahrhunderte vieles getan, was nicht dem Willen Gottes entsprach. So lehrte man im 16. Jahrhundert Dinge, die den Aussagen der Bibel glatt widersprachen. Ablassprediger sagten, man könne Gott mit Spenden zufriedenstellen. Aber der junge Martin Luther stellte beim Lesen der Bibel fest, dass niemand für seine Sünden bezahlen kann. Gott hatte ja schon alles bezahlt, indem er seinen Sohn Jesus Christus in die Welt gab und für die Sünden aller Menschen sterben ließ! Nicht unsere Arbeit für Gott, nicht unser Geld, nicht unsere Liebe zählen, sondern es zählt Gottes Liebe, sein Geschenk an die Menschen. Das war die frohe Botschaft der Bibel, die Luther den Menschen seiner Zeit predigte. Er wollte keine neue Kirche gründen, aber seine Predigten verursachten so viel Ärger und Unruhe, dass sogar Kaiser und Papst zum Kampf gegen Luther aufriefen. Der Papst schloss Luther aus seiner Kirche aus. Freunde halfen Luther, statt menschlicher Meinungen Gottes Wort klar zu verkündigen. Viele Menschen wurden wieder frohe Christen. So kam es im Laufe der Jahre zu dem, was wir heute die Evangelische Kirche nennen. Weil Luther sich auf die Bibel besann, konnte Gott ihn gebrauchen und die Kirche erneuern.

L-L

EIN MANN SIEHT DIE NOT DES VOLKES

Ein junger Pastor, Vater von vier Kindern, hatte in seinem Leben schon viel Not kennen gelernt. Sein Vater war schwer krank und zwei seiner Brüder waren schon tot. In einem Jahr – es war kurz nach Weihnachten – starben seine vier Kinder innerhalb von 14 Tagen! Der Vater machte sich eine kleine Bank an den Gräbern seiner Kinder. Hier wollte er darüber nachdenken, was Gott ihm durch dieses Leid sagen wollte. »Damals bin ich barmherzig geworden gegen andere Menschen«, sagte er später. Gott schenkte ihm offene Augen für traurige, verzweifelte, »nutzlose« Menschen. Nun wollten die beiden Eltern ihr ganzes Leben lang Menschen helfen, die Hilfe brauchten. Der neue Dienst begann in einer Krankenanstalt in der Nähe von Bielefeld. Hier kümmerte man sich vor allem um Menschen, die von Krämpfen immer wieder zu Boden geworfen wurden und deshalb nicht arbeiten konnten. Der junge Pastor baute diese Heilstätte aus und gab ihr den Namen »Bethel«, »Haus Gottes«. Er baute auch Häuser, in denen die Kranken leichte Arbeiten tun konnten. Das war etwas ganz Neues. Er hatte herausgefunden, dass Arbeit wie Medizin ist: Die Leute wurden froher, und sie trauten sich selber wieder etwas zu. Friedrich von Bodelschwingh – so hieß dieser Pastor – sah auch die Not der Obdachlosen. So hatte dieser Christ aus eigener großer Not gelernt, die Not anderer Menschen zu sehen, und Gott schenkte ihm den Mut und die Kraft zu helfen.

L-L

16. August

EIN MANN VERÄNDERT DIE GESCHICHTE EINES VOLKES

Hast du schon einmal überlegt, was du für Gott tun könntest? Vielleicht hast du die Erfahrung gemacht, dass man alleine oft ziemlich schwach dasteht gegenüber den Vielen, die nichts von Gott und seinem Wort wissen wollen. Ein junger Engländer, George Whitefield, empfand das an der Universität. Da fragte keiner nach Gott. Weil Whitefield Gott liebte, verspotteten ihn die Studenten und bewarfen ihn sogar mit Dreck. Dann fand er die Brüder Wesley. Zu dritt lasen sie nun die Bibel und andere christliche Bücher. Diese drei Studenten wollten Gott dienen. Mit 21 Jahren fing Whitefield an zu predigen. Er rief die Menschen auf, ihr sündiges Leben zu ändern. Das gefiel den Pastoren überhaupt nicht. Sie ließen Whitefield nicht mehr in ihre Kirchen hinein. Nun predigte er draußen. Zu seiner ersten Freiversammlung am Sonntagnachmittag kamen 100 Leute. Am Abend waren es schon 2000. Ein Pastor in einem Talar steht auf einem Tisch und predigt! So etwas hatte man noch nicht gesehen. Bald standen 20 000, ja 30 000 Menschen um den Tisch oder den Pferdekarren. Alle wollten die gute Nachricht von Jesus hören, der Sünden vergibt. Ohne Lautsprecher – die gab es damals noch nicht – sprach der junge Mann zu einer Menge, die heute ein mittleres Stadion für Bundesligaspiele füllen würde. Die Menschen standen wie eine Mauer. So hungrig waren sie nach Gottes Wort! Die Predigt solcher Männer hat England im 18. Jahrhundert verändert. L-L

17. August

GOTT BRAUCHT MENSCHEN

Zu allen Zeiten hat Gott Männer und Frauen gebraucht, die ihren Mitmenschen in ganz besonderer Weise mitgeteilt haben, dass Gott sie liebt. Auch heute sucht Gott Leute, die das tun wollen. Denn auch heute gibt es viele Menschen – sicherlich auch in deiner Schulklasse –, die nichts oder Falsches oder nur wenig von Jesus wissen. Diesen allen soll die Botschaft der Bibel weitergesagt werden. Nun wirst du vielleicht denken: Das ist nichts für mich, schließlich heiße ich nicht Paulus oder Luther oder Whitefield. Das stimmt; außerdem ist klar, dass Gott zu diesem Dienst berufen muss. Trotzdem: Eine Voraussetzung für ihre Arbeit war, dass sie ihr Leben, ihre Zeit und Kraft Jesus ganz zur Verfügung stellten. Dazu braucht man nicht besonders begabt zu sein oder berufen zu werden. Wer Gott kennt und liebt, tut das aus Freude.

Schulfreunden von Jesus zu erzählen ist nicht ganz leicht, aber wenn man Jesus darum bittet, schenkt er auch Freude und Mut dazu. Vielleicht ist in deiner Klasse oder in deiner Schule noch jemand, der beten kann. Dann könntet ihr das zusammen tun. In einigen Schulen gibt es solche »Gebetszellen«. Da treffen sich Schüler vor dem Unterricht in einem stillen Raum und beten. Oft sind es nur zwei oder drei, aber dadurch sind hier und da auch noch mehrere »angesteckt« worden. Klassenkameraden fingen an, über Jesus und die Bibel nachzudenken. Wäre das nicht auch in deiner Klasse möglich?

L-L

18. August

HEUTE WERDEN PROPHETENWORTE WAHR

Fast täglich hört man in den Nachrichten etwas von Israel. Was hat es nur mit diesem kleinen Land zwischen Afrika und Asien auf sich! Nun, Israel ist nicht irgendein Land. Es ist das Land, das Gott Abraham vor fast 4000 Jahren versprochen hat. Dort sind die Gegenden und Orte, von denen uns die Bibel berichtet, wo auch Jesus lebte. Aber dieses Land wurde bald nach Jesu Himmelfahrt von Feinden erobert und zerstört, die Menschen wurden getötet oder als Sklaven weggebracht. Die Juden wurden in alle Welt zerstreut, wie es Propheten lange zuvor und auch Jesus vorausgesagt hatten. Was gescheite Leute für unmöglich hielten, geschah im Jahre 1948: Nach 1878 Jahren entstand wieder ein Staat Israel am alten Platz. Gott hatte das durch den Propheten Hesekiel versprochen (11, 17). Aus 70 Ländern der Erde hat Gott Israel wieder gesammelt. In der Wüste wachsen wieder Obstbäume, Gemüse, Getreide, Blumen. Lies dazu Hesekiel 34, Verse 26-29 und 36, Verse 33-36, auch Jesaja 35, Verse 1-2 und 41, Verse 18-20! Hast du nicht auch schon Orangen aus Israel gegessen? Das Alte Testament spielt im modernen israelischen Leben, selbst in Schulen und im Rundfunk, eine große Rolle. Viele Juden glauben überhaupt nicht mehr an Gott. Andere warten noch immer auf den Messias. Nach der Bibel werden sie sich jedoch – eines Tages – auch zu Christus bekehren. Wir können gespannt sein, wie das weitergeht! M-Z

19. August

GOTTES KLEINE MISSIONARE

Weißt du, was ein Missionar ist? Es ist einer, der anderen Menschen von Jesus erzählt. Oft fahren Missionare in ferne Länder, weil dort viele Menschen wohnen, die den Namen »Jesus« noch nie gehört haben. Diese Menschen leben manchmal in großer Furcht, denn sie glauben an böse Geister.

Manche Missionare bleiben in ihrem Heimatland. Dort gibt es auch Menschen, die Jesus noch nicht kennen. Hast du schon einen Missionar gesehen? Vielleicht möchtest du einmal einen kennen lernen. Dann schlage ich vor, du läufst schnell zu einem Spiegel und schaust hinein. Die Person, die du dort siehst, könnte ein Missionar sein. »Aber so kleine Missionare gibt es nicht«, wirst du sagen. »Ein Missionar muss erwachsen sein und eine besondere Ausbildung haben.« Das stimmt. Wenn man in ein anderes Land ziehen will, muss man erwachsen sein. Aber in der Heimat können auch Kinder schon Gottes Missionare sein.

Fünf Werkzeuge braucht nämlich ein Missionar, und die besitzen die kleinen Missionare genau so wie die großen. Was mögen das für Werkzeuge sein? Wenn du in den Spiegel schaust, dann siehst du sie. Es sind die Hände, Füße, Augen, Ohren und der Mund. Diese Werkzeuge hat uns Gott gegeben, und er möchte, dass wir sie für ihn gebrauchen. Tust du das schon? G-R

20. August

GOTTES KLEINE MISSIONARE

Missionar mit den Händen

Wir haben gestern gesehen, dass den Missionaren fünf Werkzeuge für ihren Dienst zur Verfügung stehen: die Hände, Füße, Augen, Ohren und der Mund. Wenn sie diese Werkzeuge verwenden wollen, brauchen sie etwas ganz Wichtiges. Das haben heute die wenigsten Menschen. Es ist ein kleines Wort. Das fängt mit »Z« an und hört mit »T« auf: »Zeit!«

Gott legt uns jeden Morgen das kostbare Geschenk, die Zeit, in die Hände. Und doch sagst du vielleicht: »Ich habe keine Zeit, um etwas für Jesus zu tun.« Überlege einmal, wie viel Zeit du eigentlich zum Spielen, Fernsehen und Lesen verwendest. Ob du von dieser Zeit nicht etwas für Jesus nehmen könntest? Wie viele Minuten gibst du ihm täglich? Zehn Minuten, fünf Minuten oder noch weniger?

Was kannst du in so kurzer Zeit für Jesus tun? Du könntest dein Werkzeug, die Hände gebrauchen. Nimm etwas, das einem anderen Freude macht, und gib es weiter. Bete, dass Gott segnet, was du tust. Das ist eine Möglichkeit. Es braucht nicht viel Zeit.

Bitte doch heute Jesus, dass er dir hilft, deine Hände für ihn zu gebrauchen. G-R

21. August

GOTTES KLEINE MISSIONARE
Missionar mit dem Mund

Stell dir vor, du würdest immer ein Mikrofon bei dir tragen, das alles aufnimmt, was du sprichst. Dieser Gedanke erschreckt dich, nicht wahr? Wir möchten nicht alles noch einmal hören, was wir geredet und gesungen haben. Oft müssen wir uns schämen über das, was aus unserem Mund kommt. Und gerade unser Mund ist das Werkzeug, das Gott so gerne braucht.

Nicht immer können wir von Jesus reden. Manchmal müssen wir auch schweigen. Dann müssen wir versuchen, durch unser Verhalten ein Missionar zu sein. Unser Leben im Alltag kann auch ohne Worte ein Zeugnis für Jesus sein.

Wenn wir nicht von Jesus reden können, ist es uns vielleicht möglich, von ihm zu singen. Versuche es einmal. Du wirst erstaunt sein, wie viele Menschen sich darüber freuen. Das hat die achtjährige Lena auch erfahren.

In Lenas Familie glaubt niemand an Jesus. Bei einer Geburtstagsfeier sollte jeder etwas zur Unterhaltung beitragen. Nachdem die Erwachsenen alles Mögliche aufgesagt und gesungen haben, steht Lena auf und singt: »Gott ist die Liebe . . . Er liebt auch dich.« Als sie aufhört, ist es einen Augenblick still. Die Großen sind nachdenklich geworden. Mit diesem Lied durfte Lena ein kleiner Missionar sein. G-R

22. August

GOTTES KLEINE MISSIONARE
Missionar mit den Augen

Moritz sitzt vergnügt auf dem Boden und singt:

»Es ist niemand zu groß, es ist niemand zu klein . . .« Vor ihm steht ein voller Papierkorb. Darin sucht er etwas ganz Bestimmtes. Wenn er es gefunden hat, legt er es zur Seite. Nach und nach wächst ein kleiner Papierberg neben ihm. Nun scheint nichts mehr zu finden zu sein. Alles, was Moritz nicht verwenden kann, wirft er in den Papierkorb zurück. Dann nimmt er eine Papierschere, die Mutter ihm gegeben hat, und beginnt auszuschneiden.

Du möchtest wissen, was er ausschneidet? Eine Briefmarke nach der anderen. Alle Marken, die er auf gebrauchten Briefumschlägen finden kann, die einfachen und die Sondermarken. Er hat gehört, dass man sie an eine Missionsgesellschaft schicken kann. Dort werden sie verkauft und das Geld hilft den Missionaren, ihre Arbeit in fernen Ländern zu tun.

Moritz hat Jesus lieb, und er freut sich, auf diese Weise ein kleiner Missionar sein zu dürfen. Lesen kann er noch nicht, aber seine Augen und seine Hände kann er doch für Jesus gebrauchen. Und das könntest du auch, denn »es ist niemand zu groß, es ist niemand zu klein . . . seine Liebe gilt für alle gleich.« G-R

23. August

GOTTES KLEINE MISSIONARE

Missionar mit den Füßen

»Seid aber Täter des Worts und nicht bloß Hörer« (Jakobus 1, 22). – Jan und seine Freunde sitzen am Radio. Sie suchen einen Sender. Jan, der Fachmann, kennt die Stelle genau. Jetzt klappt es. Babbelgamm – die Kindersendung des ERF.

Nach der Sendung kommt Jan ein Gedanke. Er bespricht ihn mit seinen Freunden. Die sind einverstanden. Vor der nächsten Sendung gehen sie alle zu Mathias, der schon lange krank zu Bett liegt. »Wir wollen dich einladen«, sagt Jan fröhlich und geht auf das Radio neben Mathias' Bett zu. »Darf ich?« Mathias nickt. Er weiß nicht, was das bedeuten soll. Jans geschickte Hände suchen die Skala ab. Ganz vorsichtig dreht er weiter. Es meldet sich der Evangeliums-Rundfunk!

Mathias hört mit großen Augen zu. Die Freunde sitzen auf dem Boden. Inzwischen sind auch die kleinen Geschwister und die Mutter von Mathias hereingekommen. Allen gefällt die Sendung, und die Freunde dürfen das nächste Mal wiederkommen.

Weißt du, was aus der Sache geworden ist? Ein Radio-Club. Jan und seine Freunde haben mit ihrer Begeisterung andere angesteckt.So war Jan ein Täter des Wortes und nicht bloß ein Hörer. Was bist du? Jan hatte willige Füße, zum Dienst bereit. Die brauchen alle Missionare.

G-R

24. August

GOTTES KLEINE MISSIONARE
Missionar mit dem Mund

»Draußen sind Kinder, wir holen sie herein. Sie sollen nicht ohne Heiland sein.« – Kennst du dieses Lied? Im ersten Satz steht ein Wort, das dich und mich angeht. Es heißt »wir«. Stimmt es, dass »wir« nach draußen gehen und Kinder dorthin einladen, wo sie Jesus kennen lernen können? Vielleicht sagst du: »Die kommen doch nicht. Ich brauche sie gar nicht einzuladen.«

Hör einmal, wie es Sina erging. Als sie eines Tages aus der Schule kam, sah sie ein großes Mädchen in einer Haustür stehen. Ich sollte sie einladen, dachte Sina. Aber als sie ihren Mund öffnen wollte, kam kein Wort heraus. Sie fürchtete sich.

Langsam ging Sina weiter. Im Stillen betete sie: »Herr Jesus, hilf mir, dass ich das Mädchen einladen kann.« Dann lief sie tapfer zurück, und Jesus gab ihr die Kraft, den Mund zu öffnen. So wurde sie Gottes kleine Missionarin.

Vielen geht es wie Sina: Sie haben von sich aus keinen Mut, andere einzuladen. In Römer 10, Vers 14 steht aber: »Wie sollen sie an den glauben, von dem sie nicht gehört haben?« Viele Kinder kennen Jesus nicht. Möchtest du ihn nicht heute bitten, dass er dir Mut schenkt, ein Kind einzuladen, das noch nichts von Gott und seiner Liebe zu uns weiß? G-R

25. August

GOTTES KLEINE MISSIONARE

Missionar durch Beten und Geben

Als du das erste Mal von den kleinen Missionaren gelesen hast, hieß es, dass nur erwachsene Missionare in ferne Länder gehen können. Heute will ich dir verraten, wie du jetzt schon in anderen Ländern ein Missionar sein kannst. Das Alter spielt dabei keine Rolle.

Schau einmal deine Hände an. Diese Hände könnten willig werden, regelmäßig von deinem Taschengeld oder selbst verdienten Geld etwas für die Mission abzugeben. Unsere Hände wollen von Natur aus viel lieber nehmen als geben. Aber Jesus kann uns helfen, dass wir das Geben lernen. Und unser Geld reist dann für uns in ferne Länder.

Deine Hände könnten sich auch regelmäßig zum Gebet für die Missionare auf den Missionsfeldern falten. Die Missionare sind oft einsam. Sie machen gefährliche Reisen. Manchmal müssen sie auch durch Angst und Not gehen, weil sie verfolgt werden. Viele haben nicht genügend Geld. Andere sind durch Krankheiten bedroht. Diese Missionare brauchen unsere Gebetshilfe. Und weißt du, was Jesus dem Beter versprochen hat? Sieh in Johannes 16, Vers 23 nach. Durch deine Gebete und dein Geld ist es dir also möglich, jetzt schon ein Missionar in anderen Ländern zu sein. Willst du das?

G-R

26. August

WAS ER SAGT, TRIFFT EIN

Die Bibel erzählt uns von drei kleinen Jungen, die getötet werden sollten: Mose, Joas und Jesus. Bei allen dreien scheiterte der Mordplan, weil Gott eingriff. Er hatte nämlich mit ihnen etwas vor, und daran konnte ihn niemand hindern.

Kennst du die Geschichte des Prinzen Joas? Sein Vater, König Ahasja, erlag den Wunden, die er sich in einer Schlacht geholt hatte. Nun sollte einer seiner Söhne den Thron besteigen. Aber gerade das wollte die Mutter des verstorbenen Königs nicht. Sie war nicht nur eine rabiate Großmutter, sondern auch eine schlechte Frau, die Götzen anbetete. Sie selbst wollte den Thron besteigen. Königin Athalja wollte sie werden. Außerdem wollte sie die Nachkommen Davids, zu denen ihre Enkel gehörten, ausrotten. Gott hatte David einst versprochen, dass er immer einen Erben auf dem Königsthron haben werde. Dem wollte sie – Athalja – nun ein Ende machen! Kurzerhand ließ sie ihre Enkel ermorden. Aber Gott ist nie am Ende. Er hat überall seine Leute, die ihm dienen. Eine Tante der Kinder, Joseba, die Ehefrau eines Priesters, rettete den jüngsten Prinzen und verbarg ihn jahrelang in einer Bettenkammer, bis er zum König ausgerufen werden konnte. Nun ging's aber der Königin Athalja ans Leben. Sie wurde umgebracht. Ihre Rechnung war nicht aufgegangen. Gott war stärker, denn »was er sagt, trifft alles ein« (Psalm 33, 9). G-M

GOTTES DETEKTIVE

Ein Junge steht mit andern auf der Gasse. Er hat keine Ahnung, dass Gott etwas mit ihm vorhat. Ein paar vornehme Herren gehen heftig diskutierend vorbei. Da fällt ein Name. Der Junge spitzt die Ohren. Diese Männer sprechen ja von seinem Onkel, den man vor zwei Tagen in Haft gesetzt hat. Auf, hinter ihnen her. Vielleicht vernimmt er Näheres über das Ergehen seines Onkels. Der Junge weiß nicht, dass Gott ihn jetzt wie ein Werkzeug in die Hand nimmt und braucht, um einen Mordplan zu verhindern. Bald hat der Junge genug erfahren. Die Männer wollen den Obersten der Besatzungsbehörde überreden, seinen Onkel vor die Kirchenbehörde zu führen. Aber ihre Absicht ist, ihn unterwegs umzubringen. Dass ihr Opfer einen prächtigen Neffen hat, der ihren Plan durchkreuzt, haben sie nicht im Entferntesten erwartet. Und dass Gott selbst diesen Neffen im richtigen Augenblick in die richtige Gasse geführt hat, ahnen sie auch nicht.

Der Junge verrät dem Obersten ihr Vorhaben, und der Onkel ist gerettet.

Wäre der böse Anschlag gelungen, so würden uns viele wertvolle Briefe im Neuen Testament fehlen. Der Onkel war nämlich niemand anders als der Apostel Paulus. Gott hatte noch viel mit ihm vor, darum misslang der böse Plan der Feinde. »Der Herr ist mit mir, darum fürchte ich mich nicht; was können mir Menschen tun?« (Psalm 118, 6) G-M

28. August

EIN WUNDER IN DIR!

»Behüte dein Herz mehr als alles, was du sonst zu behüten hast, denn von ihm hängt das Leben ab« (Sprüche 4,23).

Eins der größten Wunder im gesamten Naturgeschehen ist das unermüdlich schlagende Herz. Es ist gewissermaßen der Motor, der unser Leben in Gang hält. Es arbeitet 70, 80 und mehr Jahre ohne die geringste Pause. Es schlägt an einem einzigen Tag etwa 100 000-mal. Dabei pumpt es ungefähr 5000 Liter Blut durch unsere Adern. In einem 70-jährigen Leben sind das nicht weniger als 125 Millionen Liter bei zweieinhalb Milliarden Schlägen. Wollte man diese enorme Flüssigkeitsmenge mit der Bahn befördern, dann benötigte man dafür 8500 große Kesselwagen, die einen Güterzug von 85 Kilometern Länge ergäben.

Die Arbeitsleistung des Menschenherzens kommt einem Kleinstmotor von nur 1/375 PS gleich. Aber die tägliche Anstrengung des Herzens ist so gewaltig, dass man mit ihr ein Gewicht von 20 000 Kilogramm einen Meter hochheben könnte.

Gott hat unser Herz so geschaffen, dass es sich jeder Anforderung schnell und genau anpasst. Denk nur an seine ungeheure Belastung bei sportlichen Wettkämpfen! Ohne diese großartige Regulierung würdest du schon bei einem Hundertmeterlauf dein Leben aufs Spiel setzen.

Das ist nur ein Beispiel von den Wundern Gottes in seiner Schöpfung. E-H

29. August

ES WAR NICHT LEICHT

Paul macht Fahrversuche mit seinem neuen Fahrrad. Da steht Andi vor ihm. Er taucht immer auf, um andere zu ärgern oder zu stören. Dafür ist er bekannt. So recht mögen tut ihn keiner. Ob er vielleicht deshalb so ein Störenfried ist? Da, jetzt packt er das Hinterrad fest. Paul nimmt die Hände von der Lenkstange, seine Fäuste drohen: Gleich schlage ich zu! Andi lässt zwar los. Aber er grinst so herausfordernd, als wollte er sagen: Schlag doch! Wütend steht Paul vor ihm, seine Augen blitzen vor Zorn. Einen Augenblick besinnt er sich. Plötzlich steckt er seine Fäuste hinter den Rücken. Indem er Andi fest anblickt, sagt er: »Ich könnte dir jetzt eine runterhauen, aber mein Papa will das nicht.« Dann hebt er das Fahrrad auf und lässt Andi einfach stehen. Was war leichter? Sich rächen und draufhauen oder sich bezwingen und dem Vater gehorchen? Es war natürlich schwerer, die Fäuste wegzustecken, anstatt sie zu gebrauchen. Paul half es, dass er an seinen Vater dachte. Er tat, was der Vater ihm gesagt hatte. Genau das erwartet Jesus auch von uns. Er sagt: »Ihr seid meine Freunde, wenn ihr tut, was ich euch gebiete.« Willst du sein Freund sein? Dann gilt der Satz auch für dich, in der Schule, beim Spielen, bei der Arbeit. Mach es dann wie Paul. Überlege einen Augenblick: »Was will Jesus jetzt?« Und bitte ihn: »Hilf mir, das Richtige zu tun.« Er hilft ganz bestimmt.

E-D

30. August

WARUM ZWEIFELST DU?

Petrus ist aus dem Boot gestiegen. Und das mitten auf dem Meer! Noch hält er sich am Boot fest. Jetzt lässt er die eine Hand los. Dann auch die andere. Petrus steht auf dem Wasser! Petrus schaut auf Jesus. Jetzt macht er einen Schritt vorwärts – noch einen. Er kann auf dem Wasser gehen – zu Jesus! Petrus wird wieder froh. Die Nacht allein im Boot war schrecklich. Aber dann kam Jesus. Er ging auf den Wellen. Er rief: »Habt keine Angst, ich bin's! Ich helfe euch. Ich bin stärker als der Wind und die Wellen.« Petrus glaubt Jesus. Jetzt geht er zu ihm. Jesus hat ihn gerufen. Aber da kommt eine große Welle. Petrus sieht die Wellen. Er sieht nicht mehr Jesus. Er bekommt Angst. Jetzt beginnt er zu sinken. Gerade noch hebt er die Arme und schreit: »Jesus, Jesus! Hilf mir!« – Jesus ist schon da. Er packt die Hand des Petrus. Jesu Hand ist stark. Sie zieht Petrus aus den Wellen. Jesu Hand hält ihn ganz fest. Jesus sagt: »Warum zweifelst du? Vertraue mir doch!« Mit Jesus geht Petrus zurück ins Boot. Der Wind hört auf zu blasen. Alle Jünger wissen jetzt: Jesus ist wirklich der Sohn Gottes. Sie beten ihn an (Matthäus 14, 22-33). D-H

WER NUR DEN LIEBEN GOTT LÄSST WALTEN …

Georg Neumarck lebte während des Dreißigjährigen Krieges. Als Neunzehnjähriger reiste er nach Königsfeld, um bei einem bekannten Dichter die Dichtkunst zu erlernen. Würde er im Kriegsgeschehen gut dorthin kommen? Eine Gruppe von Kaufleuten schien den nötigen Schutz zu bieten. Sie waren noch keine 150 km gereist, da wurden sie überfallen und ausgeplündert. Den Kaufleuten gelang die Flucht. Georg Neumarck blieb in seiner Not allein. Hilfreiche Menschen nahmen ihn mit bis nach Hamburg und Kiel. Dort wurde ihm sofort angeboten, im Hause des Amtmanns Hennig Hauslehrer der drei Kinder zu werden. So hatte er ein Zimmer, ein Bett, frische Kleidung und dazu einen Arbeitsplatz. Als Georg Neumarck darüber nachdachte, konnte er nur Gott danken. All das war kein Zufall. Es war Gottes Hand, die ihn bewahrt, geführt und beschenkt hatte.

In tiefer Dankbarkeit schrieb er das Lied: »Wer nur den lieben Gott lässt walten und hoffet auf ihn allezeit, den wird er wunderbar erhalten in aller Not und Traurigkeit. Wer Gott, dem Allerhöchsten, traut, der hat auf keinen Sand gebaut.«

Das hatte Georg Neumarck nun selbst erfahren. Ja, Gott kümmert sich um den einzelnen Menschen.

Nimm ein Liederbuch und lies, was Georg Neumarck weiter geschrieben hat. Auch du kannst es nämlich erleben! Denn wer nur seine Zuversicht auf Gott setzt, den verlässt er nicht. W-H

1. September

GLAUBE UND TAT

In der belebten Hafenstadt Joppe gab es viel zu sehen: Große und kleine Schiffe liefen den Hafen an. Hier wurde Ladung gelöscht, dort eingenommen. Fischer brachten ihren Fang an Land. Menschen strömten hin und her.

Wer achtete da auf eine Frau, die ihre eigenen besonderen Ziele hatte! Sie schleppte große Pakete. Bald verschwand sie in einem ärmlichen Viertel und klopfte an die Tür einer Hütte. Eine Mutter versuchte dort, ihren Kindern ein Heim zu schaffen. Doch seitdem der Mann mit seinem Fischerboot im Sturm umgekommen war, herrschte bittere Not. Tabea breitete Wäsche und Kleider aus, hatte ein liebes Wort für Mutter und Kinder – und war verschwunden, ehe die staunende Familie richtig fassen konnte, was geschehen war. Eine andere Witwe wartete auf Tabea. Eine nur? Nein, viele freuten sich auf sie. Sie brachte so viel Sonne mit, dass die Schatten der Angst, der Einsamkeit und Bitterkeit wichen. Tabea gab und gab. Dabei zeugte sie von Jesus, der ihr Leben reich gemacht hatte.

Sie konnte nicht predigen, aber sie konnte nähen und damit Jesu Liebe weitergeben. Die Menschen sahen an ihr etwas von ihrem lebendigen Herrn. Von ihm nahm sie die Liebe, die nicht an sich denkt, sondern immer an den andern.

Lies Apostelgeschichte 9, Verse 36-43. R-F

2. September

SAG ES JESUS!

Ganz gleich, was dich heute bedrückt – sag es ihm. Du brauchst deine Last nicht allein zu tragen. Wenn du Angst hast vor einer Klassenarbeit – sag es ihm. Wenn du dich mit deinem Freund verkracht hast und es den Anschein hat, als wäre alles aus – sag es ihm. Wenn du etwas auf dem Gewissen hast, was dich quält, warte nicht eine Minute länger, sondern sag es Jesus sofort. Er wird dein Vertrauen nicht enttäuschen. Er hat immer Zeit für dich. Er wird immer zuhören und dir helfen. Gewöhne es dir an, alles, Schönes wie Trauriges, Jesus zu sagen. So hast du, ohne es zu merken, ein herrliches Geheimnis entdeckt, nach dem Millionen von Menschen ohne Jesus vergeblich suchen: das Geheimnis, wie man zufrieden, glücklich und froh leben kann. Jesus sagt: »Bittet, so werdet ihr nehmen, dass eure Freude vollkommen sei« (Johannes 16, 24).

In einer Familie lebten die beiden Söhne wie Hund und Katze miteinander. Oft gab es Tränen, und die Mutter verzagte bei dem dauernden Streit. Da sagte einmal die kleine Schwester leise mitten in das Geschrei der Buben hinein: »Weißt du, Mama, das kommt, weil wir nicht darum beten.« Die Mutter stutzte. Wie Recht hatte das Kind! Sofort fing sie an, für ihre Jungen zu beten. Und Jesus half. Irgendwie wich die gereizte Stimmung, und die beiden vertrugen sich allmählich immer besser.

T-B

3. September

GEBET IST WIE DYNAMIT

Stärker als Dynamit wirkte sich das Gebet im Leben zweier Männer aus, von denen du sicher schon einiges gehört hast! Sie befanden sich nämlich im untersten Keller eines Gefängnisses. Ihre Füße waren in einem Holzblock eingespannt, so dass keine Bewegung möglich war. Da man sie vorher grausam ausgepeitscht hatte, plagten sie schier unerträgliche Schmerzen. Dabei waren sie völlig schuldlos. Auf Gottes Geheiß reisten sie von Stadt zu Stadt, erzählten den Menschen von Jesus und halfen ihnen, wo sie konnten. Eines Tages heilte einer von ihnen ein besessenes Sklavenmädchen. Die Besitzer des Mädchens wurden so zornig, dass sie die beiden Männer verleumdeten und verklagten. Ehe die Missionare sich's versahen, landeten sie im dunklen Loch, aus dem es kein Entrinnen gab. Die Nacht kam. Da taten die beiden etwas, das niemand erwartet hätte. Sie beteten laut und lobten Gott mit Liedern. Freudig und kraftvoll klangen ihre Stimmen.

Hast du die Geschichte erkannt? Sie steht in der Apostelgeschichte im 16. Kapitel. Das Gebet dieser Männer brachte die Erde und mit ihr die Gefängnismauern zum Wanken. Und die ganze Familie des Gefängnisdirektors wurde gerettet. Wenn du Jesus kennst, steht dir die gleiche Kraft zur Verfügung. Zwar nicht, um Erdbeben hervorzurufen, wohl aber, um an trüben Tagen froh zu werden und um andere für Jesus zu gewinnen.

T-B

4. September

ERST VERGEBEN, DANN BETEN

Jesus hat einmal gesagt: »Wenn ihr dasteht und betet, so vergebt, wenn ihr etwas wider jemand habt, auf dass auch euer Vater im Himmel eure Übertretungen vergebe« (Markus 11, 25).

Wenn du also einen verborgenen Groll gegen jemand hast, kannst du nicht damit rechnen, dass Gott deine Gebete erhört. Gottes Liebe ist nach wie vor für dich da. Aber du selbst sperrst dich aus. Du schlägst die Tür zu und bleibst im Dunkeln. Auf diese Weise kann man nicht nur unglücklich, sondern auch krank werden. Manch einer hat Magengeschwüre oder eine Herzkrankheit bekommen, weil er nicht vergeben wollte. Der Groll gegen einen Menschen, der ihm Unrecht getan hatte, hat ihn zernagt. Das ist ganz unnötig. Gott vergab dir ja so viel! Wenn du die Sünden eines Tages mit der Zahl der Tage deines Lebens multiplizierst, wirst du ein ungefähres Bild davon haben. Vieles ist dir nicht einmal bewusst. Jesus nahm all diese Sünden am Kreuz auf sich. Aber er trug nicht nur deine Sünde, sondern auch die des andern. Er liebt den andern genau so wie dich. Deshalb weigert sich Gott, dich anzuhören, solange du an deinem Groll festhältst. Denke daran, wie viel Gott dir täglich vergibt, und dann vergib dem andern alles, was er dir angetan hat. Du kannst so beten: Lieber Gott, ich bringe dir alles Böse, das ich getan habe, und ich danke dir vielmals, dass du es mir vergibst. Hilf mir jetzt, den andern zu vergeben und zu vergessen, was sie mir Böses getan oder gesagt haben.

T-B

5. September

HALTE DURCH!

Jesus sagte, dass man allezeit beten und nicht nachlassen soll. Unsere fünfjährige Tina hat uns einmal vorgemacht, wie man beharrlich beten kann. Ihre Schwester Dorothea kam eines Tages mit einer sehr traurigen Nachricht nach Hause. Ein Mädchen aus ihrer Klasse war von einem Auto angefahren worden und lag nun mit einem Schädelbruch im Krankenhaus. Den ganzen Tag waren wir alle beim Gedanken an Lissy sehr bedrückt. Wird sie durchkommen? Wird sie je wieder zur Schule gehen können? Abends, als wir miteinander beteten, fasste Tina unsere Angst und Besorgnis in schlichten Worten zusammen: »Mach, dass Lissy nicht totgeht!« Ähnlich betete sie Abend für Abend. Nicht ein einziges Mal vergaß sie das verunglückte Kind. Als wir nach langer Zeit hörten, dass für Lissy keine Lebensgefahr mehr bestand, betete Tina: »Mach, dass sie bald wieder aufstehen kann. Mach, dass sie bald nach Hause kann.« Die Großen brachten nur ein staunendes »Amen« zustande. Der Tag, an dem Lissy nach Hause zurückkehrte, war für uns ein kleiner Festtag. Doch Tina fuhr unbeirrt fort: »Mach, dass sie bald rausgehen kann. Mach, dass sie bald wieder zur Schule kann.« Schließlich kam der Tag, da Dorothea strahlend verkündete: »Lissy ist wieder in der Schule!«

Wenn du für jemanden betest, gib nicht auf. Halte durch! Es lohnt sich. Jesus sagt: »Ihr sollt nicht nachlassen zu beten« (Lukas 18, 1).

T-B

6. September

ECHTE FREUNDSCHAFT

Im Alten Testament lesen wir die Geschichte von zwei treuen Freunden. Der eine war David, ehemals Hirtenjunge, später Harfenspieler am Königshof, dann Sieger über den Riesen Goliath, Heerführer gegen die Philister und schließlich König von Israel. Der andere Freund war Jonathan, Sohn des Königs Saul. Eigentlich hätten die beiden Feinde sein müssen, denn Jonathan war der Kronprinz und hätte nach Saul König werden müssen. Gott aber hatte es anders bestimmt. Auf seinen Befehl hatte Samuel, der Prophet, den David zum König gesalbt. Wie kam es dann, dass die beiden jungen Männer Freunde wurden, obwohl einer dem anderen im Weg stand? Nun, sie waren Männer, die nach Gottes Willen fragten. Und wenn zwei Menschen zuerst Gottes Willen tun wollen, dann haben die eigenen Wünsche nicht mehr die Kraft, Freunde zu trennen.

Eine Freundschaft wird nirgends so echt und tief wie da, wo beide Freunde auf den lebendigen Gott vertrauen. David und Jonathan hatten sich vor Gott versprochen, einander zu helfen. Gott war dabei, er hörte alles. Sein Segen war mit den beiden; sie waren ja Gottes Mitarbeiter. Sie wollten Gottes Willen tun und dachten immer daran, dass Gott, der Herr, alles sieht und dass nichts ohne seinen Willen geschieht. Ihre Freundschaft war dauerhaft, stark und machte sie froh. A-Sch

7. September

FREUDE DURCH FREUNDSCHAFT

Rebekka sitzt vor ihrer Bibel. Langsam rollt eine Träne nach der andern über ihr Gesicht. Sie hat keine Lust mehr zu lesen. Es hilft ja doch nicht! Wäre wenigstens ein Mädchen im Ort, das sie verstehen würde! Aber so ... – In der Schule lacht man über sie, wenn sie etwas von Jesus sagt. »Fromme Helene« nennt man sie. Ach, wäre doch nur eine Jungschar am Ort! Rebekka hat großes Mitleid mit sich selbst und dabei wird sie immer mutloser. Da klingelt es. Sie läuft zur Tür. »Oh, Jutta!«, ruft sie beglückt. Es ist die Jungscharleiterin aus dem Nachbarort. Schon erzählt Rebekka ihren ganzen Kummer. »Da komme ich ja gerade recht«, antwortet Jutta. »Wir führen nämlich mit unserer Jungschar eine Freizeit durch. Und weil wir noch einen Platz frei haben, dachte ich, du könntest ...«

Rebekka erlebt herrliche Tage. So viele Mädchen! Und keine lacht, wenn sie Fragen stellt. Sie lesen gemeinsam die Bibel. Das macht Freude.

Zu schnell vergehen die Tage. Als die Schule wieder beginnt, merkt Rebekka, dass die Schwierigkeiten noch die gleichen sind. Und doch ist es anders. Sie fühlt sich nicht mehr einsam, denn sie weiß: Die Jungscharler aus dem Nachbarort beten für sie. Das gibt ihr Mut und macht sie froh.

A-M

8. September

VON DER STILLE

In Psalm 65, Vers 2 steht: »Lobt Gott in der Stille!« Satan, »der Fürst dieser Welt«, sorgt unaufhörlich für Lärm, Unterhaltung, übermäßig viel Arbeit und Unruhe. Sogar die Sonntage füllt er mit aufregenden Dingen aus. Darum sind die Menschen so gehetzt und nervös. Die Stille fehlt ihnen.

Als Jesus noch auf der Erde lebte, hatte er ausgefüllte Tage. Immer waren Leute um ihn. Selten war er allein. Doch immer wieder lesen wir: »Er entwich ...« Mit aller Gewalt musste er sich oft losreißen, um allein zu sein. Weil er am Tag wenig Zeit hatte, ging er oft ganze Nächte lang weg. Er suchte die Stille, das Alleinsein mit Gott.

Du brauchst das ebenso. Der himmlische Vater will mit dir reden. Meist tut er das durch sein Wort. Und du darfst dein Herz vor ihm ausschütten und wirst Kraft bekommen für alles, was tagsüber auf dich zukommt. Dazu brauchst du einen stillen Ort.

Ich weiß von einem Mädchen, das kein Plätzchen hatte, wo es allein sein konnte. So ging es jeden Morgen mit der Bibel unterm Arm auf den Speicher. Ein Junge sagte mir, dass er nur im Garten wirklich Stille haben könne. Es kommt nicht auf den Ort an. Gott ist überall. Willst du herausfinden, wo du mit ihm allein sein kannst, und dich täglich da mit ihm treffen? So wirst du ein starker, froher Christ werden. R-B

9. September

GEWICHTE

Die Zeit der Wettkämpfe im Sommer fordert von allen Teilnehmern ganzen Einsatz. Wie wird da trainiert und hart gearbeitet! Jeder will ja Sieger werden!

Nun stell dir einmal vor, du zögst beim Wettlauf Skistiefel an. Ist das verboten? Nein. Wer käme auch auf eine solche Idee! Alles unnötige Gewicht musst du doch vermeiden! Genauso wenig würdest du dir eine dicke Eisenkette umhängen.

Wir haben auch als Christen einen Wettlauf, ja einen Kampf zu bestehen. Die Bibel sagt in Hebräer 12, Vers 1: »Lasst uns laufen durch Geduld in dem Kampf, der uns verordnet ist.« Auch hier geht es darum, nicht zurückzubleiben. Deshalb sagt uns Gott, wir sollen alle unnötigen Gewichte ablegen.

Was sind denn solche Gewichte? Vielleicht hast du dir angewöhnt, hässliche Worte zu gebrauchen und die andern immer gleich zu beschimpfen. Das ist ein solches Gewicht. Oder du gehst gern dahin, wo du allerlei Hässliches hörst und siehst. Es könnte auch sein, dass ein Freund oder eine Freundin wie ein Gewicht an dir hängt und dich davon abhält, im Wettlauf mitzumachen.

Vielleicht denkst du: Ich schaffe es schon. Merkst du nicht, dass du wie ein Sportler bist, der sich eine schwere Eisenkette um den Leib schlingt und losläuft? Mit Gottes Hilfe kann es anders werden. R-F

KINDER DES ALTEN TESTAMENTS: ISAAK

Abraham und Sara hatten in ihrem hohen Alter noch ein Kind bekommen. Weil sie erwarteten, dass die Leute das komisch finden würden, nannten sie ihn Isaak, das heißt: »Man lacht«. Isaak wurde ein stiller Junge. Er war einziger Sohn und hing sehr an den Eltern. Mit seinem Vater erlebte er einen Tag, der ihm unvergesslich blieb. Früh wurde er vom Vater geweckt. Sie hatten einen weiten Weg vor sich. Drei Tage lang mussten sie reisen. Unterwegs redete der Vater kaum. Irgendetwas bedrückte ihn. Isaak wusste, sie wollten Gott ein Opfer bringen. Da erhob sich auch schon der Berg vor ihnen, ihr Ziel. Vater und Sohn stiegen allein hinauf. Die Knechte blieben zurück. »Wo ist das Schaf zum Opfer, Vater?« Diese Frage musste der Vater erwartet haben, denn er hatte kein Opfertier mitgenommen. Gott hatte dem Abraham gesagt: »Nimm Isaak, deinen einzigen Sohn, den du lieb hast, und gehe hin in das Land Morija und opfere ihn dort.« Abraham antwortete Isaak: »Mein Sohn, Gott wird sich ein Schaf aussuchen.« Dann gingen sie miteinander weiter. Oben auf dem Berg ließ sich Isaak ohne Widerstreben zum Opfer zubereiten. Und nun, als Gott Abrahams Glauben und Gehorsam erprobt hatte, gab er ihm das Schaf. – So wurde Abraham »der Vater des Glaubens«. Und Isaak erlebte die große Befreiung.

Aber wie anders erging es Gott und Gottes eingeborenem Sohn! Gott gab sein Liebstes. Und für ihn gab es keine Befreiung, kein Opfertier als Ersatz. Er starb, damit wir leben können!

R-A

11. September

KINDER DES ALTEN TESTAMENTS: MIRJAM

In der Bibel stehen viele spannende Geschichten. Ein besonders abenteuerliches Erlebnis wird uns von einem Mädchen – es heißt Mirjam – berichtet. Du kannst es in 2. Mose 2, Verse 1-10 nachlesen.

Mirjams kleiner Bruder, Mose, war wie alle kleinen Jungen des Volkes Israel in Ägypten in Lebensgefahr. Deshalb wurde er gegen den Befehl des fremden Königs drei Monate zu Hause versteckt. Doch länger konnten sie das Kind nicht verbergen. Wie mögen die Eltern und auch Mirjam um Bewahrung gebetet haben! Mirjam sah, wie der Vater ein wasserdichtes Körbchen bastelte. Eines Morgens legte die Mutter den kleinen Mose in das Körbchen, schlich vorsichtig mit Mirjam an den Nil und versteckte das Körbchen mit dem Kleinen im Schilf. Dann eilte die Mutter zurück an ihre Arbeit. Mirjam blieb in der Nähe des Kindes. Kannst du dir vorstellen, wie es Mirjam zumute war? Was wird mit Mose geschehen? Ob ihn jemand findet? Wer wird es sein? Sicherlich hat sie in ihrem Versteck immer wieder um einen guten Ausgang dieses Abenteuers gebetet. Die Königstochter kam und fand das Kästchen. Und so wurde Mose gerettet. Welchen wichtigen Dienst konnte Mirjam dann noch im richtigen Augenblick für ihren kleinen Bruder tun?

Ob du auch so mutig gehandelt hättest? Wenn wir auf Jesus hören und ihm gehorchen, dann wird er uns auch helfen, im richtigen Augenblick das Richtige zu tun.

U-N

KINDER DES ALTEN TESTAMENTS: SAMUEL

Was in dieser Nacht geschah, vergaß Samuel niemals wieder. Es war der Wunsch seiner Mutter gewesen, dass er ein Diener in der Stiftshütte werden sollte. Die Stiftshütte war das Zelt, in dem Israel seine Gottesdienste feierte, ehe der Tempel gebaut wurde. Müde von allen Arbeiten, die er für den alten Priester Eli hatte tun müssen, schlief Samuel in dieser Nacht. Da hörte er dreimal seinen Namen rufen. Dreimal stand er auf und lief zu Eli. Denn Samuel meinte, der Priester habe ihn gerufen. Eli merkte schließlich, dass es Gottes Stimme sein musste, die den Knaben weckte. Er befahl Samuel, beim nächsten Mal zu antworten: »Rede, Herr, denn dein Knecht hört.« Samuel gehorchte. Und Gott redete zu Samuel. Von da an vertraute Gott ihm seine Pläne an und machte ihn zu seinem Sprecher, der schon in jungen Jahren anderen Menschen Gottes Wort sagen musste.

Auch zu dir spricht Gott, wenn du in der Bibel liest. Höre darauf und gib Gott Antwort, indem du im Gebet zu ihm sagst: »Herr, ich höre; ich bin bereit zu tun, was du sagst.«

Zu Samuels Zeiten redeten alle Leute vom Essen und Trinken, sie kauften und verkauften und hielten wenig von Gottes Wort. Samuel aber hörte schon als Knabe und später als Mann Gottes Wort und tat, was Gott sagte, ohne Rücksicht auf Könige und Feldherren. Als er starb, trauerte das ganze Volk Israel um diesen tapferen, treuen und klugen Mann Gottes. R-A

13. September

KINDER DES ALTEN TESTAMENTS: SPOTTENDE KINDER

Der Prophet Elisa kam des Weges. Spielende Kinder sahen ihn. Sie grüßten ihn nicht, wie es sich doch gehört hätte. Sie riefen ihm allerlei Spottworte zu und lachten über seine Glatze. Sie waren frech und strohdumm. Von ihren Eltern hatten sie anscheinend nichts über die Worte und Taten des großen Propheten erfahren. Wer weiß, vielleicht machten sich diese Eltern vor den Ohren ihrer Kinder selber über Gott und seine Propheten lustig. Diese Kinder sahen, wie Erwachsene Gottes Gebote verachteten, hörten ihre gottlosen Redensarten und erlebten die Götzendienste. Vielleicht wollten die Kinder mit ihrem Spott es den Eltern gleichtun. Gottes Gericht riss sie von den Eltern weg. Bären überfielen die Kinder.

»Du sollst Gott, deinen Herrn ...« – Du kennst doch das erste Gebot? Auch du hörst vielleicht von Erwachsenen gar manches ehrfurchtslose, spöttelnde Wort über Gott und die Bibel und über Gottes Diener. Spotte nicht mit!

Als Jesus seinen Leidensweg ging und zu dem Spötter Herodes kam, schwieg der Herr. Den Spöttern unter dem Kreuz sagte er auch kein Wort. Das war für sie der Anfang des Gerichts: dass Jesus schwieg und sich wegwandte. Lies einmal den ersten Psalm. Dort steht etwas über Spötter, aber auch über Menschen, die treu zu Gott stehen. R-A

KINDER DES ALTEN TESTAMENTS: DER SOHN DER SUNAMITIN

In dem Haus eines wohlhabenden Ehepaares, das in Sunem wohnte, war dem Propheten Elisa viel Liebe zuteil geworden. Sie hatten ihm ein kleines Gastzimmer eingerichtet. Wenn Elisa in die Gegend kam, kehrte er dort ein. Das Ehepaar hatte keine Kinder. Der Prophet betete zu Gott, er möge diesen freundlichen Menschen ein Kind schenken. Er war überzeugt, dass Gott, der Schöpfer, sein Gebet erhören werde. Endlich schenkte Gott der Sunamitin einen Jungen, und er wuchs zu aller Freude heran. Eines Tages, als er in der Hitze auf dem Feld spielte, bekam er einen Sonnenstich. Auf dem Schoß seiner Mutter starb er. Welche Trauer! Warum hat Gott ihnen ein Kind geschenkt, wenn er es ihnen jetzt, nachdem es ihnen so ans Herz gewachsen war, wieder wegnahm? Sie riefen den Propheten. Er kam und betete, und der Tod musste das Kind zurückgeben. So wurde die Sterbekammer zur Freudenstube. Elisa konnte diese Tat vollbringen, weil er der Prophet Gottes war.

Gott aber ist der Herr über den Tod. Das wissen wir von Ostern her. Da ist Jesus aus dem Grab auferstanden. Wenn der Herr wiederkommt, wird er auch alle Kinder, die gestorben sind, wieder auferwecken. Das wird der Tag sein, an dem sich sein Wort »Lasset die Kindlein zu mir kommen« wunderbar erfüllt. Auf diesen Tag wollen wir uns schon heute freuen. R-A

15. September

KINDER DES ALTEN TESTAMENTS: DANIEL

Hier war alles anders als zu Hause in Jerusalem. Auf Befehl des Königs Nebukadnezar, dessen Truppen ihr Land besetzt hatten, war Daniel mit seinen Freunden nach Babylon gekommen. Sie sollten eine Hochschule besuchen und später Beamte des Königs werden. Mit ihren Familien hatten sie kaum noch Verbindung. Die Versuchung war groß, sich den neuen Verhältnissen anzupassen. Doch Daniel und seine Freunde beschlossen: Auch in dieser heidnischen Umgebung wollten sie dem Herrn treu bleiben. Darum wollten sie statt Fleisch Gemüse essen und statt Wein Wasser trinken. Warum? Die Tiere wurden nicht nach der Vorschrift der jüdischen Gesetze geschlachtet und waren darum unrein. Der Wein war sicherlich den fremden Göttern geweiht. Aber war es nicht kleinlich, die Treue zu Gott damit zu zeigen, dass sie Speisen verweigerten? Nein, denn Treue – auch zu Gottes Wort – fängt immer im Kleinen an. Und für Daniel und seine Freunde war bewusste Gesetzesübertretung niemals etwas Geringes.

Daniel und seine Freunde gewannen durch ihre Haltung das Vertrauen des Hausvaters ihrer Schule, so dass er ihnen half. Sie gewannen das Vertrauen ihres Königs und erhielten hohe Ämter. Auch du wirst durch Treue im Kleinen die Achtung deiner Umgebung gewinnen, vielleicht sogar neue Freunde. Jedenfalls aber wird Gott dir Aufgaben anvertrauen. R-A

16. September

ZEUGEN GOTTES IN VERGANGENEN ZEITEN: ULFILAS 311-385)

In der Universitätsbücherei in Upsala (Schweden) sind Bruchstücke einer uralten Bibel zu sehen. Es ist die erste Bibelübersetzung in eine germanische Sprache. Man nennt dieses Exemplar die »Silberne Handschrift«. Ihr Übersetzer hieß Ulfilas oder Wulfila. Er lebte um 311-385. Sein Volk, die Goten, wohnte damals in Südrussland und auf dem Balkan. Durch römische Kriegsgefangene, die Christen waren, empfingen sie die erste Kunde von Jesus Christus. Ulfilas Mutter war von den Goten bei einem ihrer Streifzüge in Kleinasien geraubt worden. Sie blieb ihrem Glauben treu und führte ihren Sohn zu Christus. Als Dolmetscher begleitete Ulfilas eine Gesandtschaft seines Königs in die damalige Hauptstadt des römischen Reiches, Konstantinopel. Dort wurde ihm klar, dass die Bibel für Christen und Nichtchristen notwendig ist. Darum übersetzte er sie. Das Werk war mit viel Mühe und Arbeit verbunden. Zuerst musste er gotische Buchstaben erfinden. Wer die Bibel dann lesen wollte, musste zuvor die von ihm geschaffene Schrift erlernen. Das taten viele. So hat diese Übersetzung ins Gotische dazu beigetragen, dass der Name Jesu, sein Leben, Sterben und Auferstehen den germanischen Stämmen bekannt wurde.

Heute ist die Bibel in etwa 1250 Sprachen und Dialekte übersetzt. Man nennt sie das »Buch der tausend Zungen«. Lies auch du deine Bibel. Sie führt dich zu Jesus und hilft dir, bei ihm zu bleiben. H-W

17. September

KEINE KRAFT ZUM BREMSEN

Ein ganzer Trupp Jungen ist auf dem Heimweg aus der Turnstunde. Einer ist dazwischen, der eher wie ein Erstklässler aussieht, aber auch er gehört schon in die dritte Klasse. Da – er hat einen Schubs von Tom bekommen. Das war Absicht. Seine Turnschuhe fallen runter. Ehe er sie aufheben kann, hat Tom den einen Schuh auf die Straße gestoßen. »Bravo!«, brüllt sein Freund, und die anderen lachen. Als Benni sich beeilt, seinen Turnschuh zu holen, verstecken sie blitzschnell seine Mappe hinter einem Gartenzaun. Als Benni zurückkommt, grinsen ihn die Kameraden an, und Tom fragt: »Na, und?« »Wo ist meine Mappe?«, fragt Benni. »Deine Mappe??« »Schau doch nach!«, sagt einer und ein anderer höhnt: »Musst weinen!« Bald schubsen und balgen sie mit Benni. Als Schwächster kommt er nicht gegen sie an. Er wehrt sich verzweifelt, aber sie werden nur noch wilder. Sie halten es mit dem starken Tom, der immer das große Wort führt. Keiner hat den Mut, dem Schwächeren beizustehen.

Diese Jungen kommen mir vor wie Autos ohne Motor. Bergauf haben sie keine Kraft zum Fahren, bergab keine zum Bremsen. Jungen und Mädchen brauchen Kraft, um recht miteinander umzugehen und mutig gegen Unrecht anzugehen. Als Antrieb und als Bremse. Freilich, leicht ist das nicht immer; man ist oft allein. Aber Gott will diese Kraft geben. Wir dürfen ihn darum bitten. Sieh, was in 2. Timotheus 1, Vers 7 steht.

E-D

18. September

ER IST AUCH IN DEN PAUSEN DA
(139. Psalm)

Herr, du kennst mich. Du weißt, wie ich bin. Wenn ich in meiner Schulbank sitze, weißt du es; auch wenn ich aufstehe, weil ich drankomme. Du weißt Bescheid über meine Gedanken. Jedes meiner Worte kennst du. Auch wenn mich der Lehrer nicht sieht in den Pausen – da siehst du mich! Du weißt, was da getuschelt wird. Wie sie von Rauschgift flüstern. Du siehst die hässlichen Bilder, die sie herumzeigen. Du merkst, wenn sie einen Streich gegen den Lehrer planen oder meine Freundin ärgern wollen. Ich weiß, dass dir das alles nicht gefällt! Aber ich verstehe nicht, dass du sie so machen lässt! Dass du nichts gegen sie tust, obwohl sie nicht so sind, wie du es willst. Am liebsten hätte ich nichts mit ihnen zu schaffen! Oft hasse ich sie direkt! Aber du, Herr, weißt, dass ich trotzdem manchmal neugierig auf ihre Heimlichkeiten bin. Bitte prüfe alles, was ich bis in die geheimsten Gedanken hinein denke! Zeige mir, ob ich auf dem bösen Weg bin, auf dem Weg, der von dir fortfährt. Hilf mir, dass ich dir nicht weglaufe! Das kann man ja nicht – selbst, wenn man bis ans Ende der Welt ginge, dahin, wo die Wolken segeln oder gar zu den Toten. Dort bist du ja auch! Nimm mich wie ein guter Vater an die Hand! Zeig mir, wie ich den rechten Weg gehen kann. Halte mich fest, dass ich darauf bleibe! Ich danke dir, dass du da bist! Amen.

M-Z

19. September

EINE WICHTIGE ENTSCHEIDUNG

»Da schaut, was Petrus auf dem See tut! Am helllichten Tag wirft er die Netze aus!« Verwundert stehen einige Leute am Ufer und sehen auf das Wasser hinaus. Tatsächlich – Petrus ist hinausgefahren. Jesus hat es ihm befohlen. In der vorangegangenen Nacht hat Petrus umsonst gearbeitet. Am Tage geht erst recht kein Fisch ins Netz, das weiß jeder Fischer. Petrus aber zögert keinen Augenblick, dem Befehl Jesu zu gehorchen. Dieser Gehorsam wird belohnt. Und wie! Riesige Mengen Fische gehen in die Netze. Sie füllen zwei große Boote. Da geht Petrus ein Licht auf. Ein großer Schreck fällt ihm ins Herz. Was für ein Mann ist dieser Jesus – welch ein mächtiger Herr! »Und wer bin ich?«, denkt Petrus. »Ich passe nicht zu Jesus.« Ganz verzweifelt sagt er: »Herr, gehe von mir, denn ich bin ein sündiger Mensch.« Was tut Jesus? Schickt er Petrus fort? Oder geht er selbst? Nein! Denn gerade die, die das erkannt haben – wer Jesus ist und wer sie selbst sind –, die kann er gebrauchen. Jesus fordert Petrus auf, ihm von nun an immer zu folgen, mit ihm zu leben und andern zu sagen, was er mit Jesus erlebt hat. Wie erleichtert ist Petrus, als er weiß, dass Jesus ihn annimmt, so wie er ist. Er entscheidet sich richtig und geht mit Jesus.

Du kannst es in Lukas Kapitel 5, Vers 1-11, nachlesen. Jesus aber ruft nicht nur Petrus! Gerade jetzt ruft er dich, ihm zu folgen. Wie wirst du dich entscheiden?

H-Th

20. September

ABREISSEN ODER AUFBAUEN?

Stell dir vor, ich hätte eine blühende Rose in der Hand. Dann würde ich dich auffordern, ein Blütenblatt nach dem andern abzuzupfen. Du würdest vielleicht 20 Sekunden dazu brauchen. Was aber würdest du sagen, wenn ich dir dann die Aufgabe stellte: »Jetzt setze bitte alle Blütenblätter wieder fein säuberlich ein!«

Du schüttelst den Kopf und sagst: »Das geht nicht.« Und du hast Recht. Es ist immer leichter, etwas zu zerstören als aufzubauen. Und manchmal lässt sich das, was man niedergerissen hat, nie wieder aufrichten.

Es gibt viele Kinder, die das noch nicht begriffen haben. Sie erzählen hässliche Dinge über ihre Schulkameraden und reden unfreundlich über die Nachbarn. Wer das tut, der reißt nieder, er zerstört den guten Ruf des anderen. Wenn jemand zu Jesus gehört, soll er aufbauen und nicht niederreißen.

Lässt du dich bei allem Denken und Reden von dem Wunsch treiben aufzubauen? Der Apostel Paulus sagt in Philipper 4, Vers 8: »Alles, was wahr, was ehrbar, was gerecht, was rein, was liebenswert, was wohllautend ist, wenn es irgendeine Tugend und wenn es irgendein Lob gibt, dem denket nach.«

Wenn du versucht bist, wieder etwas zu sagen oder vielleicht nur zu denken, was nicht gut ist, dann bitte Jesus, dass er dir hilft. Vergiss die Rose nicht! R-F

21. September

DER BECHER

Möchtest du gern einen Schluck kühlen Saft aus diesem Becher trinken? Wie schön sieht er aus! Oben ist nichts abgeschlagen. Er blitzt vor Sauberkeit. Doch nun schau einmal hinein! Du schüttelst dich. Alle möglichen Speisereste kleben am Boden. Niemals würdest du aus solch einem Becher trinken wollen. Du würdest vielleicht sogar krank. Was nützt es, wenn der Becher außen so schön, innen aber schmutzig ist!

»Ihr haltet die Becher und Schüsseln auswendig rein, aber inwendig sind sie voll Staub und Fraß«, sagt Jesus. »Reinigt zuerst das Inwendige, damit auch das Auswendige rein werde!«

Weißt du, was er damit meint? Er spricht von Menschen. Wenn Menschen sich nach außen anders geben, als sie in Wirklichkeit sind, dann ist das Heuchelei. Jesus hasst das. Er verurteilt Heuchelei mit harten Worten.

Marcel zum Beispiel kann sehr freundlich sein. Er weiß sogar die Antworten auf viele Fragen über Gott, die Bibel und den Glauben. Aber sein Herz ist niemals von der Sünde gereinigt worden. Manche denken zwar, er sei ein Gotteskind, weil sie nur seine guten Taten sehen und sich über sein freundliches Wesen freuen. Gott allein weiß es besser, denn er sieht in sein Herz.

Keiner braucht sein Herz ängstlich vor den Blicken Jesu zu hüten. Du kannst ihn gerade jetzt bitten: Lieber Herr, mach du mich bitte innen und außen, im Herzen und im Leben, ganz neu!

R-F

22. September

KANN EIN KIRSCHBAUM DENKEN?

Der erste Satz der Bibel heißt: »Am Anfang schuf Gott Himmel und Erde.« Es gibt Leute, die das nicht glauben. Sie sagen: »Es ist alles von selbst entstanden.« Diese Leute meinen wohl, dass ein Kirschbaum denken kann. – Wieso? Jeder Kirschbaum weiß zu jeder Jahreszeit ganz genau, was er tun muss. Im Winter ist er kahl. Blüten und Blätter würden ja erfrieren. Aber schon am Ende des Winters ist er voller Knospen. Zum Schutz gegen die Kälte hat er sie mit einer festen Hülle umgeben. Im Frühling lässt er zunächst unzählige Blüten hervorsprießen. Sie sind schneeweiß, um die Bienen anzulocken; sie sollen das in jeder Blüte verborgene Honigtröpfchen naschen. Dabei werden die Blüten bestäubt. Aus jeder bestäubten Blüte wächst eine kleine grüne Frucht heran. Sobald die Kirsche dick genug ist, färbt der Baum sie wunderschön rot. Das soll die Vögel einladen, die Früchte zu fressen. Dahinter steckt wieder ein schlauer Gedanke. Denn in jeder Kirsche ist ein Samenkern versteckt. Er ist besonders hart, damit er nicht mit verdaut wird. Er soll nämlich wieder ausgeschieden werden. Das tun die Vögel im Fliegen. So verstreuen sie die Kirschkerne (mit ein wenig Vogeldünger versehen) in der ganzen Umgebung und säen damit lauter neue Kirschbäume. Wer nun nicht glauben will, dass ein Kirschbaum denken kann, der muss doch wenigstens zugeben, dass jemand anders für ihn gedacht hat. Wer wohl? E-H

23. September

DAS GROSSE HIMMELSLICHT

Gott sprach: »Es sollen Lichter am Himmelsgewölbe entstehen ... das größere Licht zur Herrschaft über den Tag« (1. Mose 1, 14 u. 16).

Unsere Erde ist ein riesengroßer Ball, der durch das Weltall fliegt. In diesem Weltall ist es stockdunkel und viel, viel kälter als im kältesten Winter. Wenn es Sonne, Mond und Sterne nicht gäbe, dann wäre es immer schwärzeste Nacht auf der Erde. Alle Menschen, Tiere und Pflanzen müssten erfrieren. Aber das wollte Gott nicht. Deshalb hat er uns die Sonne geschenkt, die alles hell macht und gleichzeitig erwärmt. Und damit das auch immer geschehen kann, fliegen wir fortwährend in einem großen Kreis um die Sonne herum. Unser Himmelslicht ist so groß, du kannst dir gar nicht vorstellen, wie groß. Mehr als eine Million Erden hätten in der Sonne Platz.

Damit unser Erdball nun überall erhellt und erwärmt wird, dreht er sich gleichzeitig auch noch um sich selbst. Auf diese Weise ist immer eine Seite von der Sonne abgewendet. Auf der ist es dann Nacht.

Die Sonne ist als ständig brennender Feuerball ungeheuer heiß. Deshalb beträgt unser Abstand zu ihr 150 Millionen Kilometer. Das ist die richtige Enfernung, damit wir weder verbrennen noch erfrieren. Und weil die Strahlungen dann immer noch zu gefährlich wären, hüllt sich die Erde in ihr Magnetfeld, einen wirksamen Strahlenschutz-Mantel. Wie groß ist unser Gott, der so Großartiges zu schaffen vermag! E-H

24. September

WEISST DU, WIEVIEL STERNLEIN STEHEN …?

»Blicke zum Himmel und zähle die Sterne, wenn du sie zählen kannst« (1. Mose 15, 5).

Das sagte Gott zu Abraham, um ihm zu zeigen, welch großes Volk seine Nachkommenschaft werden sollte. Der Vergleich zwischen der Zahl der Sterne und dem späteren Volk Israel war natürlich als Bild gemeint. Obwohl Abraham die am nächtlichen Himmel sichtbaren Sterne nicht zu zählen vermochte, weil sie aufgehen und versinken, hätte er doch nur etwa 3000 sehen können. Seine Nachkommenschaft wurde unvergleichlich viel zahlreicher. Aber du weißt sicher auch, dass es über die sichtbaren hinaus noch viel, viel mehr Sterne gibt. Um das festzustellen, braucht man ein großes Fernrohr. Das größte Himmelsfernrohr, das es augenblicklich gibt, hat einen Durchmesser von 5 Metern. Es steht in Amerika. Wenn man damit die Milchstraße betrachtet, ist man verblüfft zu sehen, dass sie aus einem Gewimmel von Sternen besteht. Sie wirken deshalb so klein, weil sie unvorstellbar weit entfernt sind. Ihr Licht, das in einer Sekunde 300 000 Kilometer zurücklegt, braucht mehrere Milliarden Jahre, um zu uns zu gelangen. Man schätzt, dass das Milchstraßensystem, zu dem unsere Erde gehört, etwa 100 Milliarden Sterne enthält. Von solchen Milchstraßensystemen soll es etwa eine Milliarde geben. Was meinst du, wenn die Schöpfung so groß ist, wie groß muss erst der Schöpfer sein! E-H

25. September

JOSEF, EINE GESCHICHTE IN FORTSETZUNG

Von heute an wollen wir 8 Tage lang eine spannende Lebensgeschichte lesen. Die Hauptperson, ein Junge, ist wohl nur wenige Jahre älter als du. Er stammt aus einer großen, wohlhabenden Familie. Sein Vater ist Gutsbesitzer. Die zwölf Söhne wachsen sozusagen zwischen den Herden ihres Vaters auf. Der Zweitjüngste ist mit seinen 17 Jahren schon ein ernst zu nehmender Viehhirte. Obwohl er die gleiche Arbeit tut wie seine Brüder, nimmt er in der Familie eine Sonderstellung ein. Sein Vater zieht ihn den anderen vor. Die Folge davon ist Neid bei den älteren Brüdern und bei ihm Überheblichkeit. Was er bei den Brüdern hört und sieht, berichtet er alles haarklein seinem Vater. Kurz gesagt: Er petzt. – Ziehst du jetzt die Nase kraus und sagst: »Iih, das tut man doch nicht!« Nun, dann überleg mal ruhig: Wo steckt deine Überheblichkeit? Vielleicht darin, dass du geringschätzig auf den Freund schaust, der die Tore nicht so toll hinkriegt wie du? Und gepetzt hast du natürlich noch nie, oder? Nicht wahr, du musst auch noch viel lernen, genau so wie der Junge in unserer Geschichte. Es ist ein sehr abenteuerliches Leben, das ihn erwartet. Lies jetzt gleich den ersten Teil der Geschichte in 1. Mose 37, Verse 1-11! Br-St

JOSEF, 1. FORTSETZUNG

Lies zuerst 1. Mose 37, Verse 12-35!

Das ist ja fast wie ein Krimi, nicht wahr? Wenn sich jetzt ein Detektiv mit dem Fall befasste, um den »tragischen Unglücksfall«, der dem alten Vater vorgeschwindelt wird, zu untersuchen, käme ein schauriges Verbrechen an den Tag. Aber keiner hat es ja gesehen. Wirklich keiner? Sagen wir lieber: kein Mensch. Denn dass Gott, der Herr, alles sieht, weißt du selbst. Nun hör ich dich in Gedanken fragen: Warum hat Gott die böse Tat dann nicht verhindert? Schau, Gott hat mit jedem Menschen einen Plan. Sein Ziel ist, ihn zur Hinkehr zu Gott zu bringen. Wenn wir eigene Wege gehen, ohne nach Gott zu fragen, ist es oft nötig, dass er Leid und Schmerzen über uns bringt, damit wir uns auf ihn besinnen. Josef hat es jetzt sehr schwer. Ob er Gott sucht? – Und seine Brüder? Nun, sie seufzen sicher unter der Last ihrer Schuld, die sie ängstlich geheim halten müssen. Wenn sie doch den Mut hätten, sie zu bekennen! Wie viel leidvolle Tage, Monate, ja Jahre könnten sie sich ersparen. Verschwiegene Sünde bereitet viel Kummer.

Verschweigst du auch etwas? Du kannst es loswerden. Sprich mit Jesus darüber. Vielleicht auch mit einem lieben Menschen. Dann könnt ihr zusammen die Sache vor Gott bringen, und du darfst die Vergebung annehmen.

Br-St

27. September

JOSEF, 2. FORTSETZUNG

Lies zuerst 1. Mose 39, Verse 1-23!

Hast du dich beim Lesen der Fortsetzung auch so gefreut wie ich? Welch eine gute Antwort haben wir doch auf unsere Frage von gestern bekommen. Weißt du sie noch? »Ob Josef Gott sucht?« Er hat ihn nicht nur gesucht, sondern sich auch ganz fest an ihn angeschlossen. In Vers 2 heißt es: »Gott war mit Josef, dass er ein glücklicher Mann wurde.« Glücklich? Als Sklave, als Diener? Glücklich im Ausland, wo er keinen Menschen zum Freund hatte? Ja, glücklich, weil er sich zu Gott hielt! Mit Gott als Vater, mit Jesus als Freund kannst auch du in jeder Lage glücklich sein. Ja, noch mehr: Mit Jesus als Helfer kannst du tapferer sein als irgendein berühmter Held. Mit Jesus als Helfer hast du so viel Mut, dass du sogar Unrecht erleiden kannst, ohne unglücklich zu sein. Weißt du, wenn Josef dem verlockenden Angebot der Frau seines Chefs nachgegeben hätte, wäre es ihm sicher nach außen weiter gut gegangen. Aber Josef wollte seine Verbindung zu Gott nicht aufgeben. Sie war ihm so wichtig, dass er es fertig brachte, immer wieder nein zur Versuchung zu sagen.

Wenn du zu Jesus gehörst, dann lass dir auch die Verbindung mit ihm wichtiger sein als die Freundschaft mit Menschen, die dich zum Unrecht verführen wollen. Du verscherzt dein Glück, wenn du ihnen nachgibst.

Br-St

28. September

JOSEF, 3. FORTSETZUNG

Lies zuerst 1. Mose 40, Verse 1-23!

Wenn diese Geschichte heute geschehen wäre, stände sie gewiss mit großen Schlagzeilen in der Zeitung. Vielleicht so: »Gerechte Strafe für pflichtvergessenen Hofbeamten.« Und: »Monarch beantwortet Untreue im Amt mit Begnadigung.« Dann würde in allen Einzelheiten berichtet, womit die beiden Beamten den Zorn ihres Königs herausgefordert hatten. Der Jammer des Verurteilten und die Freude des Begnadigten würden in ergreifenden Worten ausgemalt. Mitleidige Leser würden sich in Leserbriefen über das Schicksal des armen, vergessenen Sklaven aufregen. Die Bibel hingegen berichtet in aller Kürze ein Geschehen, das drei Menschenschicksale umfasst. Eine solch knappe Berichterstattung mag uns vielleicht uninteressant erscheinen. Aber die Bibel erreicht damit, dass der Leser das Wesentliche herausfindet. Was ist das wohl hier? Ich glaube, es liegt in dem Satz: »Nur Gott kann Träume deuten« (Vers 8). Josef hat eine Chance, sich vor den Männern, die doch auf ihn angewiesen sind, hervorzutun; doch er gibt diese Gelegenheit einfach an Gott weiter. Ihm ist nichts an der eigenen Ehre gelegen, sondern einzig daran, Gott zu bekennen und ihm die Ehre zukommen zu lassen.

Findest du nicht auch, dass Josef schon viel in der »Schule Gottes« gelernt hat? Br-St

29. September

JOSEF, 4. FORTSETZUNG

Lies zuerst 1. Mose 41, Verse 1-46!

»Vom Strafgefangenen zum Ministerpräsidenten!« So etwa würde es über dem großen Bildbericht einer Illustrierten zu unserer heutigen Geschichte heißen. Ein toller Titel, wie? Diese Illustrierte muss man haben! Das muss man genauer erfahren, was das für ein Mann ist! Ist es nicht zum Lachen, dass es Leute gibt, die behaupten, die Bibel sei langweilig? Vielleicht hast du das früher auch gedacht. Ich hoffe, unsere Fortsetzungsgeschichte hat dich eines Besseren belehrt. Unglaublich, wie sich die Dinge auf einmal entwickeln. Mit 30 Jahren regiert Josef das große Ägypten und hat den verantwortungsvollsten Posten, den es unter Pharao gibt. Endlich heraus aus der Sklaverei, heraus aus dem Gefängnis! Endlich Macht genug, um sich an denen zu rächen, die das schwere Los seiner Jugendjahre verschuldet haben! Endlich hat er es geschafft! Er? Nein, Josef denkt anders.

Bitte lies noch die Verse 51 und 52 aus dem 41. Kapitel. Da lernst du die Haltung eines Menschen kennen, der weiß, dass auch der Wohlstand eine Gabe Gottes ist und nicht eigenes Verdienst. Br-St

30. September

JOSEF, 5. FORTSETZUNG

Lies zuerst 1. Mose 42, Verse 1-38!

Ein schlechtes Gewissen kann einem ganz schön den Schlaf rauben. Wie kriegt man das wieder weg? Oft nimmt man die Zeit zu Hilfe. Ist eine dumme Geschichte erst einmal ein paar Wochen oder Monate alt, denkt man kaum mehr daran. Und nach Jahren kann man sie »mit gutem Gewissen« vergessen. Ich fuhr einmal mit dem Rad einen Feldweg entlang, der asphaltiert worden war. Eine schöne, ebene Fläche. Wer hätte gedacht, dass hier früher einmal ausgefahrene Rinnen und Grasbüschel das Radfahren behinderten? Während ich fröhlich pfeifend dahinfahre, macht mein Rad plötzlich einen Hüpfer. Was war das? Da, schon wieder. Ich steige ab und schaue nach, was los ist. Sieh da, die Asphaltdecke hat sich an einigen Stellen gewölbt, da und dort ist sie sogar aufgeplatzt. Heraus drängt sich das alte Unkraut des Feldwegs. Genau so ist es mit unvergebener Schuld. Mögen Jahre darüber vergehen – bei Josefs Brüdern waren es mehr als 13 Jahre –, sie lässt dich nicht zur Ruhe kommen. Das Zudecken der Schuld nützt nichts. Sie bricht immer wieder durch, wie das Unkraut auf dem Asphaltweg. Aber eingestandene Schuld ist wie vernichtetes Unkraut, weil sie vergeben ist.

Jesus wartet auf dein Bekenntnis, damit er deine Schuld vernichten kann.

Br-St

1. Oktober

JOSEF, 6. FORTSETZUNG

Lies zuerst 1. Mose 43, Verse 1-14!

Wie viel Not, Sorge und Angst bringt doch eine böse Tat mit sich. Der alte Vater Jakob muss um der Schuld seiner Söhne willen so sehr leiden. Zuerst verliert er seinen Lieblingssohn, dann kommt Simeon ins Gefängnis und nun steht er vor der Wahl: Entweder lässt er den jüngsten Sohn mit ins Ungewisse ziehen oder er verhungert mit seiner großen Familie. Übrigens haben die Söhne ihren Vater wieder einmal schamlos belogen. Vergleiche mal Kapitel 43, Vers 7 mit dem, was in Kapitel 42, Verse 7-13 berichtet ist. Es ist immer so: Eine böse Tat zieht die nächste nach sich, bis uns der Teufel mit einer ganzen Kette von Bosheiten an sich kettet.

Bist du schon einmal über deine Schlechtigkeit erschrocken? Bitte Gott, dass er dir zeigt, wie es in deinem Herzen aussieht. Dann wirst du merken, dass auch bei dir Sünde im Herzen ist. Wenn jemand entdeckt, dass er eine böse Krankheit hat, wird er schnurstracks zum Arzt marschieren, um sich helfen zu lassen. Für die schlimmste aller Krankheiten, die Sünde, ist Jesus der Arzt. Er nimmt sie dir weg, wenn du ihn darum bittest, und macht dein Herz sauber und gesund. Nimm ihn zum Dank dafür in dein Herz und Leben auf. Dann wird er dich vor dem Bösen beschützen. Wo er ist, hat der Böse keine Macht!

Br-St

2. Oktober

JOSEF, SCHLUSS

Lies zuerst 1. Mose 43, Verse 15-24 und Kapitel 45, Verse 1-5 und Vers 15!

Angst und Not haben ein Ende. Josef hat seinen Brüdern verziehen. Du, das ist eine große Freude, wenn man eine große Schuld vergeben hat, und es ist eine ebenso große Freude, wenn man sie losgeworden ist! Kennst du diese Freude? Hast du gestern mit Jesus über deine Sünden gesprochen? Oder hast du es vergessen? Dich nicht getraut? Schieb es doch nicht auf! Jeden Tag, den du wartest, benutzt der Teufel, um dir die Sünde ein wenig lieber zu machen, so dass du sie nachher gar nicht mehr lassen willst. Und jemand, der die Sünde liebt und nicht hergeben will, wie soll Jesus den davon auch freimachen! Dabei hängt so viel davon ab! Dein Leben wird 50, 70 oder auch 90 Jahre dauern. Und was dann? Dann, so sagt Gottes Wort, fängt die Ewigkeit an. Und wer während seines Erdenlebens Jesus nicht in sein Herz einschließt, damit er darin wohne – wie oft klopfte er schon bei dir an! –, der ist nicht sein, den kennt er nicht, wenn er die Seinen in sein himmlisches Reich holt.

Hast du schon einmal wegen einer Lüge Angst ausgestanden? Nicht wahr, das ist schlimm, und du warst froh, als du endlich den Mut fandest, sie einzugestehen. Sündenangst nie, nie loswerden, das bedeutet »ewig verloren« sein. Gott will, dass du »ewig gerettet« bist. Willst du es auch?

Br-St

3. Oktober

VOLLTANKEN!

Wenn man sein Auto an einer Tankstelle hält, tut man es meistens, weil man volltanken muss. Bis der Tank gefüllt und das Benzin bezahlt ist, vergeht eine Weile. Ist das für den Autofahrer verlorene Zeit? Keineswegs! Er weiß, vielleicht sogar aus bitterer Erfahrung, was geschieht, wenn ihm unterwegs der Kraftstoff ausgeht. Dann bleibt er auf der Strecke, vielleicht muss er kilometerweit zu Fuß gehen, bis er eine Tankstelle findet und dort etwas Benzin bekommt, damit er weiterfahren kann. Dem aufmerksamen Autofahrer passiert das nicht.

Menschen, die an Gott glauben, suchen in einem gewissen Sinn solche »Tankstellen« auf. Von Jesus selbst lesen wir: »Und des Morgens vor Tag stand er auf und ging hinaus. Und er ging an eine einsame Stätte und betete daselbst« (Markus 1, 35).

Jesus brauchte die Stille, um sich von seinem Vater im Himmel Weisung und Kraft für den Tag zu erbitten. Wenn *er* das nötig hatte, wieviel mehr wir! Im Laufe eines Tages können eine ganze Menge Aufgaben, Schwierigkeiten und Versuchungen auf uns zukommen. Da brauchen wir Hilfe und Kraft. Die bekommen auch wir nur bei unserem himmlischen Vater. Wer darum seine Hände faltet und im Wort Gottes liest, vergeudet keine Zeit; im Gegenteil, er empfängt den »Treibstoff«, der ihn als Christ in Fahrt hält. H-S

4. Oktober

SIGNALE GOTTES

Neulich fuhr ich mit einem Intercity. Ein solcher Zug hat einen genauen Fahrplan. In den meisten Fällen kann man sich darauf verlassen. Das ist besonders wichtig, wenn man irgendwo umsteigen und den Anschluss erwischen muss. Mein Zug also brauste mit einer enormen Geschwindigkeit durch das Land, als ganz plötzlich die Bremsen angezogen wurden. Da standen wir nun! Die Fenster wurden heruntergelassen und wir sahen das leuchtende Rot einer Signallampe: Halt! Uns Reisenden blieb nichts anderes übrig, als zu warten, bis es endlich grün wurde. Das Warten hat manchen geärgert. Aber es hatte bestimmt seinen Sinn. Vielleicht stand auf dem Durchfahrtsgleis ein anderer Zug. Die Nichtbeachtung des Signals hätte für viele das Ende ihrer Lebensreise bedeutet.

Gott hat uns in seiner Liebe solche Zeichen an den Lebensweg gestellt: »Du sollst keine anderen Götter haben« – »Du sollst nicht töten« – »Du sollst nicht stehlen« (2. Mose 20, ab Vers 3). Er will uns damit vor Unglück bewahren. Viele Leute meinen, Gott wolle uns mit diesen Geboten einengen. Das stimmt nicht. Er meint es gut mit uns. Wir merken recht bald, wie dunkel unser Leben und wie schwer das Herz wird, wenn wir Gottes Gebote missachten. Ein Glück nur, dass wir jemanden kennen, der uns unseren Ungehorsam vergibt! So können wir neu anfangen und werden sorgsamer als bisher auf die Signale Gottes achten. H-S

5. Oktober

GOTTES TÜV

Auf dem hinteren Nummernschild eines Kraftfahrzeuges finden wir neben dem Stempel der Zulassungsbehörde eine bunte Plakette. In einem Jahr ist sie grün, im anderen blau, gelb oder weiß. In der Mitte trägt sie eine Jahreszahl und ringsherum die Ziffern 1-12 für die Monate. Diese Plakette verrät dem Kundigen, wann das Fahrzeug zur nächsten technischen Kontrolle muss. Beim Technischen Überwachungsverein (TÜV) werden dann Bremsen, Lampen, Lenkung und vieles andere geprüft. Ist ein Teil mangelhaft, muss man es in Ordnung bringen lassen; erst dann bekommt man seine Plakette. Nach zwei Jahren ist die nächste Kontrolle.

Wenn wir Menschen es mit der Technik schon so genau nehmen, damit es möglichst wenig Unfälle gibt, wieviel genauer prüft uns Gott! »Wie der Tiegel das Silber und der Ofen das Gold, so prüft der Herr die Herzen«, heißt es in Sprüche 17, Vers 3. Wenn wir auf Gottes Wort oder unser Gewissen hören, merken wir, was nicht in Ordnung ist. Können wir das Falsche falsch sein lassen? Wollen wir im Streit mit unseren Mitmenschen bleiben? Wollen wir weiterhin schweigen, wo wir anderen etwas von Jesus sagen müssten? Es sollte nicht so sein. Wir dürfen zu Jesus Christus gehen und ihn um Vergebung bitten, zugleich aber auch um die Kraft, mit seiner Hilfe das Böse und Verkehrte zu überwinden. Solche Prüfung an uns nimmt Gott nicht nur alle zwei Jahre vor. Seine Augen sehen täglich auf uns. Er will, dass wir »in Ordnung« sind.

H-S

STATT FERNSEHEN EINMAL NAHSEHEN

Das Fernsehen begeistert nicht nur Erwachsene. Kinder haben vielleicht noch mehr Spaß daran. Es ist ja auch eine tolle Erfindung. Man sitzt gemütlich in seinem Sessel und kann auf der Mattscheibe sehen, wie die Tiere in Afrika leben, was in New York und Moskau geschieht. Durch das Fernsehen wird es möglich, dass wir überall in der Welt bei den großen Ereignissen dabei sind. Wenn dann der Kasten abgestellt wird, murren die Kinder nicht selten. Es war doch so schön!

Trotzdem ist mir beim Fernsehen manchmal nicht ganz wohl. Ich habe erlebt, dass Vater und Kinder vor dem Fernsehgerät saßen, die Mutter aber stand allein in der Küche und räumte auf. Ist das in Ordnung? Fernsehen mag wirklich interessant sein, aber es darf uns nicht blind machen für das, was in unserer Nähe vorgeht. »Du sollst deinen Nächsten lieben wie dich selbst«, sagt Gott (Markus 12, 31). Unser »Nächster«, das können unsere Geschwister sein, die Eltern oder andere Menschen, die mit uns im Hause leben, Schulkameraden und Nachbarn.

Nicht wahr, es ist leichter und viel angenehmer, in die Ferne zu schauen als auf Menschen in der Nähe, die unsere Hilfe brauchen! Doch Gott will, dass wir neben dem Fernsehen das Nahsehen nicht vergessen. H-S

7. Oktober

BESSER SEHEN KÖNNEN

Viele Leute – auch Kinder – müssen eine Brille tragen. Die einen sind kurzsichtig, das heißt, sie können gut ein Buch lesen, wenn sie es dicht an ihre Augen halten. Einen Straßennamen oder das Angeschriebene an der Wandtafel können sie nicht entziffern. Andere hingegen sind weitsichtig, vor allem die Älteren. Sie können keine Zeitung und kein Buch lesen, wenn sie nicht die passende Brille haben. Wenn so einem die Brille kaputt geht, dann ist er schlecht dran.

Der Apostel Paulus schreibt in Epheser 1, Vers 18: »Er erleuchte die Augen eures Herzens.« Wer kann einem Menschen das Herz erleuchten? Einzig Jesus Christus. Hier kann uns kein Optiker helfen. Wenn wir zu Jesus kommen, werden uns die Augen aufgetan, und wir sehen manches, was wir vorher nicht wahrnahmen. Wir merken, wie lieb er uns hat. Vorher haben wir vielleicht schon oft davon reden hören. Nun sind wir davon überzeugt. Wir entdecken jetzt Christen, die wie wir Jesus lieb haben. Wir bemerken Menschen, die unsere Hilfe oder ein freundliches Wort von uns brauchen. All das war vorher auch schon da, aber wir waren blind dafür.

Hat Jesus dir schon die Augen deines Herzens erleuchtet? Wenn ja, danke für dieses Geschenk. Wenn nein, darfst du jetzt darum bitten. H-S

8. Oktober

KONTAKTE

In größeren Städten finden wir immer noch Straßenbahnen. Damit sie in Fahrt kommen, ist zweierlei nötig: Die Bahnen müssen mit ihren Rädern richtig im Gleis oder auf den Schienen stehen, und der Strombügel muss Kontakt haben mit der Stromleitung. Wenn diese beiden Bedingungen erfüllt sind, kann die Bahn fahren.

Das hat uns etwas Wichtiges zu sagen. Ein Christ hat zwar keinen sichtbaren Strombügel, aber er hat Kontakt mit dem Vater im Himmel. Er liest die Bibel als Gottes Wort an ihn. Er redet mit Jesus und lässt ihn in seinem Gewissen wirken. Das meinen auch die Verse 16 und 17 im 1. Johannesbrief Kapitel 4: »Gott ist Liebe, und wer in der Liebe bleibt, der bleibt in Gott und Gott in ihm . . .; denn gleichwie er ist, so sind auch wir in dieser Welt.«

Dieses In-Kontakt-Bleiben mit Jesus ist aber nicht alles. Christus hat uns mitten in die Welt hineingestellt. So wie die Bahn mit ihren Rädern auf den Schienen steht, muss der Christ in dieser Welt stehen. Fromm reden reicht nicht aus. Gott schenkt uns eine Familie, er gibt uns einen Platz in der Schule. Da haben wir unsere Aufgaben. Da haben wir als Christen zu leben.

Es gehört also beides zusammen: die Verbindung mit Gott und das Stehen in dieser Welt. Nur so kommen wir richtig in Fahrt.

H-S

9. Oktober

AUTOPFLEGE

An den Wochenenden, oft sogar am Sonntag, werden manche Leute besonders fleißig. Wir finden sie an den Straßenrändern. Neben ihnen steht ein Eimer mit Wasser. Sie waschen ihre Autos. Mit Liebe und Eifer wird das Blech blank gerieben, wird der Chrom auf Hochglanz gebracht. Vor allem, wenn das Auto noch ziemlich neu ist. Da möchte man den Wagen gut erhalten und pflegen. Dagegen ist auch nichts zu sagen. Ob es aber gerade am Sonntag sein muss?

Wie viele Stunden dauert eine solche Pflege wöchentlich? Bei manchen Leuten eine, wenn nicht gar zwei Stunden. Soviel ist den Leuten ihr Wagen wert. Wenn wir den Mut hätten, würden wir sie einmal fragen, wie viel Zeit sie im Laufe einer Woche aufwenden, um sich selber und ihr Verhältnis zu Gott in Ordnung zu bringen. Was würden sie uns wohl darauf antworten? Sie pflegen einen Gegenstand, der viel Geld gekostet hat und der nach 15 Jahren auf dem Schrottplatz landet. Aber ihr Herz vergessen sie. Dabei heißt es doch in Sprüche 4, Vers 23: »Behüte dein Herz mit allem Fleiß, denn daraus geht das Leben.«

Nimmst du dir Zeit zu hören, was Gott dir sagen will? Er will dir unter anderem auch allerlei Flecken zeigen, damit sie weggewaschen werden, bevor ernste Schäden entstehen. Diese Reinigung geschieht durch Jesus Christus. Und das Schönste ist: Du brauchst nicht bis zum Wochenende zu warten! H-S

10. Oktober

JESUS BRAUCHT DICH

Ein Zelt wird aufgebaut. Eine Woche lang sollen in dem japanischen Städtchen christliche Versammlungen sein. Es gibt nur wenige Christen hier. Die meisten Leute beten Götzen an. Sie fürchten die Dämonen und fürchten den Tod. Jesus Christus kennen sie nicht.

Die erste Kinderstunde beginnt. Viele Kinder sind gekommen. Auch Haruo. Sein Vater ist tot, deshalb ist seine Mutter oft traurig. Im Zelt lernt Haruo schöne Lieder. Dann hört er, dass Jesus traurige Leute froh machen kann. Froh läuft er zu seiner Mutter. »Mutter, Jesus kann traurige Leute froh machen!«, ruft er ihr entgegen.

Am Abend nimmt Haruo seine Mutter mit ins Zelt. Sie sieht ein, dass nur Jesus wirklich froh macht, und nimmt ihn in ihr Herz auf. Eine glückliche Frau verlässt mit Haruo das Zelt. Er hat ihr geholfen, Jesus zu finden.

Siehst du, Jesus braucht uns. Wir sollen anderen von ihm erzählen. Hast du das schon getan? Hast du deinen Eltern, Verwandten und Geschwistern erzählt, dass er wirklich froh machen kann? Wissen deine Schulkameraden und Freunde, wer Jesus ist? Der Herr Jesus braucht dich! Überlege jetzt ganz ruhig, wem du heute von ihm sagen oder wen du zur Kinderstunde einladen kannst. Bete auch für die vielen Menschen, die noch nie von Jesus gehört haben und für die Missionare, die die frohe Botschaft von Gottes Liebe weitersagen. H-S

11. Oktober

VOR GOTT WEGLAUFEN – GEHT DAS?

Kennst du den Mann, der vor Gott weglaufen wollte? Er floh aus seiner Vaterstadt ans Meer und fand ein Schiff, das sehr weit fuhr. Erleichtert verzog er sich sogleich in seine Kajüte und machte Augen und Ohren zu. Nun bin ich bald so weit entfernt, dass Gott mich nicht mehr finden kann, dachte der Mann und versuchte zu schlafen.

Er hatte nämlich von Gott einen schweren Auftrag bekommen: »Auf, Jona, gehe in die große Stadt Ninive, und predige dort gegen das Unrecht, das die Leute tun!« Nach Ninive? Zu diesen gottlosen Menschen? Was haben diese verhassten Heiden mit seinem Gott zu tun? Es genügt doch, wenn Gott sich um ihn und seine Freunde und sein Volk bemüht! Die andern sollen endlich die gerechte Strafe für ihre bösen Taten bekommen. Jona denkt gar nicht daran, sie zu warnen. Er macht sich davon – weg von Ninive. Weg von Gott.

Eins hat Jona ganz vergessen: dass Gott überall ist, dass man ihm nicht weglaufen kann. Schade, dass niemand ihm sagte: Du, Jona, das geht nicht, du kannst dich vor Gott nicht verbergen. Warum auch! Gott will dir doch ein großes Erlebnis in Ninive schenken. Bei jedem Schritt ist er dir nahe, um dir zu helfen, um dich festzuhalten. Wie dumm wäre es, solch einem Gott davonzulaufen.

M-V

12. Oktober

NIMMT GOTT ES SO GENAU?

Jona fährt erschreckt hoch, als ihn jemand unsanft am Arm packt. Es ist der Kapitän des Schiffes. Zu seinem Entsetzen hört Jona ihn ausgerechnet von Gott reden: »Wach auf, Mann, bete für uns zu deinem Gott, vielleicht kann der uns helfen!« Jona stolpert verstört die Treppe hinauf, sieht den furchtbaren Sturm und weiß plötzlich, dass Gott ihn geschickt hat. Wozu?

Die Besatzung ist heidnisch. Sie fürchtet allerlei Götter. Nun wirft sie das Los, um den zu finden, dem die Götter zürnen. Es fällt auf Jona. »Was hast du getan, dass wir nun alle so bestraft werden?«, fragen die Schiffsleute. Da muss Jona bekennen: »Mein Gott ist der wahre Gott. Ich fliehe vor ihm. Darum kann ich auch nicht zu ihm beten. Aber werft mich ins Meer, dann wird es ruhig.«

Die Männer horchen auf. Wenn das eintrifft, was dieser Hebräer sagt, dann hat er tatsächlich einen lebendigen und sehr starken Gott. Sie tun das Schlimme erst in höchster Not. Da wird das Meer still. Ganz betroffen beten sie Jonas Gott an und bitten um Verzeihung für das Unrecht an seinem Diener.

Gott liebte auch die Heiden auf dem Schiff. Er redete zu ihnen durch seinen ungehorsamen Boten Jona. Ob Jona jetzt begriff, dass Gottes Liebe größer ist, als sein ungehorsamer Knecht Jona denkt? Gott wollte sein Werk an der Stadt Ninive mit Jona tun. Darum bestrafte Gott den Ungehorsamen hart. Aber er vergaß Jona nicht.

M-V

13. Oktober

SO GROSS IST GOTTES VERGEBUNG!

Jona ist gerettet! Ganz klein und hilflos steht er am Ufer des Meeres und sieht noch einmal auf das Wasser und in den offenen Rachen des großen Fisches, dem er gerade entronnen ist. Dann wendet er sich entschlossen ab und läuft landeinwärts in Richtung Ninive.

Weil er denn schon gehorchen muss, so will er es schleunigst tun, damit er den verhassten Auftrag endlich los ist. »In 40 Tagen soll die Stadt untergehen!« So wird er durch die Straßen rufen, bis es auch der Letzte gehört hat. Die Niniviten werden ihn auslachen, sie werden sich gar nicht um ihn kümmern. Um so besser! Dann kann Gott sie wirklich strafen. Aber wird Gott es auch ganz sicher tun? Jona kennt seinen Herrn. Er weiß, dass er gnädig und barmherzig ist und die Sünden der Menschen viel lieber vergibt als bestraft. Wenn Gott seine Drohung nicht wahr macht, blamiere ich mich unsterblich, denkt er.

Und Gott macht sie nicht wahr. Jona wartet vergeblich darauf, dass das Gericht kommt. Es kommt nicht. Die Bewohner von Ninive bereuen ihre bösen Taten, beten zu Gott, und er vergibt ihnen.

War das richtig? Viele Jahre lang hat man in Ninive großes Unrecht getan. Man hat gelogen, gestohlen, betrogen, die Gefangenen grausam misshandelt, die Hilflosen ausgenutzt. Ninive hat die Strafe verdient. Und nun hat die Stadt 40 Tage lang Buße getan. Da spricht Gott sie frei! So gnädig ist er! M-V

14. Oktober

SO GROSS IST GOTTES GÜTE!

Als es über der Stadt ruhig bleibt, wird Jona sehr böse auf Gott. Er macht ihm schwere Vorwürfe. »Siehst du«, sagt er, »ich habe genau gewusst, dass du den Heiden vergeben würdest, denn du bist gnädig und barmherzig, und dich reut das Böse. Deshalb wollte ich von Anfang an nicht gehen. Ich habe das Leben satt, lass mich sterben!«

Armer Jona! Er weiß, dass Gott so gütig ist, aber er kann sich nicht darüber freuen. Und er merkt gar nicht, dass er selbst Gottes Güte jetzt am nötigsten braucht.

Müsste Gott nicht ihn anstelle der Stadt strafen? Jona hat keine Liebe. Er ist schadenfroh, undankbar, hochmütig und grenzenlos egoistisch. Weil Gott ihn aber trotzdem liebt, darum redet er freundlich mit ihm: »Freu dich doch, Jona! Sollte ich denn nicht Mitleid haben mit einer so großen Stadt? Ich will doch, dass allen Menschen geholfen wird. Ihr alle braucht meine Gnade und meine Vergebung so nötig. Und denke doch an die unschuldigen Kinder und das Vieh in der Stadt!«

Nicht wahr, du verstehst Jona ein wenig. Du kannst dich ja auch manchmal nicht recht mitfreuen, wenn es gerade den Leuten besonders gut geht, die sich kaum um Gott gekümmert haben. Vergiss nicht, wie unvergleichlich gut du es hast. Du darfst jetzt schon zum Vater gehören. Er kennt dich. Er sorgt für dich. Du bist bei ihm in Sicherheit. Das will Gott auch den anderen schenken.

M-V

15. Oktober

WENN KINDER STERBEN MÜSSEN

Wie das ist, habe auch ich erlebt. Gott nahm uns unser kleines Mädchen nach kurzer Krankheit. Wohl hatten wir Gott dringend gebeten, er möge unser Kind doch gesund machen.

Aber es ging anders zu als bei dem Mädchen, von dem uns die Bibel erzählt. Sein Vater Jairus kam zu Jesus, als es schon dem Tode nahe war, und Jesus ging mit ihm, um ihm zu helfen. Aber sie trafen das Kind nicht mehr lebend an. Schon waren Frauen da, um alles zur Beerdigung fertig zu machen. Aber dazu kam es nun nicht. Jesus befahl dem toten Mädchen: »Steh auf!« Und wirklich, als hätte sie bloß geschlafen, öffnete sie die Augen und richtete sich auf. So war es bei uns nicht: Unser Kind starb. Aber unser Gott hat uns doch sehr getröstet. Er sprach zu uns: »Ich habe euch eurer Kind nicht weggenommen. Ich habe es zu mir in den Himmel genommen, wohin ich euch ja später auch holen werde.«

Die Tochter des Jairus musste später doch wieder sterben, sie bekam damals ihr Leben nur für eine Anzahl Jahre zurück. Auf Erden lange leben dürfen, ist nicht die Hauptsache. Wichtig ist, wie man lebt und dass man nachher zu Gott kommt. Das wird jedem geschenkt werden, der Jesus von Herzen liebt. Tust du's? Dann kannst du ganz getrost sein und beten: Jesus, dir leb ich. Jesus, dir sterb ich. Jesus, dein bin ich.

K-S

16. Oktober

WENN DIE KINDHEIT ZU ENDE GEHT

Für jedes Kind geht einmal die Kindheit zu Ende. Das war bei Jesus nicht anders. Als er zwölf Jahre alt war, durfte er wie alle Jungen seines Alters an den großen Festtagen im Tempel zu Jerusalem am Gottesdienst teilnehmen. Viel hatte er bisher schon von Gott gehört und in sich aufgenommen. Aber im Tempel war er Gott wohl besonders nahe. Der Tempel war ja Gottes Haus, in dem Gott wohnen wollte. Hier hörte der Zwölfjährige den Schriftgelehrten zu und stellte ihnen Fragen. Du kennst die Geschichte, nicht wahr? Sonst lies sie jetzt. Sie steht in Lukas 2, Verse 41-52.

Wir wissen nicht, wann es Jesus bewusst wurde, dass Gott sein Vater war. Hier im Tempel wusste er es auf jeden Fall. Darum fragte er Maria und Josef, die ihn gesucht hatten, so erstaunt: »Wie konntet ihr mich suchen? Wisst ihr denn nicht, wohin ich gehöre? Ich muss doch im Hause meines Vaters sein!« Das konnten die Eltern nicht recht verstehen. In dieser Weise wagten sie selbst nicht von Gott zu reden. Ob Jesus sich von nun an über sie überheben würde? Keineswegs. Er kehrte mit ihnen nach Hause zurück und »ordnete sich ihnen unter«. So erfüllte er den Willen Gottes, der gesagt hat: »Du sollst deinen Vater und deine Mutter ehren.«

K-S

17. Oktober

BIST DU EIN SPIEGEL?

Ein Junge schreibt: »... und ich weiß, dass die andern aufpassen, ob ich auch so lebe, wie ich sage. Aber das ist so schwer, und meistens kann ich es doch nicht.«

Geht es dir auch so? Ich kenne diese Erfahrung aus meinem eigenen Leben. Vielleicht kann ich dir mit einem Bild helfen.

Nimm einmal einen Spiegel zur Hand und lass die Sonne darauf scheinen. Du hast das sicher schon gemacht. Man kann dann mit kleinen Handbewegungen den Spiegel so drehen, dass er verschiedene Dinge im Zimmer hell und schön aufleuchten lässt.

Und nun beschmutze den Spiegel mit Fett und Staub und Speiseresten. Was geschieht? Natürlich gar nichts. Die Sonne ist dieselbe, aber die Schmutzschicht kann die Strahlen der Sonne nicht auffangen und weiterstrahlen. Sie bleibt stumpf und grau.

Du und ich sind entweder wie ein blanker oder wie ein trüber Spiegel oder vielleicht gar kein Spiegel mehr. Wir gehören zu Jesus. Die Liebe Gottes scheint in unser Leben. Aber wenn dieses Leben von Sünde beschmutzt ist, wirkt es stumpf und grau. Es spiegelt Gottes Liebe nicht wider. Wenn unser Leben jedoch rein gewaschen und blank ist, dann fangen wir Gottes Strahlen auf und geben sie an andere weiter. Halte deinen Spiegel sauber! Bleibe dazu nahe bei Jesus und gehorche ihm gern. R-F

DER NÜTZLICH GEWORDENE NICHTSNUTZ

Nützlich ist er nicht immer gewesen. Zuerst war er ein unnützer »Nützlich«. Er hieß nämlich »Nützlich«, auf Griechisch »Onesimus«. Aber wie nicht jede Frieda friedlich ist, so war auch der Sklave »Nützlich« eher ein Nichtsnutz. Zwar hatte er einen gnädigen Herrn, der ihn als wirklicher Christ gut behandelte. In seinem Haus hörte er auch das Evangelium. Aber das alles sagte ihm nichts. Die Arbeit schmeckte ihm nicht und »lange Finger« scheint er auch gehabt zu haben. Eines Tages rückte er aus. Es gelang ihm – vermutlich als Schiffsjunge –, bis in die Weltstadt Rom zu kommen. Hier wollte er nun das Leben genießen. Aber es ging schief, wie immer auf einem bösen Weg, und eines Tages sitzt unser »Nützlich« im Gefängnis. Nun merkt er auf einmal, dass nicht nur die Polizei hinter ihm her ist, sondern auch Jesus. Er trifft im Gefängnis den Apostel Paulus. Wie ein Vater umsorgt ihn Paulus. Onesimus beobachtet ihn, er hört seine Gebete und Gespräche, und eines Tages kann er nicht mehr widerstehen: Auch er übergibt Jesus Christus sein Herz und Leben. Mit einem Schlag ist alles anders. Onesimus wird nicht nur von Herzen froh, sondern auch tatsächlich nützlich. Er tut dem Apostel zuliebe, was er kann. Gern hätte ihn Paulus behalten, aber er rät ihm, zu seinem Meister zurückzukehren, weil dieser ein Anrecht auf ihn hat. Und so schwer es ihm auch fallen mag, Onesimus gehorcht. G-M

19. Oktober

DIE HATTEN MUT!

Die Kinder lesen den kürzesten Brief im Neuen Testament, den Brief des Apostels Paulus an Philemon. »Das war eine tolle Geschichte. Der hatte Mut!«, so hört man es beim Hinausgehen von allen Seiten. Dabei meinte jeder einen andern: Onesimus, der alles gesteht – Paulus, der ihn aufnimmt wie einen Bruder, obwohl er weiß, was Onesimus getan hat –, Jesus, der den Onesimus als sein Eigentum angenommen hat – und Mut braucht auch Philemon, wenn er den Wunsch des Paulus und dem Beispiel Jesu folgen will: einen weggelaufenen Dieb als Bruder in sein Haus aufzunehmen, ihm zu vertrauen, als wäre es Paulus, der geehrte Freund und Lehrer. Die hatten Mut!

Nach einigen Minuten klopft es an der Tür der Leiterin. Nina tritt ein. Sie macht ein unglückliches Gesicht. Zuerst findet sie keinen Anfang, aber dann fasst auch sie Mut. Sie sagt: »Ich habe noch etwas vom letzten Jahr gutzumachen. Damals habe ich auch etwas genommen . . .« Eigentlich war es nur eine Kleinigkeit. Aber – war es wirklich eine Kleinigkeit, Vertrauen zu missbrauchen und dann so zu tun, als wäre alles in Ordnung? Als Nina es nun Jesus bekannt hat, atmet sie erleichtert auf. Sie weiß, dass er ihr auch zu Hause helfen wird, wenn sie es Mutter sagen muss. Wie dumm sind doch die Leute, die Dinge mit sich herumschleppen, die sie mit wenigen Worten oder einem kurzen Brief loswerden könnten! A-M

20. Oktober

SIE FRAGTEN DIE BIBEL: DIE PILGERVÄTER

Heute können jeder Junge und jedes Mädchen mit 14 – in der Schweiz mit 16 – Jahren selber entscheiden, welcher Kirche sie angehören wollen. Diese Freiheit gab es nicht immer. Die Kirchen regierten mit den Kaisern, Königen und Fürsten über die Völker. Wer nicht wollte wie sie, der musste sterben oder auswandern. In England wollte der König Heinrich VIII. sich in seinem persönlichen Leben nicht mehr vom Papst bestimmen lassen. Er verbot der Kirche in England, dem Papst weiter zu gehorchen. Es war aber eine »schlechte Reformation«, denn sie kam nicht von der Bibel her. Darum standen damals Männer auf und sagten, die Kirche dürfe nur von Jesus Christus regiert werden. Als sie dann Kirchen gründeten, wie wir sie von der Apostelgeschichte und den Briefen des Neuen Testaments her kennen, wurden zwei ihrer Führer am 6. April 1593 erhängt. Die anderen flüchteten nach Holland. Aber auch dort waren sie ihres Lebens nicht sicher. Darum entschlossen sich die Jüngeren, nach Amerika auszuwanden. 102 Menschen fuhren mit der »Mayflower« über den Ozean. Mit ihnen begannen die heutigen Vereinigten Staaten von Amerika. Diese Pilgerväter – so nannten sie sich – erinnern uns an Abraham, der Gottes Befehl befolgte, ohne zu wissen, wie das Land sein würde, in das ihn Gott schickte.

H-W

21. Oktober

SIE FRAGTEN DIE BIBEL: DER GRAF

Im Juni 1722 empfing der junge, freundliche Graf von Zinzendorf auf seinem Gut in der Oberlausitz eine kleine Schar von Männern, Frauen und Kindern. Sie waren aus Mähren geflohen, wo sie wegen ihres Glaubens unterdrückt worden waren. Am Hutberg gab ihnen der Graf eine neue Heimat, die er Herrnhut nannte. Auch andere bedrängte Menschen siedelte er dort an. So entstand die erste »Brüdergemeine«.

Der Graf selbst hatte sich das Ziel gesetzt, nur für Jesus zu leben. Seine persönliche Bekanntschaft mit dem dänischen König machte ihm den Weg frei, Missionare in die dänischen Besitzungen in Westindien zu senden. Andere Missionare gingen nach Grönland zu den Eskimos. Zinzendorf selber war einige Jahre als Prediger in Amerika tätig. Sein Lebenswerk ist nicht vergangen. Wir singen noch heute viele seiner Lieder: »Herz und Herz vereint zusammen«, – »Jesu, geh voran«, – »Du, der Gemeinde lieber Herr« und andere.

Seit 1730 erscheint jedes Jahr das Losungsbuch der Brüdergemeine. Es enthält für jeden Tag je ein Bibelwort aus dem Alten und dem Neuen Testament. Für viele Menschen auf der ganzen Welt ist dieses Buch zu einer Gabe Gottes geworden. H-W

SIE FRAGTEN DIE BIBEL: DIE BRÜDER

Im Jahre 1733 waren auf einem Auswandererschiff Herrnhuter Missionare. Ihr fröhlicher Glaube machte auf einen Fahrgast namens John Wesley tiefen Eindruck. Schon als Student hatte er in Oxford in England einige Freunde zu regelmäßigem Bibellesen versammelt. Doch im Gespräch mit den Missionaren merkte Wesley bald, dass ihm die Gewissheit fehlte, Gottes Kind zu sein. Einige Jahre später war er in einer Abendgesellschaft in London. Jemand las die Vorrede Luthers zum Römerbrief vor. Wesley nahm sie als Botschaft vom Herrn an ihn persönlich an, und Freude und Gewissheit erfüllten sein Herz. Von da an begann er mit großer Kraft zu predigen, dass sich jedermann zu Jesus bekehren müsse. Der Erfolg war überwältigend. Tausende beteten und flehten um Heilsgewissheit. Wesley reiste durch die ganze Welt, er nannte sie sein »Kirchspiel«. »Retten ist mein Beruf«, sagte er. Die vielen Menschen, die durch seine Verkündigung zum Glauben kamen, mussten betreut werden. Doch die Gottesdienste der englischen Kirche waren steif und leblos. Wesley wollte keine neue Kirche gründen. Aber schließlich musste er die Gläubigen in Gemeinden zusammenfassen. So entstand die Methodistenkirche, die heute 40 Millionen Menschen umfasst.

An John Wesley kannst du sehen, was Gott mit einem Menschen machen kann, der aufrichtig betet: »Nimm mein Leben, es sei dein, lass es dir geheiligt sein.«

H-W

23. Oktober

KENNST DU SEINEN NAMEN?

Ich möchte dir heute einige Bilder aus dem Leben eines Mannes beschreiben und bin gespannt, ob du seinen Namen erraten kannst.

Auf dem ersten Bild sehen wir ihn als Heerführer im Kampf gegen die Amalekiter. Die Männer um ihn herum scheinen ziemlich mutlos zu sein. Da richtet der Mann seinen Blick auf den Hügel und weist auch die anderen Männer darauf hin. Dort hebt Mose seine Hände auf und bittet Gott um Hilfe und Sieg. Aaron und Hur, die beiden Begleiter, stützen seine Arme. Das gibt den verzagten Streitern wieder neuen Mut.

Zweites Bild. »Jetzt schaut einmal her. – Das ist ja kaum zu glauben!« So rufen die Leute durcheinander, die staunend und fragend um unseren Mann stehen. Vor sich hat er wunderbar schöne, große Äpfel und Feigen ausgebreitet. Zusammen mit elf Männern ist er von der Erkundungsreise durch das Land Kanaan zurückgekehrt. Zwei von ihnen tragen einen Stab, an dem eine riesige Weintraube hängt.

Drittes Bild: Woran mag er denken? Sein Gesicht ist so ernst und gesammelt. Es ist ein feierlicher Augenblick. Mose hat vor dem versammelten Volk seine Hände auf ihn gelegt und segnet ihn. Er wurde von Gott als Nachfolger Moses bestimmt. Nun soll er als Führer Israels das Volk Gottes ins Land Kanaan bringen. Wie heißt er? Seinen Namen trägt das sechste Buch des Alten Testaments. V-T

24. Oktober

EIN GROSSES ABENTEUER!

»Pack dein Zelt zusammen, Henoch, beeile dich!«, ruft der alte Levi seinem Nachbarn zu. »Wir werden heute Abend unser Lager am anderen Ufer des Jordan aufschlagen!« Henoch schüttelt ungläubig den Kopf. Wie soll ein ganzes Volk mit Kindern, Tieren, dem gesamten Hab und Gut über einen so breiten Fluss kommen, wo doch kein Steg und keine Brücke zu sehen ist? Es ist Erntezeit und der Fluss ist über die Ufer getreten. »Ihr sollt erkennen, dass ein lebendiger Gott in eurer Mitte ist, … der Herr der ganzen Erde!« sagt Josua. Er und das ganze Volk werden heute Gottes Macht erfahren. Nun scharen sich die Israeliten zu einem Zug zusammen. An der Spitze gehen die Priester mit der Bundeslade. Sie kommen ans Ufer und treten mit ihren Füßen ins Wasser. Was wird geschehen? Eine große Spannung liegt auf allen Gesichtern. Sie wagen kaum zu atmen, und die Vordersten stellen sich auf die Zehenspitzen, um ja nichts zu verpassen. Da! Schaut her! Das Wasser teilt sich! Flussauf bleibt es stehen und richtet sich zu einem hohen Wall auf, und was zum Toten Meer abfließt, verläuft sich ganz. Staunend zieht das Volk auf trockenem Boden durch den Jordanfluss.

»Heute will ich anfangen, dich groß zu machen vor ganz Israel, damit sie erkennen, dass ich mit dir bin«, hat Gott zu Josua gesagt. »Der Herr, euer Gott, hat das alles getan«, sagt Josua zum Volk. Ein großer Gott! Für ihn gibt's keinen schwierigen Fall.

V-T

25. Oktober

BAU DOCH EIN DENK-MAL!

Lu-ther, Zwing-li«, buchstabierte die Siebenjährige mühsam. Sie stand vor dem großen Reformatorendenkmal in Genf und staunte über die vielen in Stein gehauenen Männer. Das Denkmal sollte an sie erinnern. Sie hatten darum gekämpft, dass jedermann die Bibel in seiner eigenen Sprache lesen konnte.

Auch Josua sollte nach Gottes Willen ein Denkmal bauen. Das Volk Israel war trockenen Fußes durch den Jordan gezogen. Nun sandte Josua zwölf Männer zurück mit dem Befehl: »Bringt zwölf große Steine mitten aus dem Flussbett des Jordan!« Wer war denn so mutig und ging noch einmal in das Flussbett? Ach, da standen ja noch immer die Priester mit der Lade Gottes! Nun holten die Männer die Steine, und jetzt erst gingen die Priester an das Ufer, und jetzt erst kam das Wasser des Jordan zurück. Am Ufer bauten sie das Denkmal. Alle, die daran vorbeizogen, sollten an das Wunder des Durchzugs erinnert werden.

»Immer kriegt Lisa neue Kleider, ich nie«, klagt Hanna und hat schon vergessen, dass sie vorige Woche eine neue Jacke bekommen hat. Timo jammert: »Wenn Andreas um etwas bittet, erhört Gott sofort; bei mir nie.« Dass Jesus ihn letzte Woche vor einem Autounfall bewahrt hat, weiß er schon nicht mehr.

Wie wär's, wenn du dir ein Denk-mal-Heft anlegen würdest? Du könntest alle Gebetserhörungen, alles was du mit Jesus erlebst, aufschreiben oder zeichnen. Du wirst staunen, wie viel das ist und wie froh das macht!

V-T

26. Oktober

GOTT LÄSST FÜNF NICHT GERADE SEIN

Fassungslos hört Josua die Botschaft der zurückkehrenden Männer: »Wir mussten fliehen vor den Leuten der Stadt Ai!« Kann das möglich sein? Wie gut haben sie die Hilfe und Macht Gottes in der vergangenen Zeit kennen gelernt! Josua denkt zurück an den Durchzug durch den Jordan. Auch die große Stadt Jericho fiel ohne Kampf. Und nun erleben sie plötzlich eine Niederlage! Sie werden von der kleinen Armee der Stadt Ai geschlagen. Josua fällt auf die Knie und schreit zu Gott: »Warum lässt du das zu?« – »Israel hat sich versündigt«, antwortet Gott. »Ich kann euch nicht weiterhelfen, bis diese Sünde in Ordnung gebracht ist.« Ein großes Suchen nach dem Schuldigen beginnt, bis man ihn endlich entdeckt. Achan ist der Dieb. Er wird mit seiner ganzen Familie furchtbar hart bestraft. So wichtig sind Gottes Gebote. So heilig ist Gott! Er drückt nicht einfach beide Augen zu. Er nimmt es genau, auch mit den kleinen Dingen. Will Gott strafen? Nein, Gott will vergeben!

Lena ist in letzter Zeit oft traurig. Sie hat sich zu Jesus bekannt und gleich darauf versagt. Nichts will mehr klappen. Beten und Bibellesen machen keinen Spaß mehr. Was könnte die Ursache ihrer Niederlagen und Freudlosigkeit sein? Sollte sie nicht nachdenken und die Sache, die ihr gerade in den Sinn kommt, schnell in Ordnung bringen? Gott vergibt gern, wenn wir ihn darum bitten. Dann wird der Weg zu Gott wieder frei.

V-T

27. Oktober

DIE LISTE

Im Kinderheim herrscht große Spannung. Einige Kinder sollen zur Erholung in die Schweizer Berge fahren. Wer wird mitreisen dürfen? »Ich darf mit«, sagt Jan. »Der Hausvater hat es gesagt. Auch Lisa, Timo und du auch, Max.« – »Wirklich? Das wäre toll!« Doch Max kann sich noch nicht richtig freuen. Er möchte die Neuigkeit vom Hausvater selbst erfahren. Der Hausvater macht gerade die Post fertig. »Schau her, Max, da steht dein Name. Das ist die Reiseliste! Sie geht an das Heim in der Schweiz, damit für euch die Plätze bereitgestellt werden.« Voller Freude stürmt Max davon. Sein Name steht mit auf der Liste!

Weißt du, dass Jesus auch eine »Reiseliste« besitzt? Das ist das »Buch des Lebens«. Darin sind die Namen derer aufgeschrieben, die Jesus aufgenommen haben und einmal zu ihm gehen dürfen, um für immer bei ihm zu sein. Bei Jesus ist Platz für alle. Doch auf der Liste stehen nur die, die an ihn glauben.

Steht dein Name schon auf dieser Liste? Du weißt es nicht genau? Dann sprich doch mit dem Herrn Jesus! Er hat dich lieb – danke ihm dafür! Er ist für dich geboren worden, für dich gestorben und auferstanden – danke ihm dafür! Er klopft an dein Herz – mach auf und sei bereit, ihm zu folgen! So wird er zu dir kommen und wird deinen Namen ins »Buch des Lebens« schreiben, denn du gehörst jetzt zu ihm. A-M

28. Oktober

EINE LINDE ANTWORT

»Eine linde Antwort stillt den Grimm, aber ein hartes Wort erregt den Zorn« (Sprüche 15,1). Einige Mädchen der Freizeit rannten die Treppe hinab. Klaus, einer der größeren Jungen, hatte seinen bösen Tag. Dann konnte er keinen in Ruhe lassen. Er stand auf der Treppe und versperrte den Mädchen den Weg. Florian, der durch den Flur kam, erkannte, wie gefährlich diese Neckerei auf der Treppe war. »Lass das sein«, warnte er den Älteren. Der wurde wütend und fiel mit frechen Worten über Florian her. Fast wäre eine regelrechte Schlägerei daraus geworden. Inzwischen hatten sich noch andere Jungen eingefunden. Ein Helfer kam und fragte: »Was ist los?« Einige Worte von Florian hätten genügt, um alle auf seine Seite zu bekommen. Sie kannten Klaus zu gut. Doch statt ihn anzuklagen, meinte Florian mit einem versöhnlichen Blick zu Klaus: »Lass gut sein, wir kommen schon klar.« Klaus war sprachlos. Florians Antwort hatte merkwürdig verändernd auf ihn gewirkt. Seine Wut war augenblicklich weg. Von da an war mit Klaus längst nicht alles gut, aber sein Verhalten wurde wesentlich besser. Was wäre ohne die Antwort Florians geworden? Ganz gewiss Streit und Hass. Florian nahm sich vor, dieses Verfahren öfter anzuwenden.

Kennst du solche Augenblicke, wo du auf harte Worte mit noch härteren zurückschlagen möchtest? Versuche es mit Florians Rezept. Gott wird dir dabei helfen.

E-D

29. Oktober

WOLKEN OHNE REGEN

»Wer viel verspricht und hält nicht, der ist wie Wolken und Wind ohne Regen« (Sprüche 25,14). Im Sommer fiel es uns beim Baden oft schwer, rechtzeitig aus dem Wasser und nach Hause zu kommen. Auf zweierlei mussten wir achten: auf die Zeit, die unsere Mutter angegeben hatte, und auf aufkommende Gewitter. Wir kannten uns aus: Die dunklen Wolken bringen Regen und Gewitter mit, die hellen sind ungefährlich. Mit solchen dahinziehenden Wolken ohne Regen vergleicht der kluge Salomo Menschen, die viel versprechen und nichts halten.

Michael war so einer. Davon wusste sein ehemaliger Freund Christian ein Lied zu singen. Michael versprach: »Ich komme und hole dich ab.« Der Freund wartete. Wer nicht kam, war Michael. Das geschah nicht nur einmal. Als es wieder und wieder vorkam, verlor Michael seinen Freund. Die Freunde nahmen seine Worte einfach nicht mehr ernst. »Der verspricht ja nur«, sagten sie. Ganz gewiss hatte Michael gute Absichten. Schwierig wurde es erst, wenn es galt, sein Versprechen zu halten.

Wir kennen das: Die Lust fehlt, wir sind müde, haben anderes vor. Wenn wir dann nicht tapfer unser Versprechen halten, gleichen wir den erwähnten Wolken – und Michael, der ein warnendes Beispiel ist. Keiner nimmt uns dann ernst, und wir selbst sind traurig und allein.

E-D

30. Oktober

ES IST ANSTECKEND

Benni war als guter Freund beliebt. Seine Geschwister waren stolz auf ihn. Besonders die zierliche Lena fühlte sich bei ihrem großen Bruder geschützt. Sie fürchtete sich nämlich vor bellenden Hunden, stechenden Insekten und wilden Burschen. Benni wusste mit allen gut fertig zu werden. Er war ihr liebster Bruder, bis – ja, bis er eines Tages grob war. Wie war das gekommen?

Benni hatte beim Training Nils kennen gelernt. Nils war einige Jahre älter und schon im Beruf. Er spielte gut, führte aber auch überall das große Wort. Wenn ihm einer widersprach, so antworteten seine Fäuste. Nils wüste Art färbte bald auf Benni ab. Lena bekam es zu spüren. Sie machte sich hin und wieder einen Spaß daraus, unter dem Tisch hervorzukriechen und die Großen ein bisschen zu ärgern.

Als sie es wieder einmal tat, stieß Benni mit dem Fuß nach ihr. Weinend und erschrocken kauerte Lena unter dem Tisch. Der Vater zog sie liebevoll hervor und tröstete sie. Mit Benni redete er ernst. Er hatte längst bemerkt, dass er sich verändert hatte, seit er oft mit Nils zusammen war. Benni selbst war über sein Tun erschrocken. Er hatte Lena ja lieb. Nun hatte er an sich erfahren, wie wahr es ist, was in Sprüche 22, Vers 24 steht: »Geselle dich nicht zum Zornigen und halte dich nicht zu einem wütenden Mann, du könntest auf seinen Weg geraten und dich selbst zu Fall bringen.« E-D

31. Oktober

IST DEIN VORRATSKELLER GEFÜLLT?

Den kleinen Flick hättest du kennen sollen! Er war das fleißigste von allen braunen Eichhörnchen, die im Wald miteinander lebten. Jeden Herbst eilte Flick emsig umher, um Nüsse zu sammeln und seinen Nusskeller bis obenan zu füllen. Oft war er damit fertig, bevor die andern Eichhörnchen überhaupt anfingen, sich um ihren Wintervorrat zu kümmern. – Doch in einem Herbst sagte Flick zu sich selber: Du hast all die Jahre hindurch viel zu viel gearbeitet. Nun ruh dich einmal aus. Jawohl, ich werde Ferien machen! Die Nüsse, die in meinem Keller liegen, reichen bestimmt noch für den nächsten Winter. Warum sollte ich mich weiter plagen? – Alles ging gut bis ungefähr in die Mitte des Winters. Da lag eines Tages keine einzige Nuss mehr im Keller. Armer Flick! Nun war es zu spät, um Vorräte anzulegen.

An diese Geschichte dachte ich, als ich Psalm 119, Vers 11 las: »Ich behalte dein Wort in meinem Herzen, auf dass ich nicht wider dich sündige.« Auch wir haben in uns so etwas wie einen Vorratskeller: unser Herz und Gedächtnis! Nicht Nüsse sollen wir darin aufbewahren, sondern Gottes Wort. Den Winter können wir mit einer Zeit voller Schwierigkeiten und Versuchungen zum Bösen vergleichen. Die Bibel sagt, dass uns dieser »Winter« kaum schaden kann, wenn unser »Vorratskeller« gefüllt ist. Willst du nicht heute die Vorräte in deinem Herzen überprüfen? E-Wä

1. November

EINMAL IST ALLES ZU ENDE

Jedes Fest ist einmal zu Ende; jedes Jahr, das so spannend angefangen hat und so viele Überraschungen bringen sollte, ist am 31. Dezember zu Ende. So ist es auch mit unserem Leben. Einmal ist es aus und vorbei. Wir mögen eigentlich gar nicht so gerne daran denken, meistens vergessen wir es auch, denn wir sind ja ganz lebendig. Wir können springen, laufen, rennen, singen und uns freuen, wir können traurig und dann doch wieder völlig glücklich sein. Wer möchte dann schon daran erinnert werden, dass alle Dinge, auch dieses Leben, einmal ein Ende haben?

Habt Ihr schon einmal von einem Mann gehört, der Onassis heißt? Er war einer der reichsten Männer der Welt. Er hatte so viel Geld, wie wir es uns gar nicht vorstellen können. Und er hatte einen Sohn. Dieser Sohn war ihm das Liebste auf der ganzen Welt. Er freute sich, dass er seinem Sohn alle Wünsche erfüllen konnte, er kaufte ihm alles, was er haben wollte. Und er kaufte ihm auch Flugzeuge, denn nichts tat dieser junge Mann lieber, als mit einem Flugzeug durch die Lüfte zu fliegen. Doch eines Tages kam eine schreckliche Meldung. Der Sohn war mit seinem Flugzeug abgestürzt. Sofort fuhr der Vater ins Krankenhaus, in das sie den Verunglückten gebracht hatten »Lebt er noch?«, fragte er. Die Ärzte nickten. Aber sie machten sehr bedenkliche Gesichter. »Sein Herz schlägt noch!« Was konnte der Vater tun? Was würdest du tun, wenn jemand, den du sehr lieb hast, plötzlich todkrank ist? R-Fl

2. November

KURZSCHLUSS

Als der Vater Onassis von den Ärzten hörte: »Er lebt noch!«, wollte er sich ein ganz klein wenig wieder freuen. Doch die Ärzte schüttelten den Kopf: »Das Gehirn arbeitet nicht mehr.« Das Gehirn? Ja, es stand still. Es gab keine Befehle mehr an die Lunge, tief Luft zu holen, es gab dem Blut keine Anweisung mehr, überall Kraft hinzuliefern. Es sagte den Augen nicht mehr, wie und was sie sehen sollten. Der Junge konnte nicht mehr sprechen, nie mehr dem Vater zulächeln, nichts mehr hören, was der Vater ihm sagen wollte. Es war, als wenn in dem Hauptwerk der Elektrizitätsversorgung einer großen Stadt ein Kurzschluss den Strom lahm gelegt hätte. Alles ist plötzlich dunkel. Nun kann ein Kurzschluss ja behoben werden, man sucht den Fehler und repariert die schadhafte Stelle. Aber dieser Schluss, den wir Tod nennen, der ist nicht zu reparieren.

Onassis musste einsehen, dass sein Sohn, der ihm wichtiger als alle seine Millionen war, nicht mehr lebte. Der junge Mann war tot.

Dem Tod gegenüber sind alle Menschen machtlos. Alle Menschen müssen sterben. Auch Jesus starb. Aber ... Ja, du hast Recht: Er ist auferstanden. Er hat den Tod, diesen Feind der Menschen, besiegt. Er sagt: Ich bin die Auferstehung und das Leben. Wer an mich glaubt, wird leben, auch wenn er stirbt.

R-Fl

3. November

MUSS DAS BRÜDERCHEN STERBEN?

In großer Angst schaute Mirjam die Mutter an, die den kleinen Bruder auf dem Schoß hielt. Wie niedlich er war! Jetzt öffnete er seine dunklen Augen, und ein Lächeln huschte über das zarte Gesichtchen. Die Mutter strich ihrer Großen sanft über den Kopf. »Wir wollen uns nicht fürchten, Mirjam! Der lebendige Gott ist stärker als der mächtigste Pharao!«

Jedesmal, wenn die Mutter von dem großen, starken Gott sprach, wurde Mirjams Herz ganz still. Sie spürte: Auch die Mutter wird beim Gedanken an Gottes Kraft getröstet. Nun legte diese den Kleinen in Mirjams Arme: »Vertrau dem Vater im Himmel, er wird alles gut machen«, sagte sie.

Vielleicht hast du heute oder morgen etwas vor dir, das dir Angst macht. Du weißt nicht, wie es ausgehen wird. Verliere den Mut nicht! Derselbe Gott, der die Mutter des kleinen Mose ruhig machte, kennt auch dich und deinen Weg. Das Schwere, das dir begegnet, soll dir nicht schaden. Es soll dir helfen, deine Hand in die Hand deines himmlischen Vaters zu legen und zu sagen: »Ich weiß, du bist stärker als meine Not. Ich weiß, du hilfst mir hindurch!« – Nicht immer vergeht die Angst sofort. Aber je häufiger du dich darin übst, Gott alles zu sagen und ihm zu vertrauen, desto mehr wirst du seine Kraft erleben. Nicht umsonst heißt es in Psalm 46, Vers 2: »Gott ist unsere Zuversicht und Stärke, eine Hilfe in den großen Nöten!« M-J

4. November

ALLES – BLOSS DAS EINE NICHT!

Mose war mit seinen Schafen unterwegs. Gott redete mit ihm und er mit Gott. Mose hatte gelernt, im Kleinsten treu zu sein und seine Schafe gut zu versorgen. Da traf ihn Gottes Anruf: »Mose! Mose!« Er antwortete sofort: »Hier bin ich.« Gott sprach: »Gehe zu Pharao! Du sollst mein Volk aus Ägypten führen.« Mose erschrak heftig. »Ich? Ich tauge dazu nicht. Ich kann nicht mal reden. Sende, wen du willst!« Sein Herz wehrte sich: Alles will ich tun, bloß dies eine nicht. – Mose musste in der Schule Gottes wieder etwas sehr Schweres lernen: Gott wollte den ganzen Willen des Mose. Mose sollte nicht mehr auf sich und seine Schwachheit sehen, sondern sich an Gott und an Gottes Stärke halten. Das ging aber nur, wenn Mose ganz nah bei Gott blieb. Immer deutlicher hörte er von nun an Gottes Stimme, erlebte, wie groß Gott ist und was er mit dem tun kann, der ihm von Herzen gehorcht.

Auch du kannst ganz nah bei Gott leben. Wenn du regelmäßig sein Wort liest, darauf achtest und ihm vertraust, wirst du Gottes Handeln zu Hause und in der Schule erfahren. – Ich hörte von einem Jungen, der sein Leben Jesus übergeben hatte. Er schrieb auf ein leeres Blatt Papier: Einverstanden! Das heftete er an die Wand über seinem Bett. Er wollte damit sagen: Herr, ich will, was du willst. Führe du mich!

M-J

DER FESTE ANKER

Mose war zum Führer des Volkes Israel berufen worden. Gott hatte ihm Auftrag und Vollmacht gegeben, das heißt, er hatte seinen Geist in ihn hineingelegt. Dadurch wurde Mose ein sicherer Führer seines Volkes. Wohl mag sein Herz noch manchmal gezittert haben, aber er blieb doch fest in Gott verankert: Mose ging mit Gott durch dick und dünn. Darum konnte er dann auch vor dem mächtigen Pharao so unerschrocken Gottes Wort sagen.

Wo war Moses Furcht geblieben? Wo sein Nichtkönnen? Gott hatte ihm genommen, was ihn hinderte, und ihm gegeben, was er brauchte. »Das Alte ist vergangen«, sagt die Bibel, »siehe es ist alles neu geworden.« Nun rechnete Mose bei jedem Auftrag, den Gott ihm gab, mit der Kraft Gottes.

Weißt du, dass Jesus dir dieselbe Kraft gibt, auch wenn es schwer zu sein scheint, ihm zu gehorchen? Lass nur den Anker fest im Grund. Er hält. Das bedeutet: Halte dich fest an Gott! Vertraue dem Herrn! Halte den Blick stets auf ihn gerichtet! Ist dir auch hin und wieder mulmig zumute, das schadet nichts! Sieh auf den, der das Neue in dir begonnen hat. Er ist stärker als der Teufel und alle seine Mächte. Gott nimmt auch dir weg, was dir schadet. Er gibt dir, was du brauchst. Danke ihm dafür! So wird dich nichts von ihm losreißen können.

M-J

6. November

MIT DER BIBEL DURCH AFRIKA: DAVID LIVINGSTONE (1813-1873)

In Ilala am Bangweolo-See, tief im Innern von Afrika, finden farbige Reisebegleiter an einem frühen Morgen des Jahres 1873 ihren Führer vor seinem Bett kniend – tot. Vor ihm liegt eine aufgeschlagene Bibel, die ihn kreuz und quer durch das noch fast völlig unbekannte Land begleitet hat. Sie war von Kind auf sein Halt gewesen. Als Sohn armer Eltern musste er schon früh in einer Baumwollweberei arbeiten. Damals las er den glühenden Aufruf eines Missionars: Es sollten sich doch Ärzte für China melden, um der Bevölkerung in ihrem furchtbaren Elend zu helfen! Der junge David wusste genau: Er wollte und musste Missionar werden. Aber er konnte nicht predigen! Was er jedoch konnte, das tat er: Er stellte sich restlos Gott zur Verfügung und er lernte so viel wie nur möglich. Auf seinem Webstuhl war eine lateinische Grammatik befestigt, damit er während der Arbeit lernen konnte. Später führte Livingstones Weg nicht nach China, sondern nach Afrika. Nach kurzem Missionsdienst unternahm er weite Forschungsreisen, die der späteren Missionsarbeit sehr zugute kamen. Unterwegs stieß er auf die scheußliche Tätigkeit der Sklavenjäger und trat ihnen todesmutig entgegen. Gottes Wort, dem er gehorchte, gab ihm den Mut dazu. So steht sein Leben vor uns: ein Leben für Christus, ein Leben für Afrika. Und seine Kraftquelle: die Bibel.

H-R

MIT DER BIBEL IN SUMATRA: LUDWIG INGWER NOMMENSEN (1834-1918)

13 Jahre alt war der Sohn des Schleusenwärters auf der Hallig Nordstrand, als er von einem Wagen angefahren wurde. Die Verletzungen waren so schwer, dass er fast ein Jahr lang zu Bett liegen musste. Um die Langeweile zu vertreiben, griff er nach dem einzigen Lesestoff im Hause, nach der Bibel. Da las er von den Wundern, die Jesus an den Kranken getan hat. Der Glaube des Jungen richtete sich auf Jesus als den Herrn auch über die Krankheit. Er versprach ihm, wenn er ihn gesund mache, werde er zu den Heiden gehen. Wunderbarerweise ging es bald mit ihm bergauf. Als Ludwig 20 Jahre alt war, begab er sich mit Bibel, Katechismus und Gesangbuch zum Hafen, um sich als Matrose anheuern zu lassen. Irgendwo wollte er dann an Land gehen und von Jesus predigen. Aber so einfach war das nicht. Erstens fand er kein Schiff, und zweitens wies ihn ein Pfarrer nach Barmen an die Rheinische Mission, um sich erst einmal ausbilden zu lassen. Nommensen ist später zu dem Volk der Batak auf die große Insel Sumatra gegangen. Er blieb immer der einfache Mann mit der Bibel in der Hand, der er restlos vertraute. Mit der Bibel stand er auf den großen Götzenfesten. Mit ihr widerstand er allen Gefahren, die ihm von den mordlustigen Bewohnern drohten. Als er im Jahr 1918 starb, waren riesige Gebiete im Innern Sumatras dem Evangelium erschlossen. Nommensen war der Apostel der Bataks geworden.

H-R

8. November

ACHTUNG, VORFAHRT!

Nur einen Augenblick hatte der Fahrer nicht aufgepasst, nur ein einziges Verkehrszeichen am Wege übersehen – und schon war es geschehen! Ein Splittern, ein Krachen, dann die Polizei, der Krankenwagen. Am nächsten Morgen berichteten die Zeitungen von dem Unglück: Vorfahrt übersehen! – Und der Fahrer? Im Krankenhaus fand er nun reichlich Zeit, die Verkehrsregeln zu wiederholen. Zum Beispiel: Begegnet der Autofahrer dem Zeichen »Vorfahrt«, so muss er wissen: Nun hat der andere mehr Recht als ich. Der andere darf zuerst durchfahren. Was geschieht, wenn diese Regel nicht beachtet wird, das hatte unser Fahrer ja nun erlebt.

Im Kolosserbrief (1, 18) lesen wir: »... auf dass er (Jesus) in allen Dingen den Vorrang habe.« Wusstest du schon, dass Jesus auch in deinem Leben die »Vorfahrt« haben möchte? Gib sie ihm doch gleich zu Beginn eines jeden neuen Tages. Das bedeutet: Nimm dir Zeit, jeden Morgen auf seine Stimme zu hören, indem du in der Bibel liest. Und frage dann auch tagsüber zu Hause, in der Schule, beim Spiel: »Herr Jesus, bist Du einverstanden mit dem, was ich tue?« Jesus das Vorfahrtsrecht einräumen heißt ja nichts anderes, als ihn in deinem Herzen und Leben als König regieren zu lassen.

E-Wä

9. November

PARKPLATZ GESUCHT!

Einen Parkplatz zu finden ist wahrhaftig eine Kunst für sich. In der Stadtmitte, bei einem Bahnhof, ja oft sogar in einer Nebenstraße sucht man vergeblich nach einem freien Plätzchen. Da ist guter Rat teuer, und es nützt wenig, einmal die zu beneiden, die sich auf Schusters Rappen sorglos fortbewegen. Und wenn wir stundenlang auf der Autobahn dahinfahren? Der Motor läuft heiß, der Fahrer wird müde und hält sehnsüchtig Ausschau nach dem blau-weißen Schild, das die Raststätte ankündigt. Hier darf er endlich anhalten, ausruhen und tanken.

So wenig wir heute eine Autoreise ohne solche Park-, Rast- und Tankplätze machen können, so wenig kommen wir auf unserer Lebensreise ohne sie sicher ins Ziel. Wer Jesus nachfolgen will, muss unbedingt von Zeit zu Zeit tanken. Eine Tank- und Raststelle, die wir jeden Morgen mindestens eine Viertelstunde lang aufsuchen sollten, heißt »Stille Zeit«. Hier bekommen wir gratis den besten Treibstoff für unsere Tagesfahrt geliefert. »Tanken« bedeutet hier nichts anderes als »Bibellesen«. Bedenke: Ein vernünftiger Fahrer kümmert sich vor seiner Fahrt um Benzin und Öl, darum solltest auch du vor deiner Tagesreise »tanken«. Die beste Zeit zum Bibellesen ist frühmorgens. Probier's aus!

E-Wä

10. November

WELCHE BRILLE SITZT AUF DEINER NASE?

Bist du kurzsichtig oder weitsichtig? Eins ist sicher: Wer nicht scharfsichtig ist, der braucht dringend eine Brille!

Seit einer halben Stunde suchte die Großmutter ihre Ausgehbrille an allen Ecken und Enden. Sie suchte auf dem Tisch, in der Schublade, in ihrer Schürzentasche, in der Küche und im Bad. Die Brille war wie vom Erdboden verschwunden. Schließlich rief die alte Frau ihre Enkelin zur Hilfe. Die kleine Susi sah sich einige Augenblicke suchend um und brach dann in ein fröhliches Gelächter aus: »Aber Großmutter, die Brille sitzt ja auf deiner Nase!« Es war leider die verkehrte: Mit der scharfen Lesebrille konnte sie keinen Schritt weit sehen – auch nicht die richtige Brille auf der Kommode.

Welche Brille sitzt wohl auf deiner Nase, wenn du deine Bibel öffnest? So wie es Sonnenbrillen, Schneebrillen und andere Spezialbrillen gibt, so kenne ich nämlich eine ganze Reihe von Brillen, die zum Bibellesen benutzt werden. Sie heißen: Unglaube, Zweifel, Gleichgültigkeit, Spott oder auch Angst. All diese Brillen sind nichts wert. Sie verdunkeln höchstens die Sicht oder verzerren das Bild. Die einzige Brille, die uns hilft, die Bibel recht zu lesen und zu verstehen, ist die »Brille des Glaubens«.

»Ich bin dein, hilf mir, denn ich suche deine Befehle.« Wenn du diese Bitte aus Psalm 119, Vers 94 vor dem Bibellesen betest, dann sitzt bestimmt die richtige Brille auf deiner Nase!

E-Wä

EIN KOMPASS IST ETWAS NÜTZLICHES, WENN …

Stell dir ein Schiff vor, das weit draußen auf dem Ozean gegen Sturm und Wellen kämpft. Es ist von allen Verbindungen abgeschnitten. Wie soll es den Weg zurück in den Heimathafen finden? Wer weist ihm die rechte Richtung? Klar, dazu ist der Kompass da! Er weist ja immer in dieselbe Richtung. Daran kann sich der Kapitän halten und so dem Steuermann seine Befehle geben.

Unser Leben gleicht solch einem Schiff weit draußen auf dem Lebensozean. Wie sollen wir den Weg zu Gott finden? Allein ist es ganz unmöglich. Aber dieser Kompass weist immer in dieselbe Richtung – hin auf Jesus. Und Jesus hat gesagt: *»Ich bin der Weg!«*

Ein Kompass, der nicht gebraucht wird, ist allerdings nichts nütze. Ein Kompass, mit dem man nicht umzugehen weiß, ist wertlos. Denn die Richtung bestimmen will gelernt sein. Merkst du, wie wichtig es darum ist, dass du dich um deinen »Kompass« kümmerst? Dass du dich täglich darin übst, die Bibel zu lesen?

In Psalm 32, Vers 8 steht ein Versprechen, das du heute auswendig lernen könntest: »Ich will dich unterweisen und dir den Weg zeigen, den du wandeln sollst. Ich will dich mit meinen Augen leiten.« Gott sagt das, auch zu dir!

E-Wä

12. November

SPIEGLEIN, SPIEGLEIN AN DER WAND …

Weißt du, dass es Spiegel gibt, die lügen? Es sind Spiegel, die alles dünner oder dicker erscheinen lassen. In dem einen siehst du kugelrund wie ein Fässchen aus – im anderen gleichst du einer langen, dünnen Bohnenstange. Nur gut, dass wir zu Hause Spiegel hängen haben, in denen wir uns genau so sehen, wie wir sind. Da guckst du doch mindestens jeden Tag einmal hinein, nicht wahr?

Die Bibel sagt von sich selber, sie sei ein Spiegel. Ein Spiegel, der nie lügt, der uns ganz genau zeigt, wie wir inwendig, in unseren Herzen, aussehen: »Sie (die Menschen) sind allzumal Sünder und mangeln des Ruhmes, den sie bei Gott haben sollten« (Römer 3, 23). Natürlich können wir einen großen Umweg um diesen Spiegel, die Bibel, machen. Wir können ihn verhängen oder ihn links liegen lassen. Damit wird aber nichts besser. Dieser Spiegel hat doch Recht: Wir sind nicht so, wie Gott uns haben will. Es gibt gottlob einen Weg, um anders zu werden: Jesus. Jesus kann auch den hässlichsten Sünder verwandeln. Er vergibt jedem, der zu ihm kommt und bittet: »Wasche mich, dass ich schneeweiß werde!« Und dann? Ja, dann gibt es keinen Grund mehr, sich vor dem Spiegel zu fürchten. Dann dürfen wir uns freuen über das, was die Bibel uns jetzt sagt: »Wenn wir ihn anschauen, werden wir verwandelt in sein Bild« (2. Korinther 3, 18). Und selbstverständlich gehen wir mit jedem Flecken, den der Spiegel uns zeigt, schnellstens zu Jesus! E-Wä

ZEUGEN GOTTES IN VERGANGENEN ZEITEN: AUGUSTIN (354-430)

Schon oft hatte Gott den jungen Augustin gemahnt, sich von ganzem Herzen zu bekehren. Doch die vielen Möglichkeiten, sich zu vergnügen, ließen ihm zum Nachdenken wenig Zeit. Sein Vater war kein Christ, wohl aber seine Mutter Monika. Sie las ihm aus Gottes Wort vor und betete für ihn. Augustin war ein kluger junger Mann. Er wollte in den Staatsdienst des Römischen Reiches eintreten. Durch seine Studien kam er auch nach Mailand. Dort hörte er den Bischof Ambrosius predigen. Das erschütterte ihn. In seinem Herzen begann ein erbitterter Kampf. Augustin berichtet selbst davon: »Ich warf mich im Garten unter einen Feigenbaum nieder. Mit Weinen betete ich und sagte zu Gott: Wie lange noch wird es bei mir heißen: morgen, immer wieder: morgen will ich mich bekehren? Warum nicht jetzt? Darüber war ich sehr traurig. Da, auf einmal hörte ich eine Stimme – war es eine Kinderstimme? –: Nimm und lies! Ich stand auf, ergriff die Bibel, öffnete sie und las Römer 13, Vers 13: ›Ziehet an den Herrn Jesus …‹ Ich las nicht weiter. Mein Herz war wie vom Licht hellster Zuversicht durchstrahlt. Alle Finsternis des Zweifels und des Unglaubens war geflohen.« Von diesem Augenblick an folgte Augustin Jesus nach. Der Herr machte aus ihm einen bedeutenden Lehrer seiner Kirche. Seine Schriften werden heute noch gelesen.

H-W

14. November

ZEUGEN GOTTES IN VERGANGENEN ZEITEN: ANSGAR (801-865)

Es dauerte lange, bis das Evangelium auch zu den im Norden wohnenden Schweden kam. Schon kannten alle übrigen germanischen Stämme den Namen Jesus. In die deutschen Urwälder waren mutige Glaubensboten aus Irland, Schottland, England und Frankreich eingedrungen. Sie hatten Kirchen gebaut und Schulen gegründet. Die Nordländer kamen durch ihre Wikingerfahrten und Handelsreisen zu den Hafenstädten an der Nordsee und dem Atlantischen Ozean, wo sie mit Christen zusammentrafen. Von ihnen hörten sie die Geschichten von Jesus. Sie erzählten sie weiter, so dass ganz Skandinavien Kunde von dem »Weißen Christ« erhielt. Dort hätte man gern mehr von ihm erfahren. Deshalb machte sich Ansgar mit einigen Gefährten auf den Weg nach Schweden. Auf der Ostsee wurden sie von Wikingern ausgeplündert. Die Begleiter Ansgars rieten zur Umkehr. Aber Ansgar ließ sich nicht entmutigen. Unter großen Schwierigkeiten erreichten sie Birka am Mälarsee, in der Nähe von Stockholm. Dort wurden sie freundlich aufgenommen. Nach kurzer Zeit konnte Ansgar das erste Gotteshaus errichten. Nach zwei Wintern kehrte er nach Deutschland zurück. Er betreute aber weiterhin die junge Gemeinde in Birka. Er sandte ihr Boten, die mithalfen, das Evangelium in der ganzen Umgebung zu verkündigen.

Damals wie heute braucht Gott Männer und Frauen, die das Evangelium zu den Menschen bringen, die es noch nie gehört haben. H-W

ZEUGEN GOTTES IN VERGANGENEN ZEITEN: PETRUS WALDUS († 1217)

Im Jahre 1176 wurde der reiche Kaufmannssohn Petrus Waldus in Lyon von der Frage umgetrieben: Welches ist der richtige Weg zu Gott? Als Antwort erhielt er das Wort aus Matthäus 19, Vers 21: »Willst du vollkommen sein, so geh hin und verkaufe alles, was du hast ...« Er nahm diesen Vers wörtlich und gab den größten Teil seines Vermögens den Armen. Dann fing er an, auf Märkten, Straßen und in Sälen zu predigen. Viele Leute hörten ihm zu. Er liebte die Bibel und glaubte, was sie sagt. So entstand eine Bewegung, die sich schnell über ganz Frankreich und Italien ausbreitete. Zu zweit zogen ihre Mitglieder umher und verkündigten Jesus. Viele, die ihre Botschaft hörten, nahmen sie an. Je mehr Menschen sich ihnen anschlossen, desto mehr wurden sie auch verfolgt. Wie viele ihr Leben um des Glaubens willen verloren haben, wird niemals festzustellen sein. In manchen Gegenden wurden sie völlig ausgerottet, so zum Beispiel in Spanien. In anderen Ländern, wie Deutschland, wurden sie durch Verfolgung und Flucht sehr geschwächt. Weil die Waldenser ihre großen, schweren Bibeln oft nicht mitnehmen konnten oder durften – zum Beispiel als Gefangene –, lernten sie große Teile auswendig. Heute noch gibt es Waldensergemeinden in den Südalpen und in Italien.

Stell dir einmal vor, du hättest keine Bibel mehr. Würdest du genug Gottesworte auswendig wissen, um in schwerer Zeit durchzukommen? Ich rate dir: Mach dich ans Auswendiglernen! H-W

16. November

DIE SPINNE

Stell dir mal vor, du würdest merken, dass in deinem Ärmel plötzlich etwas krabbelt – eine dicke, fette Spinne! »Iiih!«, würdest du schreien und so lange strampeln und zappeln, bis du das Biest los wärst. Und du wärst sicher dankbar für Hilfe.

Ich weiß von etwas viel Schlimmerem, das sitzt nicht nur im Pullover, sondern tiefer. Ich meine das, womit wir Gott traurig gemacht und beleidigt haben.

Ich war schon seit Jahren Gottes Kind. Da fiel mir plötzlich etwas ein, das ich früher einmal getan hatte. Es war nicht recht gewesen, und ich hatte es noch nicht in Ordnung gebracht. Du, das war wie eine Spinne im Ärmel! Ich ekelte mich und wünschte nichts sehnlicher, als es so schnell wie möglich loszuwerden. Ich war froh, dass ich einen Menschen fand, mit dem ich sprechen und beten konnte, und dankbar, als ich wusste, Gott hat mir auch diese Sache vergeben. Danach verstand ich Psalm 32, Verse 1 und 2: »Wohl dem, dem die Übertretungen vergeben sind, dem die Sünde bedeckt ist. Wohl dem Menschen, dem der Herr die Missetat nicht zurechnet.«

Wenn es dir einmal so geht wie mir: Tu nicht so, als ob nichts los wäre. Lass die »Spinne« nicht lange krabbeln, sondern sieh zu, dass so schnell wie möglich alles in Ordnung kommt – mit Gott und mit den Menschen.

R-St

17. November

WAS IST DAS: BUSSE?

Lies heute Lukas 15, Vers 11-32! Es ist eine spannende Geschichte! Hier zeigt uns der Herr Jesus, was Buße eigentlich bedeutet.

Da sitzt also der davongelaufene Junge bei den Schweinen. Es geht ihm wirklich dreckig. Und es tut ihm Leid. Er sieht, dass er alles verkehrt gemacht hat. Was soll er bloß tun, um wieder aus dieser Lage herauszukommen? Stell dir vor, er würde nun an seinen Vater schreiben: »Es tut mir Leid, dass ich gestern die letzten 2,– DM ausgegeben habe. Bitte schick mir neue 2,– DM, und vergib mir diese Dummheit.« Ob ihm das viel helfen würde? Nein! Solange er nur die eine Dummheit eingesteht und im übrigen bleiben will, wo er ist, beginnt bald das ganze Elend wieder von vorn. – Oder stell dir vor, er würde einen Tag lang den schwarzen Anzug anziehen und sich bedauern: Wo bin ich bloß gelandet! Ach, ich armer Mensch! Solch ein »Bußtag« würde ihm gar nichts nützen.

Jesus erzählt, dass der Sohn etwas anderes tat. Er nahm sich vor, wegzulaufen von den Schweinen – heim zum Vater. Er nahm sich nicht nur vor – er tat's auch! Er machte radikal Schluss mit den Schweinen und bat den Vater: »Ich bin's nicht wert, aber fang doch bitte ganz neu mit mir an!« Siehst du, das war echte Buße. Buße heißt nämlich: seine ganze Gesinnung ändern. Umkehren. Wirst du in diesem Monat einen Bußtag »feiern«, oder wirst du wirklich Buße tun, indem du Jesus bittest, in dein Herz einzuziehen? R-St

18. November

ENGEL – WAS IST DAS?

Vielleicht hast du schon einmal auf einem Bild die Darstellung eines Engels gesehen. Es gibt zum Beispiel ein Bild, wo ein kleiner Junge auf einem gefährlichen Bergpfad umherspringt und ein Engel besorgt hinterherläuft. Auf einem anderen Bild geht ein Mädchen über einen schmalen, brüchigen Steg, und ein Engel mit ausgestreckten Armen schwebt hinter ihm. Nun, diese Bilder besagen ja etwas Richtiges: nämlich, dass die Engel uns beschützen sollen. Aber ob sie so mit wallenden Gewändern daherkommen? Auf vielen Bildern schweben oder fliegen die Engel, sie haben Flügel an ihrem Körper und schöne rosarote Pausbäcken. Hast du schon mal einen solchen Engel gesehen? Wohl noch nicht. Ich auch nicht. Trotzdem denken manche Leute, wenn sie etwas von Engeln hören, nur an solche niedlichen und harmlosen Geschöpfe. Wo die Bibel von Engeln berichtet, sagt sie wenig über deren Aussehen. Das ist auch gar nicht so wichtig. Wichtiger ist zu wissen, wozu sie da sind und was sie tun. In der Bibel lesen wir nichts von süßen Gestalten, sondern da hören wir sogar davon, dass sie als Gottes Kämpfer, als »starke Helden«, bezeichnet werden. Das ist alles andere als eine niedliche Angelegenheit. Manchmal werden Engel gar nicht als Engel erkannt. Dann sehen sie so aus wie jeder andere Mensch auch. Sie kommen im Auftrag Gottes. In Psalm 103, Vers 21 steht: »Lobet den Herrn, ihr seine himmlischen Heerscharen, ihr seine Diener, die ihr seinen Willen tut!« M-E

19. November

WAS TUN ENGEL?

1. Engel erscheinen zum Dienst und zum Schutz der Menschen. Wir gebrauchen ja auch manchmal das Wort »Schutzengel«. Viele Leute sagen, wenn ihnen bei einer gefährlichen Sache nichts passiert ist: »Da habe ich aber noch einmal Glück gehabt«, oder: »Da bin ich doch gerade noch mit einem blauen Auge davongekommen.« Jemand, der weiß, dass Gott Engel aussendet, der sagt: »Da hat mich Gott bewahrt«, oder: »Gott hat mir seinen Engel geschickt, der mir geholfen hat.« So schickt uns Gott zum Schutze seine Diener, die Engel, die uns oft bewahren und helfen, ohne dass wir sie sehen und es wissen (Apostelgeschichte 12).

2. Engel überbringen uns, den Menschen, eine Botschaft Gottes. Sie sprechen mit den Menschen, wie wir miteinander reden. So sind sie Gottes »Nachrichtenübermittler«. Wie der Chef eines großen Betriebes seine Leute hat, die er losschickt, um Dinge für ihn zu tun oder wichtige Nachrichten zu überbringen, so schickt Gott die Engel, um den Menschen etwas Wichtiges zu sagen (Lukas 1 und 2).

3. Engel sind Gottes »Handlanger«. Sie strafen, wenn der Mensch Gott nicht gehorcht. Als der ägyptische König Israel nicht aus Ägypten ziehen lässt, soll ein Engel die Ägypter strafen und alle ältesten Söhne der Ägypter töten (2. Samuel 24, 10-24).

4. Engel loben und preisen Gott (Offenbarung 5, 11-13).

So viele verschiedene Aufgaben haben die Engel!

M-E

20. November

GOTTES BOTEN IM ALTEN TESTAMENT

Dass Gott seine Engel schickt, um den Menschen etwas mitzuteilen, erfahren wir aus mehreren Begebenheiten im Alten Testament.

Gott hat Abraham befohlen, den einzigen Sohn, den er hat, zu opfern. Gott will damit den Glauben Abrahams prüfen. Abraham folgt der Aufforderung Gottes. Er geht mit Isaak, so heißt der Sohn, dorthin, wo das Opfer stattfinden soll. Er baut eine Feuerstelle, legt Holz darauf, und erst in dem Moment, als er Isaak festhält, um ihn zu töten, ruft der Engel Gottes: »Töte ihn nicht; denn jetzt weiß ich es genau, dass du Gott vertraust und ihn allein ehrst und anbetest« (1. Mose 22). Gott schickt seinen Boten, um einem einzelnen Menschen seinen Willen mitzuteilen!

Von einer anderen Begebenheit wird auch im Alten Testament berichtet: Jakob befindet sich auf der Flucht vor seinem Bruder Esau, den er betrogen hat. Da begegnen ihm Engel Gottes, die ihm in den Weg treten. Als er sie sieht, meint er, dass es Heere Gottes sind, so gewaltig erscheinen sie ihm (1. Mose 32). Auch im Traum erscheint Jakob ein Engel, ja, Jakob kämpft mit einem Engel! (1. Mose 32, 23-33). Wenn ihr eine Bibelkonkordanz oder ein Bibellexikon habt, dann schlag doch mal unter dem Stichwort »Engel« nach. Da wirst du staunen, wie häufig von Gottes Boten die Rede ist!

M-E

21. November

ENGEL IM LEBEN JESU

Auch im Neuen Testament lesen wir von Engeln als Boten Gottes. Eine der wichtigsten Nachrichten in jener Zeit ist die Ankündigung der Geburt Jesu. Was die Propheten schon Jahrhunderte vorher vorausgesagt haben, wird jetzt von einem Engel der Maria mitgeteilt. Dieser Engel erscheint ihr und überbringt ihr die erstaunliche Nachricht, dass sie die Mutter von Jesus werden wird (Lukas 1, 26-38). Der »Nachrichtenübermittler« dieser großartigen Botschaft Gottes an Maria ist kein Mensch gewesen, sondern ein Engel. Als einige Hirten auf dem Feld ihre Schafe hüten, da erscheint ihnen ein Engel, der ihnen sagt, dass Jesus, der Herr und Heiland der Menschen, geboren ist. Er nennt ihnen das Zeichen, an dem sie dieses Kind erkennen können: ein Baby, das in einer Krippe liegt und in Windeln gewickelt ist. Dann stimmt eine große Anzahl von Engeln ein in dieses Lob. Sie sprechen: »Ehre sei Gott in der Höhe und Frieden auf Erden!« Auch hier sind es wieder Engel, die die frohe Nachricht von der Geburt Jesu mitteilen.

Engel haben im Leben Jesu eine wichtige Rolle gespielt. Als er kurz vor seinem Tod in der Stille mit Gott betet, da erscheint ihm ein Engel, der ihn stärkt, ihm Mut zuspricht und ihn tröstet. Engel können immer sichtbar erscheinen, aber auch unsichtbar. Man kann sie sehen, oft spürt man auch nur das, was sie tun. Beides ist möglich.

Lies dazu noch: Matthäus 4, Vers 11 und 28, Verse 2+5; Lukas 22, Vers 43 und 24, Verse 4-6! M-E

22. November

WERDEN CHRISTEN NACH DEM TOD ENGEL?

»Oma, wenn wir einmal im Himmel sind, dann sind wir doch beide Engel und sehen ganz anders aus. Fliegst du dann einmal zu mir und gibst dich zu erkennen?« So stellt sich ein kleiner Junge das Leben im Himmel vor. Jesus sagt, als er von den Menschen spricht, die im Himmel sein werden: »Sie sind wie die Engel im Himmel« (Markus 12, 25). Damit beantwortet Jesus eine Frage nach der Familienzugehörigkeit der Verstorbenen. Nein, sagt Jesus, sie werden nicht mehr als Mann und Frau zusammengehören. Wie die Engel werden sie Gott dienen und ihn anbeten. Sie werden dort für Gott leben. Aber Engel sein? Nein, das sagt Gottes Wort nirgends.

Was wir sein und wie wir aussehen werden, das wird in verschiedenen Bibelabschnitten angedeutet. Eins steht fest: Wir leben dort so, wie wir es hier noch nicht gekannt haben. In einer ganz anderen Art als bisher. Das ist so, als würden wir noch einmal geboren. Da sähen wir ja auch ganz anders aus. Im Neuen Testament gibt es viele Stellen, wo gesagt wird, dass wir dem auferstandenen, zum Vater gegangenen Herrn Jesus Christus ähnlich sein werden, im Äußeren und im Inneren. Kein Leid, keine Schmerzen werden wir mehr haben, keine Sünde werden wir mehr tun. Ohne Fehler sind wir dann. Und dann werden wir erst einmal richtig erleben, was es heißt, dass Gott uns liebt und dass wir seine Kinder sind. M-E

23. November

GOTTES ENGEL SIND AUCH HEUTE UNTERWEGS

Ein Pastor erzählt folgende Geschichte: Zwei Männer hatten sich vorgenommen, ihn bei einem Spaziergang im Tiergarten in Berlin zu überfallen. Sie wussten genau die Stunde und den Ort, wo er täglich spazieren ging, und versteckten sich hinter einem Busch. Als sie ihn erblickten, wagten sie es doch nicht, ihren Anschlag auszuführen, sondern gingen unverrichteter Sache davon. Nach einigen Tagen schlug einem der Männer das Gewissen, und er ging zu dem Pastor und bekannte sein Vorhaben. »Aber«, fragte der Pastor, »warum haben Sie denn Ihren Plan nicht ausgeführt?« »Weil zwei Männer Sie begleiteten«, entgegnete der Mann. »Aber«, so der Pastor, »ich bin doch an jenem Tage ganz allein spazieren gegangen.« »Nein«, erwiderte der Arbeiter, »zwei Männer gingen mit Ihnen.«

Sehen wir nicht hier, wie Gott seine Engel aussendet, um einen Menschen zu beschützen? Ähnliches haben auch andere Menschen erlebt, die offen von Jesus sprachen, weil sie ihn liebten. Weil manche Leute das nicht hören wollten und sich ärgerten, ja zornig wurden, wollten sie den Christen einen Denkzettel geben. Aber Gott kann sogar Engel schicken … M-E

24. November

DER ENGEL VOR DER KURVE

»Gibt es richtige Engel?«, fragte die achtjährige Lena. Onkel Jochen nickte. »Gewiss, Lena, ich selbst habe einen gesehen«. – »Einen Engel?« Markus, der große Bruder, verzog die Lippen zu einem ungläubigen Lächeln. »Vorige Woche«, sagte der Onkel, »als ich eure Eltern von Menden abholte. – Wir kamen in ein schlimmes Unwetter. Ich kenne die Landstraße dort sehr gut. Da steht ein großer Birnbaum hinter einer scharfen Kurve. Der Sturm tobte. Der Regen klatschte gegen die Windschutzscheibe. Ich hatte keine gute Sicht. Als ich die scharfe Kurve genommen hatte, trat ich auf das Gaspedal und ging mit erhöhter Geschwindigkeit in die Gerade. Da sah ich den Engel.« – »Auf der Straße? Einen richtigen Engel?« – »Ja, Lena, er stand da, groß und sehr hell, und was das Seltsamste war: Er hielt die Arme ausgebreitet wie ein Polizist, der die Straße sperrt.« – »Na«, sagte Markus nur. Der Onkel nickte. »Ich erschrak und trat auf die Bremse. In diesem Augenblick fuhr der Blitz in den Birnbaum. Er wurde in der Mitte gespalten und fiel vor uns auf die Straße.« – »Oh«, sagte Lena, »und weil der Engel gesperrt hatte …?« – »Ja, deshalb habe ich gebremst. Sonst wäre der Baum unweigerlich auf uns gestürzt.« – Später, als der Onkel gegangen war, sagte Markus: »Das mit dem Engel, Vater, das war doch nur Einbildung, oder?« Der Vater schüttelte den Kopf, und die Mutter sagte: »Ich glaube, dass es ein Engel war, wenn ihn auch nur Onkel Jochen gesehen hat.« B-Sch-E

WENN ES IM HIMMEL SCHÖN IST

Mama hatte rotgeweinte Augen. Michael fand das gar nicht schön. Er hatte es viel lieber, wenn Mama mit ihm lachte und fröhlich war. Die ganze letzte Zeit war sie kaum zu Hause gewesen, immer musste sie zum Opa ins Krankenhaus. Jetzt war der Opa gestorben. Muss man denn so viel weinen, wenn jemand stirbt? Papa hatte gesagt, Opa sei nun im Himmel. Plötzlich fiel Michael etwas ein, was er Mama unbedingt fragen musste: »Mama, ist es im Himmel schön?« – »Sehr schön«, sagte die Mama, und sie sagte es so, als wisse sie es ganz genau. »Wie schön?«, wollte Michael aber doch wissen, um ganz sicher zu gehen. »So schön, dass wir es uns gar nicht vorstellen können. Keiner tut dort etwas Böses, keiner hat Schmerzen, keiner muss hungern oder frieren. Alles ist einfach sehr, sehr schön.« Michael schüttelte den Kopf, ihm war immer noch etwas unklar. »Mama, wenn es aber im Himmel so wunderschön ist, warum weinst du dann, weil Opa jetzt dort ist?« Mama schaute Michael mit großen Augen an, doch dann lächelte sie ein ganz klein wenig. Sie nahm ihren kleinen Jungen auf den Schoß und drückte ihn ganz fest. Das gefiel Michael sehr, er fühlte sich richtig wohl.

Die Bibel sagt, der Himmel ist »Gottes Wohnung bei den Menschen ... Es wird keinen Tod mehr geben und keine Traurigkeit, keine Klage mehr und keine Quälerei ...« (Offenbarung 21, Vers 4). R-Fl

26. November

SUSI, DAS MEERSCHWEINCHEN

»Weißt du noch, wer Susi war?«, wollte Mama wissen. Natürlich wusste das Michael. »Und wie war es mit deinem Meerschweinchen?« – »Ich hatte es ganz doll lieb«, erzählte Michael eifrig, und dann wurde er nachdenklich. »Es wurde krank, es konnte die Hinterbeinchen gar nicht mehr heben, es fraß nicht mehr, und die Augen waren gar nicht mehr so blank. Nachmittags lag es steif in seinem Käfig. Es sagte keinen Pieps mehr. Aber dann«, Michael wurde lebhaft, »dann haben wir es in eine weiße Schachtel mit rosa Seidenpapier gelegt, und Blümchen dazu. Hinter der Garage haben wir es dann begraben. Das war sehr feierlich.« – »Aber du warst doch sehr, sehr traurig.« – »Ja«, gab Michael zu, »nun hatte ich keine Susi mehr zum Spielen und Streicheln. Aber du hast gesagt, Gott bestimmt, wann ein Leben zu Ende geht. Und er weiß alles viel besser.« – »Richtig. Und auch bei unserem Opa hat Gott es bestimmt, und Gott weiß auch ganz genau, warum es gut ist, wenn ein Leben zu Ende geht. Aber traurig bin ich doch; nicht, weil der Opa im Himmel ist, sondern weil er mir fehlt. Und dir fehlt der Opa doch auch.« Michael nickte, doch dann meinte er energisch: »Der Opa ist im Himmel, da geht es ihm gut! – Sag mal Mama, gibt es auch einen Himmel für Meerschweinchen?« Wieder musste die Mutti ein ganz klein wenig lachen. »Wer weiß?«, meinte sie. R-Fl

FREDERIK KANN SICH WIEDER FREUEN

Ich wünschte, du hättest Frederik gekannt. Er war ein toller Junge, er konnte rennen und toben, aber am besten konnte er Fußball spielen. Bis zu dem Tag, als er den Autounfall hatte. Schuld war er nicht einmal, aber was nützte ihm das – er lag jetzt im Bett und konnte die Beine nicht mehr bewegen. Ja, er würde sie nie wieder bewegen können. Zuerst hatte er gedacht, es würde schon besser mit ihm werden, aber dann erfuhr er, dass er nie wieder gesund werden könne. Ich besuchte Frederik oft, wenn aber Schulfreunde an seinem Bett saßen – manchmal kamen sie wirklich –, dann unterhielt ich mich mit seiner Mutter. Sie war sehr traurig, aber auch sehr tapfer. Sie erzählte, wie schwer es zuerst für Frederik gewesen war, sich mit allem abzufinden. »Warum lässt Gott mich so krank sein? Warum kann er mich nicht so gesund machen wie den Knecht des Hauptmanns. Sogar die Tochter des Jairus hat Jesus von den Toten auferweckt, und mich lässt er hier so liegen!« So hatte Frederik oft geweint, und manchmal war er auch sehr wütend gewesen, auf alle Ärzte, auf alle Autofahrer und sogar auch auf Gott. So erzählte seine Mutter. Aber eines Tages wurde das ganz anders. Nicht so plötzlich, aber irgendwie merkte die Mutter, dass mit Frederik etwas geschehen war. Was mochte das wohl sein? »Frederik freut sich«, sagte die Mutter. Mehr verriet sie nicht. Wie es weiterging, erzähle ich dir morgen.

R-Fl

28. November

»JESUS WAR BEI MIR«

Die Mutter wollte, dass der kranke Frederik mir selber sagen sollte, was geschehen war, und so ging ich ins Krankenzimmer. Frederik sah sehr schlecht aus, und er tat mir so Leid. Ich hätte ihm gerne geholfen, aber was konnte ich tun? Ich konnte ihm nicht einmal sagen, wie gerne ich ihn mochte, denn ich hatte einen dicken Kloß im Hals. Ihr kennt das doch; wenn man dann spricht, kommen gleich die Tränen. Aber Frederik sollte mich nicht weinen sehen; er weinte auch nicht, nein, er lächelte mich sogar an.

»Nicht traurig sein!«, sagte er dann plötzlich leise. Ich muss wohl ein sehr dummes Gesicht gemacht haben. Das hätte ich doch zu ihm sagen müssen und nicht er zu mir! Jetzt lachte Frederik sogar ein wenig.

»Nein, Tante Betty, du brauchst mich nicht mehr zu trösten. Ich bin nicht mehr traurig.« Ich sah ihn erstaunt an, aber ich musste ihm glauben.

»Jesus war bei mir«, sagte er, und es klang so einfach und selbstverständlich, als hätte er gesagt: »Der Arzt war eben da.« Frederik fuhr fort: »Er hat mir gesagt, dass er mich liebt und mich zu sich holen will. Und bei ihm brauche ich nie mehr krank zu sein. Kann ich auf der Erde nicht mehr gesund sein, dann aber doch im Himmel für immer und immer.« Frederik war glücklich. Und ich konnte nur in meinem Herzen beten: »Herr Jesus, lass mich immer so wie Frederik daran denken, dass du mich so lieb hast, dass alles andere nicht mehr so wichtig ist.«

R-Fl

29. November

AUF WIEDERSEHEN?

Auf vielen Grabsteinen und in manchen Todesanzeigen steht »Auf Wiedersehen!« Das klingt gar nicht ganz so schlimm, denn auf ein Wiedersehen freut man sich – meistens! Aber dann liest man auch ». . . für immer von uns gegangen« oder »Lebewohl für immer!« Das klingt sehr, sehr traurig. Was stimmt denn nun, wonach können wir uns richten?

Kein Mensch kann uns sagen, wie es nach dem Tode sein wird, denn noch kein Mensch hat davon berichten können, auch nicht die Menschen, von denen die Bibel sagt, dass Jesus sie vom Tode auferweckt hat. Nur Jesus konnte wissen, was nach dem Tode sein wird, denn er ist Gottes Sohn. Deshalb gibt es in der Bibel manche Stellen, die davon berichten.

Jesus sagte es den Menschen gleich, dass mit dem Tod nicht alles aus ist. Einmal, sagte er, wird die Zeit kommen, da werden alle Toten auferstehen. Und die Menschen, die Gottes Willen getan haben, werden belohnt werden, die anderen aber, die gegen Gottes Willen gelebt und es nicht bereut haben, die müssen bestraft werden (Johannes 5, 28). Damit die Menschen ihn besser verstehen konnten, erzählte Jesus ihnen die Geschichte von einem reichen, hartherzigen Mann und dem armen Bettler vor seiner Tür. Du kannst die Geschichte selbst lesen: Lukas 16, Verse 19-31. Der reiche Mann hatte kein Mitleid mit dem armen Mann, er dachte nur an sich selber und sein schönes Leben. Jesus erzählte, wie es den beiden Männern nach dem Tod ging.

R-Fl

30. November

WENN WIR AUFERSTEHEN ...

Kein Mensch kann uns das Leben nach dem Tod beschreiben. Keiner kann uns sagen, wie unser Körper dann sein wird. Eins aber wissen wir, die wir Jesus angehören, jetzt schon ganz genau: nämlich, dass alles unvergleichlich viel schöner sein wird als in unserem Erdenleben. Das sagt uns die Bibel an vielen Stellen.

Vergleiche einmal eine Raupe mit einem Schmetterling. Nicht wahr, wenn du es nicht schon vorher wüsstest, könntest du niemals glauben, dass diese beiden Tierchen überhaupt etwas miteinander zu tun haben.

Raupen sind sehr gefräßig. Plötzlich verlässt sie aber der Appetit. Dafür bekommen sie den unwiderstehlichen Drang, sich zu verpuppen. Sie spinnen sich in eine kleine Hülle wie in einen winzigen Sarg ein. Manche Arten verbringen so den ganzen Winter. Während dieser Zeit vollzieht sich die Verwandlung des Tieres aus der einen in die andere Form. Wenn dann endlich der Frühling ins Land zieht, entsteigt dem kleinen Gehäuse ein wunderschöner Schmetterling, der wie ein buntes Blütenblatt munter durch die Lüfte wirbelt. Welch ein Unterschied zwischen dem Einst und dem Jetzt!

Noch sehr viel größer wird aber die Verwandlung bei unserer Auferstehung sein. E-H

1. Dezember

ADVENT

Als Jesus damals, vor fast 2000 Jahren geboren wurde, wussten es nur wenige Leute. Maria wusste es und Josef. Von Maria sollte ja der Messias als kleines Baby geboren werden. Elisabeth und Zacharias wussten es: Ihr Kind sollte ja dem Messias helfen. Viele Leute sollten es aber auch von Johannes hören: »Siehe, das ist das Lamm Gottes, das die Sünde der Welt wegträgt« (Johannes 1, 29). Im Tempel warteten ein paar alte Leute auf den Messias. Und durch die Wüste zog eine kleine Karawane, gelehrte Männer, die auf ganz seltsame Weise erfahren hatten, dass in Israel ein bedeutsamer Mensch geboren werden sollte. Bei allen war Erwartung, und als das Kind nun im Stall von Bethlehem geboren worden war, da kamen sie, und sie brachten mit, was sie hatten: große Freude, Staunen, Dankbarkeit, Bewunderung, Verehrung – all das, was man mit dem Wort Anbetung zusammenfasst. Sie knieten nieder, waren still, ehrten Gott und freuten sich. Die einen waren reich, sie brachten kostbare Geschenke; die anderen waren arm und brachten »nur« sich selbst.

Sich selbst bringen – unser Herz aufmachen, altes Gerümpel hinauswerfen, frische Luft hereinlassen, Jesus bitten: »Komm!« und ihn den ganzen Rest machen lassen und sich freuen – freuen – freuen und mit anderen unsere Freude teilen, besonders mit denen, die wenig Freude haben: Das ist Advent! H-K

2. Dezember

WORAUF WARTEN WIR EIGENTLICH?

Im Leben gibt es viel, viel Sehnsucht und Warten. Das kleine Kind sehnt sich: Wenn ich doch schon zur Schule könnte! Das Kind in der Grundschule denkt: Ach, wäre ich doch bloß schon weiter! – Später wünscht man sich, endlich das Abitur hinter sich zu haben. Dann meint man: Lasst mich nur erst mal mit meiner Ausbildung fertig sein . . .! – Dann ersehnen wir vielleicht den Tag der Hochzeit. Dann warten wir auf das erste Kind. Dann – dann – dann –. So vergeht das ganze Leben im Warten. Es soll immer noch etwas Schöneres kommen. Es soll immer noch besser werden. Wird es das wirklich?

Christen haben eine ganz andere Erwartung. Sie freuen sich darauf, dass Jesus wiederkommt. Sie möchten ihn gern sehen. Und sie werden ihn sehen. Er hat es ja versprochen. Seinen Jüngern schilderte er einmal, was in der Zukunft geschehen wird: »Zeichen an Sonne und Mond und Sternen; und auf Erden wird den Leuten bange sein ... und die Menschen werden verschmachten vor Furcht ... und alsdann werden sie sehen des Menschen Sohn kommen mit großer Macht und Herrlichkeit« (Lukas 21, 25-28). Jesus möchte, dass alle, die ihm gehören, auf die Ereignisse im Weltraum und auf der Erde achten und ihn freudig erwarten. Weißt du, dass es noch nie so viele Zeichen seiner baldigen Wiederkunft gab wie heute? R-St

3. Dezember

ZU KLEIN?

»Ach, du bist ja noch viel zu klein!« Sören schiebt das Schwesterchen weg. »Lass mich das machen. Der alten Frau Schulte bringe ich das Paket zur Post.« Frauke sieht hinter dem großen Bruder her. »Zu klein!« Ein paar Tränen rollen über ihr Gesicht. Das Paket kann sie wirklich nicht zur Post schleppen. Sören hat Recht! Frauke denkt nach. Da fällt ihr etwas ein. Im Kindergarten hat sie einen Stern gebastelt Aus Goldpapier ist er. Ob Frau Schulte sich wohl darüber freut? Frauke bittet die Mutter um eine Weihnachtskarte. »Nimm diese hier«, sagt die Mutter. »Über den Spruch wird sich Frau Schulte freuen. Da steht: ›Das Volk, das im Finstern wandelt, sieht ein großes Licht. – Jesus ist kommen, Grund ewiger Freuden.‹ Frau Schulte hat ja so viel Schlimmes erlebt und ist oft sehr traurig. Geh, Frauke, bringe Frau Schulte den Stern und die Karte. Sag ihr einen Gruß von mir. Sie wird sich freuen.«

Frauke geht. Den Stern hält sie in der Hand und die Karte. Das ist nicht zu schwer für sie. Und dann schellt sie an Frau Schultes Tür. Ein klein wenig Freude geht über das Gesicht der alten Frau. Vielleicht wird die kleine Freude, die Frauke brachte, einmal zur großen Freude bei Frau Schulte werden, weil der Heiland geboren wurde zum Heil für alle Menschen. L-D

4. Dezember

NÄCHSTENLIEBE

Jesus sagte den Menschen, die ihn fragten, welches das wichtigste Gebot in der Bibel sei: »Du sollst deinen Nächsten lieben wie dich selbst« (Matthäus 22, 39). Er sagt es aber auch dir und mir.

Ich kenne ein Mädchen, mit dem niemand sprechen und spielen will. Wie traurig und einsam ist es oft! Gibt es auch solche Kinder in deiner Klasse? Sicher sagst du jetzt: »Die andern lachen mich ja aus, wenn ich mit denen rede!« Wenn Jesus auch so handelte? Wenn er mich links liegen ließe – oder dich!

Jesus hat alle Menschen lieb. Er verachtet keinen. Er stößt keinen von sich. Er will, dass alle zu ihm kommen. Wie traurig muss er doch sein, wenn du einen Menschen, den er lieb hat, verachtest! Willst du nicht lernen, deinen Nächsten zu lieben? Du kannst es nicht aus eigener Kraft. Doch Jesus will dir die Kraft schenken! Sag ihm doch: »Herr Jesus, bitte vergib mir! Ich will nicht mehr an den Menschen vorbeisehen, die ich eigentlich lieb haben sollte. Aber ohne dich werde ich es doch tun. Hilf mir bitte heute, nett zu sein zu den Kindern, die in der Klasse oder beim Spielen alleine sind.«

E-J

5. Dezember

DAS VERSPRECHEN

»Jan hatte aber versprochen, heute Nachmittag zum Spielen zu kommen«, mault Tim. Er hatte sich so darauf gefreut, und nun hielt Jan sein Versprechen nicht. »Sicher ist ihm etwas dazwischengekommen«, versucht die Mutter ihn zu trösten. »Was ich verspreche, muss ich auch halten«, beharrt Tim. Eigentlich hat er Recht. Aber gleichzeitig fällt ihm ein, dass er auch schon oft ein Versprechen nicht gehalten hat. Wie war es erst gestern? »Ich verspreche dir mein Kippauto, wenn du mir deinen Luftballon schenkst«, hatte er zu seiner Schwester gesagt. Kurz darauf war ihm klar, welch schlechten Tausch er gemacht hatte. Mit Tränen hatte dann Sabine das Auto wieder abgeben müssen.

Überall hören wir, wie Menschen sich etwas versprechen: Einer verspricht dem andern Freundschaft, und doch kümmert er sich nicht um ihn; die andern versprechen, ein besserer Mensch zu werden, und tun doch bald wieder dieselben bösen Taten. Wenn wir an Weihnachten denken, fällt uns Gottes Versprechen ein, uns seinen Sohm zu schenken. Es war ihm sehr schwer und bitter, sein Versprechen zu halten. Er hat es aber getan, damit wir froh werden können! (Psalm 33, 4 und Sprüche 25, 14)

E-J

6. Dezember

WUNSCHZETTEL

Vor einiger Zeit habe ich ein Spiel miterlebt, das sehr viel Freude bereitete. Wir hatten alle kleine weiße Zettel und schrieben unseren größten Wunsch darauf. Alle diese Wunschzettel gaben wir in eine Schachtel, mischten kräftig und zogen jeder einen Zettel heraus. Der Wunsch auf dem Zettel wurde vorgelesen und wir haben geraten, wer wohl der Schreiber dieses Zettels gewesen sein könnte. Stellt euch vor, wir haben alles herausgefunden. Dies hat uns eigentlich am meisten verwundert, denn niemand hatte seinen Wunsch auf der Nasenspitze stehen. Woher mag das wohl gekommen sein? Ja – du hast wahrscheinlich Recht: Wir kannten uns gut! Wir hatten uns oft unterhalten.

Wie mag das wohl mit unseren Wünschen an Gott sein? Kennt er sie? Erfüllt er sie? Bei Gott ist es noch viel besser als in unserem Spiel. Er kennt nicht nur unsere Wünsche, er weiß auch noch, was gut ist und was nicht. Im Neuen Testament kannst du lesen: »... denn euer Vater weiß, was ihr braucht, ehe ihr ihn bittet« (Matthäus 6, 5). Ja, Gott kennt unseren »Wunschzettel« genau. Manche Wünsche streicht er uns durch. Manches gibt er, was wir uns nicht gewünscht haben; er weiß ja viel besser als wir, was uns gut tut. Darum hat er zum Beispiel auch seinen Sohn gesandt, obwohl viele Menschen sich Jesus wahrhaftig nicht gewünscht haben. Sonst hätten sie ihn ja nicht umgebracht! Aber Gott wusste: Die Menschen brauchen ihn. Er ist das Beste, was Gott geben kann. H-K

JESUS HAT JEDEN LIEB

Lies zuerst Markus 10, Verse 17-22!

Ein junger Mann fühlt sich zu Jesus hingezogen. Er ist reich und führt ein vorbildliches Leben. Er hat sich durch seinen Reichtum nicht verführen lassen, leichtsinnig und genusssüchtig zu werden. Im Gegenteil, er ist aufrichtig bemüht, so zu leben, wie Gott es in den Zehn Geboten von ihm fordert. Und doch ist er unbefriedigt. Er stellt Jesus die wichtigste Frage, die ein Mensch überhaupt stellen kann: Wie bekomme ich das ewige Leben? Sein Reichtum und seine Anstrengungen haben ihm nicht geholfen, eine Antwort auf diese Frage zu finden. Nun hat er gemerkt: Bei Jesus erhalte ich die rechte Antwort! Allerdings fällt sie anders aus, als er erwartet hatte. Jesus legt den Finger auf die wunde Stelle bei dem reichen jungen Mann. Er gibt ihm zu verstehen: Dein Herz hängt zu sehr an deinem Reichtum. Verschenke ihn und gib mir den ersten Platz in deinem Leben. – Wie traurig, dass der Mann den Rat Jesu nicht befolgte und sich von ihm abwandte.

Jesus selbst muss betrübt gewesen sein, denn er liebte den jungen Mann. Er liebt auch dich, so wie du bist, mit all deinen Fehlern und all deinem Guten, mit deinem Versagen und deinem Gelingen. Er blickt dich an und bittet dich: Komm zu mir. Gib mir den ersten Platz in deinem Herzen, dann wirst du staunen, wie ich dich führen werde. Gemeinschaft mit Jesus: Das ist Leben!

E-M

8. Dezember

JESUS RUFT DIE SÜNDER

Lies zuerst Markus 2, Verse 13-17!

Nicht immer wartet Jesus, bis die Leute zu ihm kommen. Oft naht er sich selbst einem Menschen, wenn er sieht, wie traurig und unglücklich er ist. Auch bei Levi hat Jesus im Vorübergehen gleich die verborgene Not erkannt. Vater Alphäus mag früher gehofft haben, dass aus seinem Sohn ein rechter Levi würde, das heißt: einer, der dem Herrn dient (die Leviten taten damals Tempeldienste). Stattdessen schlug er eigene Wege ein. Er wurde Zöllner und betrog durch überhöhte Zölle seine eigenen Landsleute. Damit bereicherte er sich selbst und den römischen Staat. Ob er dabei ein gutes Gewissen hatte? Wohl kaum, sonst wäre er dem Befehl Jesu nicht gefolgt, ohne eine Sekunde zu zögern. Bestimmt hatte er schon früher von Jesus gehört, ja ihn vielleicht auch gesehen. Auf jeden Fall hatte er gemerkt: Mein Leben ist nicht in Ordnung, so kann es nicht weitergehen.

Nun ist Levi bereit, Jesus zu gehorchen. Sofort lädt er viele seiner Kollegen mit Jesus zu einer Mahlzeit ein. Das muss ein Freudenfest gewesen sein! Nicht, weil da lauter rechtschaffene Leute beieinander saßen. Nein, da waren verachtete und verrufene Männer. Doch Jesus war unter ihnen. Würde er sie nicht zu neuen Menschen machen können? Levi wurde einer der zwölf Jünger. Man nennt ihn meistens Matthäus. Ihm verdanken wir das Matthäus-Evangelium.

E-M

JESUS NIMMT DIE ANGST

Lies zuerst Markus 6, Verse 45-52!

Eine merkwürdige Begegnung mitten in der Nacht. Die Jünger haben die Herrschaft über ihr Schiff verloren, weil die Wellen des Sees Genezareth ihnen entgegenschlagen. Die Dunkelheit macht die ganze Sache noch schlimmer. Kein Wunder, dass sie in Jesus ein Gespenst sehen! Sie haben es schließlich noch nie erlebt, dass jemand auf dem Wasser ging. Und Jesus, der ihre Not sieht, tut, als wolle er an ihnen vorübergehen. Merkwürdig, nicht wahr? Vielleicht will er den Glauben der Jünger prüfen. Werden sie ihm wohl vertrauen, dass er sie nicht im Stich lässt, auch wenn er im Moment nicht bei ihnen ist?

Aber nun kann Jesus die Jünger nicht länger ihrer Furcht überlassen. Er ruft ihnen zu: »Habt keine Angst, ich bin's!« Die Jünger sollten es lernen, dass Jesus immer im rechten Augenblick kommt, selbst wenn ringsum nur Sturm und Finsternis ist.

Leider gleichen auch wir allzuoft den Jüngern. Wir vergessen, dass Jesus uns erst kürzlich – vielleicht vor wenigen Stunden – aus einer Schwierigkeit geholfen hat. Statt ihm nun zu vertrauen, haben wir schon wieder Angst. Das betrübt den Herrn Jesus, der doch unendlich viele Möglichkeiten hat, uns auf die eine oder andere Weise zu helfen.

Bete darum heute so: Lieber Herr Jesus, vergib, dass ich so oft nicht mit deiner Hilfe rechne. Lehre mich, dir in jeder Lage ganz zu vertrauen. E-M

10. Dezember

JESUS ENTTÄUSCHT NICHT

Lies zuerst Johannes 1, Verse 45-50!

Nathanael ist einer der zwölf Männer, die Jesus in seine Nachfolge rief. Er gehört nicht zu denen, die gleich alles glauben, was man ihnen sagt. Er ist auch Philippus gegenüber misstrauisch, der behauptet, er habe Jesus, den erwarteten Messias, gefunden. Ein Messias (Gesalbter, also Gesandter Gottes), der aus Nazareth stammt? Unmöglich! Nazareth ist doch so verrufen! Philippus lässt sich nicht einschüchtern. Er fordert Nathanael einfach auf: »Komm, und überzeug dich selbst!« Und Nathanael ist von der Begegnung mit Jesus tatsächlich überwältigt, denn er merkt: Dieser Jesus kennt mich ja; nichts ist ihm verborgen. Jesus sieht aber auch, dass Nathanaels Zweifel nicht billige Ausreden sind. Er meint es aufrichtig. Deshalb kann Jesus ihn als seinen Jünger brauchen.

Vielleicht ist es dir schon ähnlich ergangen wie Philippus. Du hast versucht, deinen Freunden von Jesus zu sagen. Du bekamst aber nur ungläubige Antworten. Lass dich nicht entmutigen. Sag deinen Freunden ganz einfach, dass du es selbst schon erfahren hast, wie Jesus helfen kann, und rat ihnen, es auch mit ihm zu versuchen. Denk daran, dass Gott sie – wie einen Nathanael – längst gesehen hat und ihre Herzen gewinnen kann. Und wenn du gar selbst dem zweifelnden Nathanael gleichst, dann komm mit deinen Zweifeln zu Jesus. Er hat die rechte Hilfe für dich bereit.

E-M

11. Dezember

FÜR IMMER BEI JESUS

Jesus kommt wieder, so steht es in der Bibel. Er kommt, um die Seinen zu sich zu holen. Er möchte sie bei sich haben. Wer ihm gehört, wer ihm also schon sein Herz geschenkt hat, der freut sich darauf, dass er wiederkommt. Es wird ganz herrlich sein, wenn alle, die Jesus Christus lieb haben, plötzlich bei ihm sein werden. Als große, große Gottesfamilie werden wir beieinander wohnen. Wir werden keine Lampen brauchen, es wird auch keine Sonne mehr scheinen: Gott selbst wird da sein und alles erleuchten. Es gibt dann keine Nacht, keine Finsternis mehr. Es braucht sich also niemand zu fürchten! Und niemand wird mehr traurig sein; es wird keine Tränen, keinen Kummer, kein Leid mehr geben. Niemand wird sich mehr weh tun, keiner wird mehr krank werden, keiner wird sterben. Das wird wunderbar sein – so schön, dass man es gar nicht richtig beschreiben kann. Und das Schönste: Wir werden immer mit Jesus zusammen sein! Nie mehr nimmt ihn eine Wolke vor den Augen der Menschen weg! Deshalb freuen sich Gottes Kinder auf ihre Zukunft. Wir warten darauf, dass Jesus kommt, um uns zu holen. Und manch einer denkt sehnsüchtig: Ach, wenn es doch heute schon so weit wäre!

Schlag jetzt einmal das letzte Buch der Bibel auf und lies Offenbarung Kapitel 21, Verse 1-4 und Kapitel 22, Verse 1-5. Wenn das kein Grund zur Freude ist!

R-St

12. Dezember

WIE WIR ZU UNSERER BIBEL KAMEN

Vor der Reformation konnten nur die die Bibel wirklich lesen, die die Sprachen der Bibel gelernt hatten: Griechisch, Lateinisch und Hebräisch. Das waren gelehrte Leute, und die nicht gelehrten Handwerker, Kaufleute, Bauern und besonders natürlich die Kinder waren darauf angewiesen, dass man ihnen sagte, was in der Bibel steht. Davon, dass dir jemand sagt, wo der Bäcker wohnt, hast du noch kein Brot. Die Leute wollten aber Brot haben und davon satt werden. Sie wollten selber in der Bibel lesen können, um zu erfahren, wer Gott ist und was er in Jesus für die Menschen getan hat. Auch vor und während der Reformationszeit waren die Menschen hungrig nach Gottes Wort. Da machten sich einige gelehrte Männer an die Arbeit. Am bekanntesten von ihnen ist uns Deutschen Martin Luther. Aber damals sprach man noch ganz anders als heute. Luther sagte: »Got straft yn zweyerley Weiße, Eyn mal yn Gnaden als eyn guetiger Vater und tzeytlich« – hast du das verstanden? Heute heißt das: »Gott straft auf zweierlei Weise: einmal in Gnaden als ein gütiger Vater und zeitlich …« Daran siehst du, dass die alten Übersetzungen immer wieder überarbeitet werden mussten: in die jeweils gesprochene Sprache. Dazu kamen moderne Übersetzungen. Ob du wohl einige von ihnen kennst: z. B. die Elberfelder Übersetzung – die Gute Nachricht – Hoffnung für alle? Gottes Wort will zu uns sprechen, und Gott beruft Übersetzer, die ihm dabei helfen.

E-W

13. Dezember

DIE BIBEL KOMMT ZU DIR: GOTTES WORT IN STEIN

»Und Gott übergab Mose die beiden Tafeln des Gesetzes, steinerne Tafeln, vom Finger Gottes beschrieben« (2. Mose 31, 18). Wie schön muss diese Schrift gewesen sein!

Vielleicht sagst du: »Diese Tafeln haben wir nicht mehr. Wie können wir wissen, was Gott geschrieben hat!« Aber wir haben die Worte, obwohl die Tafeln nicht mehr vorhanden sind. Die Worte stehen in unserer Bibel.

Zur Zeit des Mose (etwa 1500 Jahre vor Christus) schrieb man auf Tontafeln. Der Ton (eine Art Lehm) wurde geknetet und glatt gestrichen. Dann nahm man einen scharfen Griffel und drückte Buchstaben in diesen weichen Ton. Brauchte man den Text nicht mehr, strich man die Tafel wieder glatt, man konnte sie nun neu beschriften. War aber das Geschriebene wichtig, sollte es aufbewahrt werden, dann trocknete man die Tontafeln.

Wenn etwas ganz Wichtiges geschrieben wurde, gebrauchte man einen großen Stein oder Steintafeln und meißelte die Buchstaben in den Stein. So konnten sie lange aufbewahrt und immer wieder gelesen werden.

Gott nahm seine Worte so wichtig, dass er sie mit seinem Finger in Stein schrieb. Wir Menschen brauchen diese Worte von Gott, damit wir wissen, was sein Wille ist. Darum wollen wir auch täglich die Bibel lesen und über das, was sie sagt, nachdenken. Hast du das heute schon getan? H-W

14. Dezember

DIE BIBEL KOMMT ZU DIR: GOTTES WORT AUF PAPIER

Wenn ich reise, nehme ich immer eine Bibel mit. Eine ist so klein, dass sie in meiner Jackentasche Platz hat. Das Volk Israel sollte das Wort Gottes, das Gesetz und die Worte der Propheten, auch immer bei sich haben. Wie ging das wohl? Es zog ja mehrmals weit weg! Später reiste der Apostel Paulus sehr viel. Er besaß noch keine Taschenbibel. Wie leicht haben wir es heute, und doch vergessen wir die Bibel so schnell!

Das »Buch« des Altertums war die Rolle. In Ägypten stellte man aus der Wasserpflanze Papyrus das erste »Papier« her. Es war so brüchig, dass es gerollt werden musste. In der Stadt Pergamon in Kleinasien (suche sie auf der Karte hinten in der Bibel!) erfand man das Pergament. Echtes Pergament ist besonders gegerbte Tierhaut. Auch das Pergament rollte man. Solch eine Rolle konnte bis zu 40 m lang sein. Man bewahrte die Rollen in Lederhüllen oder in verschlossenen Tonkrügen auf. Später fand man viele solcher Rollen in Höhlen. Nun kann man den Text unserer Bibel mit dem Text auf diesen Rollen vergleichen. Wunderbar hat Gott seine Hand über sein Wort gehalten. Es durfte nicht verloren gehen.

Die Rollen wurden mit Tinte beschrieben und immer wieder abgeschrieben, natürlich von Hand. Das musste sehr gewissenhaft geschehen, um nach Möglichkeit Fehler zu vermeiden. So kam Gottes Wort durch die Jahrhunderte hindurch zu uns – auch zu dir! H-W

15. Dezember

DIE BIBEL KOMMT ZU DIR: DIE EINHEIT DER BIBEL

Die Bibel ist ein wunderbares Buch. Nimm sie einmal zur Hand und zähle alle Bücher darin! Wie viele sind es?

Zwischen den Schreibern des ersten und des letzten Buches liegen ungefähr 1600 Jahre. Wie viele Meinungsänderungen mag es in einer so langen Zeit wohl gegeben haben. Menschen ändern ihre Meinung ja oft schon nach wenigen Jahren. Nicht so Gott. Obwohl 1600 Jahre lang an der Bibel geschrieben wurde und 66 Bücher darin enthalten sind, hat sie nur eine Meinung, denn sie hat im Grunde nur einen Verfasser!

Das ist nicht das einzige Wunder. Die Bibel wurde an verschiedenen Orten geschrieben: in der Wüste, in Kanaan, in Babel, in Rom, auf Reisen, im Gefängnis und anderswo. Sie wurde in verschiedenen Sprachen geschrieben. Dennoch hat sie nur ein Thema, denn sie hat im Grunde nur einen Verfasser!

Nur einen Verfasser? Über 40 Männer haben doch an der Bibel geschrieben! Es waren Hirten, Fischer, Staatsmänner, Priester, Pharisäer und noch viele andere mehr. Sie alle haben geschrieben an dem einen Buch, über das eine Thema, die meisten, ohne einander zu kennen.

Das alles ist nur möglich, weil die Bibel im Grunde einen einzigen Verfasser hat, und das ist Gott, der Heilige Geist. In seiner Kraft und unter seiner Leitung schrieben Menschen sein Buch. H-W

16. Dezember

DIE BIBEL KOMMT ZU DIR: DER VERFASSER DER BIBEL

»Nachdem Gott vorzeiten zu vielen Malen und auf vielerlei Weise zu den Vätern geredet hat durch die Propheten, hat er am Ende dieser Tage zu uns geredet durch den Sohn.« Das steht in Hebräer 1, Verse 1-2. Die ganze Bibel bezeugt es: »Gott hat geredet!« Allein im Alten Testament findest du diese Feststellung etwa 3800-mal. Die Bibel sagt auch, wie Gott geredet hat: ». . . durch die Propheten – durch den Sohn.«

Es gibt Menschen, die stellen sich das etwa so vor: Gott hat etwas geredet oder gezeigt und dann hat sich der Mensch hingesetzt und eine Nacherzählung gemacht, also einen Aufsatz geschrieben. Manches, was er da aufgeschrieben hat, ist für uns nicht mehr wichtig oder stimmt gar nicht; anderes kann wohl eine Botschaft Gottes an uns sein. Zu denen, die so etwas glauben, sagt die Bibel: »Ihr irret, weil ihr die Schrift nicht kennt.« Denn die ganze Bibel ist Gottes Wort an uns. Zwar hat Gott Menschen und deren Sprachen und Eigenart gebraucht, um sein Wort niederzuschreiben. Doch der Heilige Geist leitete sie und gab ihnen die rechten Worte ein. Lies aufmerksam 1. Korinther 2, Vers 13 und 1. Thessalonicher 2, Vers 13 für dich durch und merke dir diese Verse gut.

»Durch den Heiligen Geist getrieben, haben Menschen im Namen Gottes geredet« (2. Petrus 1, 21). Darum können wir sicher sein, dass die Bibel Gottes Wort ist.

H-W

17. Dezember

DIE BIBEL KOMMT ZU DIR: DAS THEMA DER BIBEL

Die Bibel hat nur *einen* Verfasser, obgleich verschiedene Männer an ihr geschrieben haben: Gott selbst. Die Bibel hat aber auch nur *ein* Thema: Jesus Christus, Sohn Gottes, der Mensch wurde, um für uns zu sterben und uns mit Gott zu versöhnen.

Jesus sagt: »Ihr durchforscht die Schriften, und diese sind es, die von mir zeugen« (Johannes 5, 39). Dabei spricht Jesus vom Alten Testament, denn das Neue Testament war ja zu seiner Zeit noch nicht geschrieben.

Schon im 1. Buch Mose finden wir Jesus Christus. Dort verhält es sich mit ihm wie mit einer ganz kleinen Knospe. Alles ist schon drin, aber sie muss sich allmählich entfalten. Wenn wir das Alte Testament lesen, entfaltet sich diese Knospe immer mehr und wir sehen Jesus immer deutlicher. Denk doch an die vielen Verheißungen, die von Jesus reden!

Johannes sagt: »Und das Wort wurde Fleisch« (Johannes 1, 14). Als Jesus Mensch wurde, wurden die vielen Stellen im Alten Testament, die von ihm sprechen, lebendig. Sie wurden erfüllt.

Wenn du also das Alte Testament liest, hast du Jesus vor dir – vom Neuen Testament gilt das sowieso. Wer Jesus liebt, der liebt auch das Alte Testament. Wer sich mit der Bibel beschäftigt, der beschäftigt sich mit Jesus, auch wenn es manchmal nicht so scheint. Wie geheimnisvoll ist dieses Buch! H-W

18. Dezember

DIE BIBEL KOMMT ZU DIR: DIE SPRACHEN DER BIBEL

Viele Männer haben die Bibel in die Sprache ihres Landes übersetzt. Unter ihnen ist Martin Luther der uns bekannteste. Auch heute arbeiten Hunderte von Missionaren an der Übersetzung der Bibel in fremde Sprachen. Willst du nicht für sie beten, dass sie das richtig machen? Denk einmal, noch gibt es viele Menschen, die kein Gotteswort in ihrer Sprache haben. Und die Bibel fragt uns: »Wie sollen sie glauben, wenn sie nicht hören?« Wer weiß, vielleicht sendet der Herr auch dich einmal zu solchen Menschen, die sein Wort noch nie gehört haben.

Hast du schon einmal überlegt, welche Sprache Gott spricht? Er kann in allen Sprachen sprechen! Er versteht auch alle Sprachen: das Gebet des Österreichers ebensogut wie das des Inders!

Die Bibel wurde in den Sprachen geschrieben, die das Volk Israel jeweils sprach. Zuerst war es Hebräisch. Dann kamen die Juden in die Babylonische Gefangenschaft. In Kanaan siedelten Aramäer. Darum wurde noch ein kleiner Teil des Alten Testaments in Aramäisch geschrieben. Später eroberte Alexander der Große von Griechenland alle umliegenden Länder. Jetzt musste Griechisch gesprochen werden. Das Alte Testament wurde ins Griechische übersetzt. Zur Zeit Jesu wurde noch immer griechisch geschrieben und gelesen. Deshalb ist das Neue Testament ursprünglich in griechischer Sprache geschrieben. H-W

19. Dezember

VOM LESEN DER BIBEL

»Philippus lief zu dem Wagen und hörte den Kämmerer den Propheten Jesaja lesen« (Apostelgeschichte 8, 30).

In der Antike wurde stets laut gelesen. Man kannte das leise Lesen gar nicht.

So können wir verstehen, dass viele Menschen, die selbst nicht lesen und schreiben konnten, trotzdem die Botschaft Gottes hörten. Könnte das nicht auch für uns heute eine Möglichkeit sein, Gottes Wort weiterzugeben? Kannst du nicht deiner Oma, die nicht mehr gut sieht, oder deinen kleinen Geschwistern etwas vorlesen? Vielleicht ist in der Nachbarschaft jemand krank und würde sich freuen, wenn du ihm einen Abschnitt aus der Bibel vorlesen würdest.

Als Philippus den Kämmerer lesen hörte, wusste er gleich, was für ein Buch sich der Kämmerer in Jerusalem gekauft hatte: den Propheten Jesaja. Doch wie sollte der äthiopische Hofbeamte einen jüdischen Propheten verstehen?

Die Bibel sagt, dass der Geist Gottes die Aufgabe hat, uns die Bibel verständlich zu machen. Darum bitte ihn, dir Herz und Verstand zu öffnen, damit du verstehst, was du liest. Durch den Geist Gottes ist die Bibel ja entstanden, daher kann er sie auch am besten auslegen. Es macht nichts, wenn du nicht gleich alles verstehst. Übe dich im Lesen der Bibel, und sie wird dir immer vertrauter werden! H-W

20. Dezember

DAVID SAGT »NEIN«

Nachdem David den Riesen Goliat getötet hatte, holte ihn König Saul an den Königshof. Die Leute ehrten den jungen David sehr. König Saul wurde neidisch. Er gewann nicht so viele Kämpfe wie David. Der König hatte Angst und dachte: »Gott segnet David. Am Ende machen sie David noch zum König.« Deshalb beschloss er, David zu töten. David hörte davon. Er lief weg und versteckte sich in Höhlen in der Wüste. Saul nahm Soldaten und jagte David nach.

Eines Tages hatten David und seine Männer sich tief hinten in einer Höhle versteckt. Plötzlich hörten sie am Eingang Stimmen. Es war der König! Zum Glück merkte Saul nicht, dass David dahinten war. Saul wollte in der Höhle ausruhen. Davids Freunde flüsterten: »Das ist die Gelegenheit, den König zu töten!« – »Nein«, antwortete David, »ich kann Saul nicht töten. Saul ist ein gesalbter König.« Er schnitt nur heimlich einen Zipfel von Sauls Umhang ab.

Als der König am nächsten Morgen außer Reichweite war, hielt David den Zipfel hoch und rief hinter ihm her: »Mein König, du siehst, ich will dir nichts Böses.« Da tat es König Saul Leid, dass er David verfolgte, so dass er eine Weile damit aufhörte. (1. Samuel 24) U-B

21. Dezember

JESUS SAGT »NEIN«

Nach seiner Taufe wurde Jesus von Gottes Geist in die Wüste geführt. Nachdem Jesus dort vierzig Tage lang nichts gegessen hatte, war er sehr hungrig. Nun wurde er geprüft, ob er zu Gott halten würde.

Satan ist der Versucher. Er wollte Jesus unter seine Gewalt bringen. »Du bist doch Gottes Sohn, oder nicht?«, sagte Satan. »Dann sprich doch zu diesem Stein, dass er Brot werde!« – »Nein!«, sagte Jesus. »In der Heiligen Schrift steht, dass der Mensch nicht nur von Brot leben soll, sondern von jedem Wort Gottes.« Satan gibt noch nicht auf. Er führt Jesus oben auf den Tempel. »Stürz dich herunter«, sagt Satan. »In der Bibel steht, dass Engel dich behüten werden.« – »Nein!«, sagt Jesus. »In der Schrift steht, dass wir Gott nicht versuchen sollen.« Zuletzt wollte Satan Jesus alle Reichtümer und Länder der Erde übergeben, wenn Jesus nicht Gott, sondern ihn, den Satan, anbeten würde. Jesus sagte: »Geh hinweg von mir, Satan! In der Schrift steht: ›Du sollst den Herrn, deinen Gott anbeten und ihm allein dienen.‹« Daraufhin floh Satan. Engel kamen und dienten Jesus. Wenn du Gedanken bekommst, die dich von Gott wegbringen wollen, versteht dich Jesus und hilft dir. (Matthäus 4, 1-11) U-G

22. Dezember

DANIEL SAGT »NEIN«

Daniel war der tüchtigste Mann im Persischen Reich. Der König wollte ihn zum obersten Fürsten machen. Voller Neid schauten die anderen Fürsten auf Daniel. »Wir müssen ihn beim König schlecht machen«, sagten sie untereinander. Aber sie fanden keinen Fehler an Daniel. Daniel war fromm und betete dreimal am Tage auf den Knien zu Gott. Sein Fenster stand offen. Jeder konnte ihn sehen.

Daniels Feinde sannen auf eine List. Sie schrieben einen Befehl des Königs auf. In den nächsten dreißig Tagen sollte nur der Perserkönig als Gott verehrt werden. Wer einen anderen Gott anbetete, würde in die Löwengrube geworfen werden.

Der König war mit diesem Gesetz einverstanden und unterschrieb es.

Daniel jedoch betete zu seinem Gott wie zuvor. Sofort meldeten es die Feinde dem König. Dieser erschrak sehr, denn er hatte Daniel gern. Es half alles nichts, Daniel wurde zu den Löwen gebracht. Der König aß nichts, schlief nicht und lief gleich am frühen Morgen zur Löwengrube. Aber Daniel war unverletzt. Gott hatte seinen treuen Diener beschützt. Der König lobte Daniels Gott, die bösen Fürsten aber ließ er an Stelle Daniels in die Grube werfen.

Daniel 6; 2. Mose 20, 1-3; 5. Mose 6, 13; Matthäus 4, 10 H-S

23. Dezember

ER, DER GROSSE, WURDE KLEIN

Gott ist der Größte. Er ist der Herr über die unendlichen Weiten des Weltalls. Aber auch die kleinsten Wesen bewegen sich nach seinem Willen. Überall ist der Herr, das kann man nicht begreifen. Wir können nur darüber staunen. Als ich einmal einen Sonnenaufgang fotografieren wollte, traf ich auf dem Dachgarten des Hauses, in dem ich wohnte, noch andere Männer und Frauen. Niemand sagte etwas. Sie alle warteten. Und dann kam die Sonne wie ein glühender Feuerball hinter den Bergen hervor. Wir fotografierten. Wir sahen gespannt, wie es immer heller wurde. Jetzt fiel ein rotgoldener Strahl auf das Wasser, wie eine Brücke von einem Ufer zum anderen. Ein junger Mann hockte auf der Mauer. Er sprach in die Stille hinein: »Wie groß ist unser guter Gott!« Diese Worte kann ich nicht vergessen. Immer, wenn ich die Dias vom Sonnenaufgang zeige, muss ich daran denken und den anderen davon sagen. Ja, groß ist er, der Herr! Und dann berichtet uns die Bibel, dass dieser Große als kleines Kind auf die Welt kam, dass er geboren wurde im kleinen Land Israel. Von all seinem Reichtum brachte er nichts mit. Er wollte arm sein, ein Mensch wie du und ich. Er lag in einer Futterkrippe in einem Stall. Freiwillig tat er das. So sahen ihn die Hirten und auch die weisen Männer aus dem Morgenland. Sie beteten das Kind an. Sie haben sicher sonst nicht viel gesprochen. Kein Mensch kann dazu etwas sagen. Da kann man nur niederknien und danken und anbeten: »Wie groß ist unser Gott!« L-D

24. Dezember

SO GROSS UND SO KLEIN

Mieke freut sich immer, wenn Tante Gila kommt. Dann stellen sie zwei Stühle an das Fenster und Tante Gila erzählt. Von ihrem Fernrohr erzählt sie und wie sie damit die Sterne beobachtet. Jetzt ist der Abendhimmel oft besonders klar.

»Den hellen blinkenden Stern dort solltest du einmal durch mein Fernrohr sehen. Und der kleine da, der ist größer als unsere Erde. Neulich war ich auf einer Sternwarte. Mieke, dahin nehme ich dich einmal mit. So groß und herrlich ist die Sternenwelt!« – »Und ich, ich bin so klein«, sagt Mieke. – Tante Gila lacht. »Ach, es gibt noch viel, viel Kleineres!« – »Ja, Tante Gila«, jetzt wird Mieke eifrig. »Niklas hat ein Aquarium. Guppys hat er. Das sind durchsichtige Fische. Als sie Junge hatten, konnte man zuerst nur die Augen wie zwei winzig kleine Pünktchen erkennen. Und die Jungen vom Black Molly, dem schwarzen Fisch, die waren so klein wie ein Stecknadelkopf. Da staunst du, nicht wahr?« – »Ja«, Tante Gila sieht Mieke nachdenklich an. »Alles, das Große und das Kleine, hat Gott gemacht. Er ist der Größte. Und Mieke, auch uns hat Gott gemacht. Was aber nicht auszudenken ist: Er hat uns lieb. Dich hat er lieb und mich hat er lieb. In der Bibel können wir es lesen.« L-D

ARME WERDEN REICH

Warum ist das Jesuskind in einem so ärmlichen Raum geboren? Diese Frage stand auf einem langen Fragezettel, den wir mit Kindern besprachen. Eins der jüngsten Mädchen meldete sich und sagte treffend: »Ganz einfach, so konnten die Menschen ohne weiteres zum Jesuskind. In einen vornehmen Palast hätten sich die einfachen Hirten bestimmt nicht hineingetraut.« Ein anderes meinte: »Gott hat es so gewollt.« Beide Mädchen hatten Recht.

Die Bibel sagt dazu: »Obwohl er reich war, wurde er doch arm für uns. Durch seine Armut werden wir reich« (2. Korinther 8, 9). Was damit gemeint ist, sehen wir an den Hirten. Als sie das Jesuskind angeschaut hatten, kehrten sie reich zurück. Keiner von ihnen trug bessere Kleidung, keiner hatte mehr Geld, keiner ein Schaf mehr als vorher. Aber sie waren innerlich reich geworden an Liebe, Freude und Vertrauen. Das konnten sie nicht für sich behalten. Es heißt von ihnen: Sie erzählten von dem Jesuskind weiter und lobten Gott. Weihnachtsgeschenke wie du und ich hatten sie zwar nicht. Doch sie waren überglücklich. Echte Weihnachtsfreude kommt ja nicht von den Geschenken.

Wer wie die Hirten das Jesuskind lieb hat, wird auch ebenso dankbar sein, so dass er vielen von Jesus erzählen möchte. Wollen wir nicht von den Hirten lernen und mehr als bisher anderen von dem Retter der Welt erzählen? Sing ihm doch jetzt ein Loblied!

E-D

26. Dezember

DIE NEUE WELT

Sie standen in einer Ecke im Schulhof zusammen und losten aus, wer in den Himmel und wer in die Hölle kommen würde. Wie das ging, möchtest du wissen? Man faltet ein Stück Papier einige Male und kann es zum Schluss kreuzweise, in zwei Richtungen also, öffnen. Die eine Öffnung ist schwarz ausgemalt und bedeutet: Hölle. Die andere ist weiß und soll der Himmel sein. Glückssache also, wo man hinkommt? Aber nur in diesem dummen Spiel.

In der Bibel wird uns der Himmel geschildert als ein Ort, an dem die wohnen, die sich in ihrem Leben zu Jesus bekannt haben. Die ihn lieb haben. Die ihm nachfolgen. Dort leben die, die danke gesagt haben dafür, dass Jesus ihre Sünden weggetragen hat. In dem Buch der Offenbarung steht es geschrieben, dass ein Mensch – Johannes heißt er – einen Blick in den Himmel tut. Da staunt er! Da sieht er Gott und Jesus Christus und unzählige Engel und unzählige Menschen. Da ist etwas los! Sie freuen sich, keiner hat Angst. Und keiner hat Sorgen, keiner Hunger, und niemand ist dort allein. Gott ist dort.

Wenn Jesus sagt: »Folge mir nach«, dann meint er: Komm mit, ich führe dich in diesen Himmel. Jesus nachfolgen ist nicht immer leicht. Aber das Ziel dieser Nachfolge ist das herrliche Ziel der ganzen Schöpfung: bei Gott sein. Jesus nachfolgen heißt: tun, was Jesus will und bei ihm bleiben. Weil das ziemlich schwer ist, verspricht Jesus: »Ich bleibe bei dir« – schon hier und schon jetzt.

H-K

»UND ICH SAH EINEN NEUEN HIMMEL UND EINE NEUE ERDE« (Offenbarung 21, 1)

Warum will Gott noch einmal alles neu schaffen? Hat er nicht am Ende seines Schöpfungswerkes gesagt: Es ist alles gut? Es war alles sehr gut. Aber der Mensch hat Gott einen Strich durch seinen Plan gemacht. Er wollte nicht auf seinen Schöpfer hören. Er hörte auf Satan, der ihm versprach: Er würde so sein wie Gott! Jeden Preis wollte der Mensch zahlen, um zu sein wie Gott. Was kam dabei heraus? Der Mensch musste sterben. Er fiel nicht tot um; er atmete weiter, er sah und dachte weiter, und doch war nun alles ganz anders: Er war losgerissen vom Ursprung des Lebens. Er behielt zwar die schöpferischen Fähigkeiten, die Gott ihm gegeben hatte, aber er benutzte sie nun auch zur Vernichtung des Lebens und zur Zerstörung der Welt.

Dann, nach langer Zeit, sandte Gott seinen Sohn mit der Freudenbotschaft: »Ihr dürft zurückkehren. Der Weg ist frei, Gott hält die Tür offen!« Gottes Sohn, der Mensch Jesus, stellt den Kontakt zum Ursprung des Lebens wieder her. Nun spricht Gott wieder zu den Menschen und die Menschen dürfen mit Gott reden. Die Menschen, die nur den Tod vor sich sahen, haben jetzt ein großartiges Ziel: Dann, wenn genug Menschen der frohen Botschaft von Jesus Christus glauben, dann schafft Gott eine neue Erde und einen neuen Himmel. Diese Menschen werden ihm keinen Strich durch seinen Plan machen. Sie haben sich für Gott entschieden.

H-K

28. Dezember

NICHT ZU LANGE WARTEN!

An einem kalten Wintertag stapft der Briefträger auf ein Haus zu. Weil es die Zeit der Festtage ist, geht er schwer beladen mit Briefpost. Dazu hat er noch ein Paket auszuliefern. Doch leider ist die Tür verschlossen. Nach längerem Klopfen und Warten blickt er zum Nachbarhaus. Ob er nicht dort das Paket abgeben kann? Gewiss werden sie es den Nachbarn gerne bringen. Doch, o Schreck! Die Frau blickt ihn abweisend an und entgegnet auf seine Bitte schroff: »Das kommt nicht in Frage, mit denen rede ich schon seit Jahren kein Wort mehr.« Da hilft kein Zureden und Bitten. So weit kann es also kommen!

Wie schrecklich, wenn solche Menschen sterben, ohne sich versöhnt zu haben. Deshalb mahnt uns die Bibel in Epheser 4, Vers 26: »Lasst die Sonne nicht über eurem Zorn untergehen.«

Warum sollen wir einander sofort vergeben? Weil es immer schwieriger wird, je länger wir warten. Wir werden gemahnt, vor Sonnenuntergang allen Streit zu beenden. Dann sollen wir überlegen: Haben wir Streit mit irgendeinem Menschen – einer Freundin, einem Freund, einem Verwandten? Noch haben wir die Möglichkeit, uns zu versöhnen. Vielleicht ist der andere unglücklich und freut sich auch, wenn wieder alles gut wird. Und wenn er nicht verzeihen will? Dann ist das seine Sache. Wichtig ist, dass wir bereit sind. Lass den Tag nicht über deinem Zorn zu Ende gehen! E-D

29. Dezember

WER GLAUBT …

Ganz Jerusalem ist in Aufregung. Herodes, der König, fragt noch einmal: »Was sprecht ihr von einem neugeborenen König? Wer soll das sein?« – »Weise Männer aus Babylon sind gekommen, Sterndeuter. Sie sagen, sie hätten seinen Stern gesehen. Sie wollen dem Kind huldigen.« Sollte das etwas mit dem Messias zu tun haben?, denkt Herodes und lässt die jüdischen Gelehrten kommen. Sie sollen sagen, wo ihr Messias geboren werden soll. »Ja«, sagen die Schriftgelehrten, »in dem kleinen Dorf Bethlehem, acht Kilometer von Jerusalem entfernt, muss es sein.« Sie zitieren den Propheten Micha: »… und du, Bethlehem, aus dir soll ein Herrscher hervorgehen …«

Die Sterndeuter gehen nach Bethlehem. Über ihnen ist der helle Stern. Er weist ihnen den Weg. In einem einfachen kleinen Haus finden sie Jesus mit Maria und Josef. Es ist alles anders, als sie erwartet haben: kein Schloss, kein Reichtum und keine Krone. Aber es ist der König der Könige, der Herr der Welt. Gold, Weihrauch und Myrrhe – Gaben, die man sonst im Tempel Gott opfert – legen sie vor das Kind Jesus.

Herodes wartete vergeblich auf die Rückkehr der Sterndeuter. Er wollte sowieso nicht hingehen, um das Kind anzubeten; Soldaten wollte er hinschicken, die sollten es töten. Die Schriftgelehrten wussten alles über die Geburt des Kindes. Auch sie gingen nicht hin, um es zu sehen. Wie dumm! Ihretwegen war er doch gekommen!

J-O

30. Dezember

SIMEON UND HANNA

Josef und Maria wussten, dass Gott ihnen dieses Kind Jesus anvertraut hatte. Sie wollten es hier auf Erden versorgen, bis es groß genug war. Es war nun für sie selbstverständlich, dass sie mit dem Kind zunächst in den Tempel gingen. Hier wollten sie miteinander beten und Gott danken.

Während Maria und Josef mit dem Kind auf dem Arm durch die große Tempelpforte gingen, kam ihnen ein alter Mann entgegen. Voller Freude nahm er das Kind in seine Arme und lobte Gott. Dieser alte Mann hieß Simeon. Gott hatte ihm gezeigt, dass dieses Kind der Heiland ist. Josef und Maria wunderten sich. Dieser alte Mann sprach Worte, die so geheimnisvoll waren, dass nur Gott sie ihm gesagt haben konnte.

Während sie noch über diese Worte nachdachten, kam die alte Prophetin Hanna, eine Frau, die seit Jahren nichts anderes mehr wollte, als beten und auf Gott hören. Sie war schon 84 Jahre alt. Als sie das Kind sah, strahlte ihr Gesicht in großer Freude, und auch sie fing an, Gott zu loben. Sie wusste: Jetzt ist die Stunde der Erlösung gekommen! Wir brauchen nicht länger zu warten. Dieses Kind ist nicht nur der Helfer unseres Volkes, sondern der Heiland der ganzen Welt. Was Gott vor so langer Zeit versprochen hatte, war nun in Erfüllung gegangen: Der Heiland war da! (Lukas 2, 22-38)

H-H

31. Dezember

DIE GERADE SPUR

Adrian, Mark und Lorenz freuten sich. Es schneite! Zwar reichte es noch nicht zum Schifahren. Aber sie konnten eine Schneewanderung unternehmen. Bei einem großen Feld machten sie einen Wettbewerb. Sieger sollte sein, wer das Feld in der geradesten Linie überquert hatte. Sie stapften los, ohne sich dabei umzusehen. Erst am Waldrand schauten sie zurück. Jeder hatte sich angestrengt, eine gerade Spur zu hinterlassen. Vom Ergebnis waren sie jedoch nicht begeistert. Lorenz und Mark blickten neidisch von ihrer Zickzacklinie zu Adrians Spur, die schnurgerade war, wie mit dem Lineal gezogen. »Aber wir sind doch auch immer geradeaus gegangen«, wehrte sich Lorenz. Adrian lächelte geheimnisvoll. »Soll ich euch sagen, warum es bei mir geklappt hat? Ich habe immer einen bestimmten Baum als Ziel gehabt und meinen Blick ganz fest darauf gerichtet.« Das also war's . . .

Gleicht unser Leben im vergangenen Jahr nicht auch ein wenig einer Zickzackspur? Vielleicht ist einiges sogar richtig krumm gewesen! Wenn es im neuen Jahr besser werden soll, müssen wir das rechte Ziel fest im Auge behalten. Damit meine ich: Wir müssen Jesus Christus vor Augen haben. Sage ihm am besten gleich heute, was bei dir »krumm« gewesen ist. Er wird es dir vergeben und dir im neuen Jahr gerne helfen, dass deine Spur gut und gerade wird. E-D

VERZEICHNIS DER MITARBEITER

A-D	Ann Dyck
A-M	Annemarie Mielke
A-Sch	Anton Schulte
B-R	Brockhaus Redaktion
Br-St	Brigitte Straube
B-Sch-E	Berta Schmidt-Eller
Ch-W	Christa Wollschläger
D-H	Dankmar Hottenbacher
D-M-Ai	Diakonissenmutterhaus Aidlingen
D-T	Dieter Theobald
E-Ae	Elisabeth Aebi
E-Ba	Eberhard Baade
E-Bo	Erika Bogdan
E-D	Else Diehl
E-H	Erich Hitzbleck
E-J	Elisabeth Jakobi
E-K	Ekkehard Knöpfel
E-M	Elsbeth Müller
E-St	Erhard Steinbrink
E-Wä	Elsi Wälti
E-W	Elisabeth Wetter
G-L	Grete Langenbach
G-M	Gertrud Müller
G-R	Gerda Rinne
G-S	Gerti Strauch
H-Fi	Hannelore Finken
H-G	Hans Grüber
H-H	Hildegard Horie
H-K	Hans Kowalewski
H-L	Hanni Lützenbürger
H-R	Hermann Ruloff
H-S	Herbert Seeger
H-Sp	Helga Spengler
H-T	Hedwig Träger
H-Th	Hannelore Thielmann-Illg

H-W	Heinrich Wiesemann
I-H	Ingrid Hauer
I-J	Irmela Jakobi
J-O	Johannes Osberghaus
K-S	Karl Simons
L-D	Lenelotte Dirks
L-I	Leni Immer
L-L	Lothar Leese
M-E	Matthias Ekelmann
M-J	Magdalene Jacob
M-V	Maria Veller
M-W	Marieluise Weiss
M-Z	Marianne Zink
P-W	Paul White
R-A	Rudolf Ahrens
R-B	Renate Becht
R-F	Ruth Frey
R-Fl	Ruth Flensburg
R-H	Ruth Heil
R-R	Ruth Reuter
R-St	Richard Straube
R-W	Roswitha Weidemann
S-F	Siegfried Fuchs
S-N	Susanne Nürk
T-B	Tanni Bluth
U-B	Ulrike Brockhaus
U-G	Ursula Grüter
U-K	Ursula Kreutchen
U-N	Ursula Nowack
U-S	Ursula Sauer
V-T	Vreni Theobald
W-H	Walter Haberkorn
W-B	Wolfgang Bühne
Y-F	Yvonne Frischknecht